なってみる学び

演劇的手法で変わる授業と学校

渡辺　貴裕
東京学芸大学教職大学院准教授

藤原由香里
八幡市立美濃山小学校教諭

時事通信社

「なってみる」授業

架空の世界を経験できる空間をつくる

5年国語「大造じいさんとガン」。ハヤブサと残雪の戦いを、大造じいさんの視点で眺める。

5年国語「見るなのざしき」。
兄《あに》さんが秋のざしきをめぐる。

架空の世界の中でかかわり合う

わかば学級（特別支援学級）国語「スーホの白い馬」。スーホがおばあさんに白馬を見せる。

１年国語「たぬきの糸車」。
おかみさんときこりのやりとり。

４年国語「ごんぎつね」。《ココロ会議》をしてごんの気持ちに迫る。

「なってみる」
授業

演劇的手法の多様な可能性

４年国語「ごんぎつね」。教師扮する兵十に質問する〈ホット・シーティング〉。

２年国語「お手紙」。吹き出しを使って〈心の声〉を。

４年総合。防災をテーマにさまざまな立場になって劇をつくる。

５年国語「なまえつけてよ」。架空の世界で経験したことを言葉にして書く。

３年道徳。困りごとを子どもたちに相談するペンギンの「ペンちゃん」。

教師が活動を体験して、自分の感覚を働かせて考える

夏の研修の一場面より。架空の世界を生み出す楽しさを教師が自ら体験する。

渡辺を研修講師として。感じたことをざっくばらんに出し合える場づくり。

「なってみる」校内研修

学習活動の追体験を手がかりにした授業の振り返り

授業

事後研

授業

事後研

5年国語「なまえつけてよ」の研究授業。子どもが行っていた学習活動（上段）を教師も体験して（下段）、それを手がかりに授業について考える。

校内研修では、校長や指導主事も一緒に活動を体験。

教職員劇の形で伝える全体会での実践発表

ナビゲーター役となる研究主任の藤原。

取り組みの経緯や活動の具体例をその場で再現。

体を張った教師らの熱演に会場が沸く。

〈仮想対談〉の技法を教師らが実演する。

#「なってみる」公開研究発表会

美濃山小の事後研を参加者も体験する協議会

授業

学習活動の追体験をまじえた授業の振り返りを参加者と一緒に行う（2年目公開研）。3年道徳「ぼくのボールだ」の授業と協議会。

協議会

各教室に分かれて授業の追体験と振り返り（2年目公開研）。6年道徳「わたしのせいじゃない」(左）と4年総合「身のまわりの防災について考えよう」(下)。

体験と対話にあふれた場

参加者と一緒に活動を体験する全体会。

参加者が、美濃山小教職員がまざった小グループに分かれて、ざっくばらんにやりとりができるのも魅力の一つ。

正門より美濃山小学校を望む。

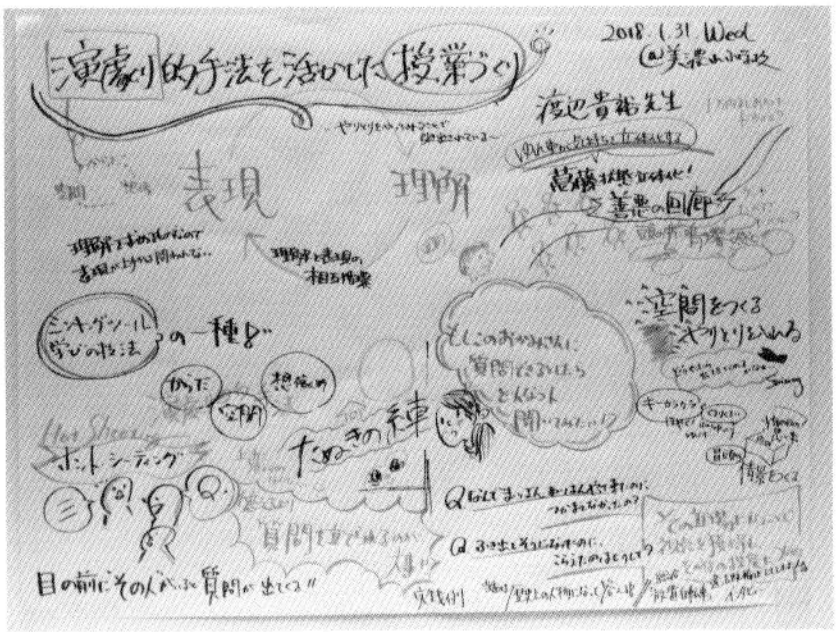

校内研修や公開研の記録に役立てられてきたグラフィック・レコーディング(グラレコ)。

はじめに

今、子どもたちには、学校でこれまで以上にさまざまなことを学び、身につけることが求められるようになっています。知識の習得だけでなく「活用する力」も、社会で生き抜くための「コミュニケーション能力」も、といった具合にです。

けれども、そこで子どもたちは、ただ求められるがままに何かを身につけていくというのではなく、自分が知らない世界にワクワクしながら、そして喜怒哀楽さまざまな感情を経験しながら学ぶことができているのでしょうか。自らの感覚を働かせ、それに根ざした想像力を発揮するような学びになっているでしょうか。

一方、教師はどうでしょうか。今、教師には、「これからの授業は○○でなくてはならない」、「教師は○○しなければならない」といった数々の要求が向けられるようになっています。真面目であればあるほど、教師は、授業に臨む際に、それを満たそう、それに合わせようとしがちになります。けれども、そこで教師は、自らの感覚―自分自身はどんなふうに学ぶとよりワクワクしたり思考がかきたてられたりするか―と結び付けながら授業について考え、実践することができているのでしょうか。もし教師にそれができていないのであれば、どうして子どもに、自らの感覚や想像力を働かせる学びをもたらすことができるでしょうか。

本書では、そうした課題に挑み、教師集団も子どもたちも共に変化を遂げていった学校を取り上げ、授業づくり・学校づくりのあり方の一つの可能性を提示します。

京都府八幡市立美濃山小学校。

この学校では、２０１７年度より、演劇的手法を切り口とした授業改善を校内研究のテーマに据え、全校で取り組んできました。演劇的手法というのは、身体を動かして想像上の空間をその場につくりだし、その中で自らの感覚を働かせながら学ぶ手法。演技の完成度を上げて観客に向けて上演することを必ずしも目的とするのではなく、むしろ、架空の世界の中で役になって動いて気付きを得ることを重視しています。

美濃山小の取り組みは、単に、各教師が教室で演劇的手法を取り入れた授業を行うということにとどまりません。校内研修の形も、それ自体が演劇的手法の発想を生かしたものへと変わりました。

例えば、研究授業の事前検討会の場合、指導案を前に「こうすればよい」「ああすればよい」と言い合うのではなく、教師らが学習者になって学習活動を体験し、そこで感じたり考えたりしたことをもとに授業について考えます。

公開研究発表会（公開研）の形も変わりました。研究主任が一人でスライドを使って参加者らに研究発表を行うのではなく、教師総出の劇仕立てで研究の内容や経緯を紹介したり、参加者にも実際の活動を体験してもらって一緒に考えたりする、というものです。

第三者的立場から眺めてあれこれ言い合うのではなく、状況の中に飛び込んで自分の感覚を働かせて考える、つまり、「なってみる」ことを生かしたものへと、授業、校内研修、公開研それぞれのあり方を変えていきました。

そのため、本書は、関心に応じてさまざまな読み方が可能です。

自分の授業で演劇的手法を活用したいと思っている教師や教員志望の学生には、そのアイデアや授業づくりのためのやり方を。

研究主任の立場で（演劇的手法に限らず）校内研究をどう進めていけばよいか悩んでいる教師には、「やらされ」ではない、地に足の着いた研究を進めていくための発想と手がかりを。

学校改革を模索している管理職、それを支えようとしている行政の担当者には、ボトムアップの学校づくりの姿を。

学校でワークショップを行ったり地域で教育活動をしたりしている演劇人には、演劇と教育の結び付きの一つの形を。

本書では、美濃山小の研究主任としてこの取り組みを中心的に進めてきた同校教諭の藤原由香里と、研究協力者としてそれをサポートしてきた東京学芸大学准教授の渡辺貴裕とが、語り手兼案内役となって、そこで起きた出来事や背後にある発想、校内の教師およびこの取り組みに外からかかわったさまざまな学外者の声を、お伝えしていきます。本書が、授業も学校もまだこんなにクリエイティブになれるという希望を示すものとなれば幸いです。

渡辺　貴裕

なってみる学び　演劇的手法で変わる授業と学校

目次

第2章 校内研修を変える

第4章 取り組みの軌跡

イラスト／サタケシュンスケ

【本書の構成】

美濃山小では、子どもたちの学び（授業）、校内の教師たちの学び（校内研修）、学校を超えた教師たちの学び（公開研）の変革が、連動して行われました。それぞれの様子を、1〜3章でお伝えします。さらに、4章では、一連の取り組みの軌跡や教師らの受け止め方を描きます。

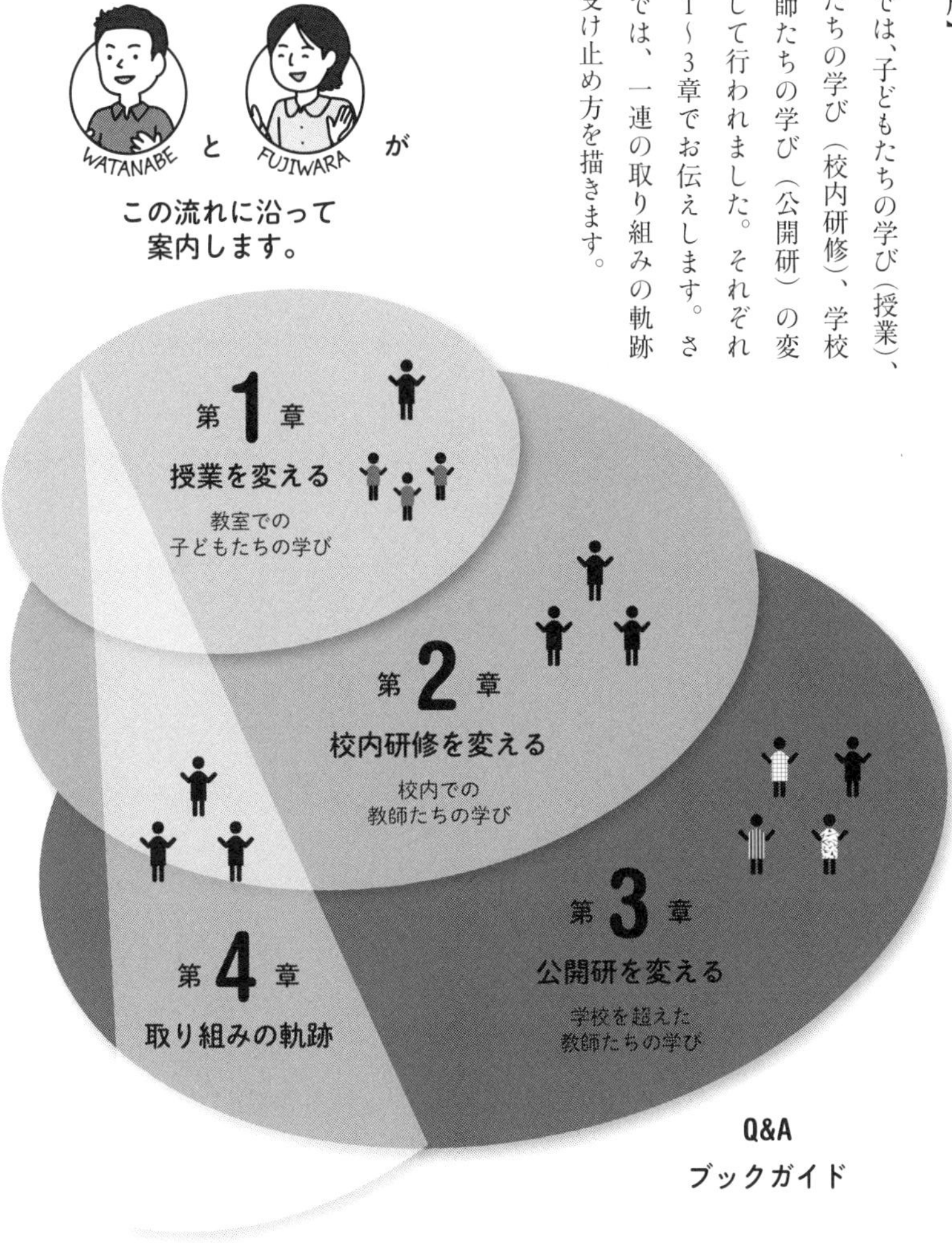

第1章

授業を変える

演劇的手法は、美濃山小において、単に学習のまとめとして発表する際の工夫や、コミュニケーションを楽しむアクティビティにとどまるものではありません。日々の授業で、より深く、より生き生きと学ぶために用いられています。

1. 身体と空間、想像力を活用した学びと演劇的手法

言語的なやりとりに限らない学びの可能性

演劇的手法というと、どのようなものをイメージしますか。
脚本をつくってセリフを覚えて練習して大勢の前で発表して…といったものを思い浮かべられるかもしれません。

けれども、本書でいう演劇的手法は、そうしたものに限りません。役になって架空の世界をつくってその中でふるまうことで、考えを深めたり何かを発見したりする学び方全般を指しています。脚本を用意せず簡単な相談のみで、あるいは完全にその場の即興で行うものもありますし、観客に向けての上演を伴わず、自分たちで架空の世界を経験したり互いに見合ったりするだけのものもあります（むしろ、そうした、脚本なし・上演なしのものの方が一般的です）。

近年、「アクティブ・ラーニング」や「主体的・対話的で深い学び」といった言い方で、教師の話を聞くだけでなく、学習者が能動的に、また、お互いかかわり合って学ぶ学び方が注目を集め、推進

されています。けれども、言語的なやりとりだけでなく、空間の中で身体の感覚を働かせる学び方、目の前にある世界とは別の世界を他の学習者らと共に生み出してそれを経験するような学び方は、まだ必ずしも一般的ではありません。

本書でこの後実例を通して見ていくように、人には本来、身体と空間、想像力を活用して学ぶ力があります。それらを使わずに学ぶのは、いわば、水の中を、手のかきだけを使って泳ごうとするようなもの。脚や全身の動きを使うことで広がる泳ぎの可能性を、みすみす逃してしまっています。授業に演劇的手法を取り入れるのは、演劇の普及ということ以上に、このように学びの幅の拡張としての意味を持ちます。学びを、より生き生きとした、より深いものにするために、演劇的手法が用いられるのです。

二つのタイプの活動――「おれはかまきり」の詩を用いたものを例に――

それでは、役を割り振ってセリフを言わせたり動作を行わせたりさえすれば、どんなものでもそれが学びにつながるのでしょうか。

これまでにも、役になってセリフを言ったり動作を行ったりするような活動は、学校教育の中で少なかったとはいえ、小学校低中学年を中心に、「動作化」「劇化」などとして行われてきました。そうしたものと何か違いはあるのでしょうか。

以下、学校現場でよく使われている「おれはかまきり」の詩（工藤直子『のはらうた』所収）を題材として、A・B、二つのタイプの活動を例に考えていくことにしましょう。

この詩は、「かまきりりゅうじ」がつくったということになっており、「おう　なつだぜ　／おれはげんきだぜ／あまり　ちかよるな／おれの　こころも　かまも／どきどきするほど／ひかってるぜ」という第一連から始まります。国語の授業の中での、この詩を用いた「『かまきりりゅうじ』になってこの詩を読もう」という活動を想定することにします。

Aのタイプ、実際に学校現場でよく行われているやり方は、次のようなものです。

> ①本文をもとに、「かまきりりゅうじ」がどんなかまきりなのかを考える。
> ②「かまきりりゅうじ」の「気持ち」を想像し、セリフ（詩の本文）の言い方や動作を考える。
> ③②で考えた言い方や動作を実際に行って、発表する。

子どもたちは、本文から、「強そうなかまきりだ」とか「自分好きっぽいかまきりだ」とか想像し、さらに、「『げんきだぜ』は力があふれている感じだから、読みながらガッツポーズをしよう」とか「『ひかってるぜ』は自慢したい気持ちで、自信たっぷりに読もう」とか考えます。そして、そのように考えておいたアイデアを実演します。

Bのタイプは、次のようなものです。

例えば、教師がまずこう問いかけるところから始まります。

「『あまり　ちかよるな』とあるということは、『かまきりりゅうじ』くんの周りに何かいる、あるいは少なくとも『かまきりりゅうじ』くんの頭の中ではそうなっているということだろうけれど、では周りにいるのは何だろう？」

子どもたちからは、「『かまきりりゅうじ』を怖がる小さい虫」、「ファンのカマキリ」、「虫取りにやってきた子どもたち」など、いろいろなアイデアが出てきます。

その一つ、「ファンのカマキリ」というアイデアを使って、実際にやりとりを行ってみます。つまり、誰かに「かまきりりゅうじ」役になってもらうだけでなく、他の子どもたちには「ファンのカマキリ」役になってもらって「かまきりりゅうじ」役を取り囲み、「かまきりりゅうじ」役の登場に合わせて、また、「かまきりりゅうじ」役がセリフ（詩の本文）を言うたびに、「キャーッ！」「かっこいい！」など声援を飛ばしてもらうのです。

りゅうじ：おう　なつだぜ
ファン：キャー！　かっこいい！
りゅうじ：おれは　げんきだぜ
ファン：ヒュー！　こっち向いてー！

といった具合です。

Aのタイプと異なり、これは、「かまきりりゅうじ」が存在する空間をつくりだし、その中での相互作用を経験していくようなやり方です。

こうしたやり方で行うと、興味深いことが起こります。教師が

美濃山小の教師らも「かまきりりゅうじ」に「なってみる」活動を体験

一言も「気持ちを込めて読みましょう」とか「『かまきりりゅうじ』になりきって言い方や動作を工夫して読みましょう」などと言っていなくても、「かまきりりゅうじ」役から自然にさまざまな表現が引き出されてくるのです。「ファン」の声援を受けて、片手を挙げてそれに応えるようなポーズを取ったり、より自信に満ちた言い方になったりする「かまきりりゅうじ」が出てきます。もちろん、こうした「かまきりりゅうじ」役のふるまいに呼応して、「ファン」の方も、ますます熱が入ったり歓声が上がったりします。そして、それがさらに、「かまきりりゅうじ」役のふるまいを引き出します。終わってから「かまきりりゅうじ」役に尋ねてみると、「自分でもこんなことをするとは思っていなかった」といった驚きが語られることもあります。

表現が引き出されるだけでなく、同時に、感情の動きも経験することになります。「かまきりりゅうじ」役から、「声援を受けてどんどん気持ちよくなった」、「本当に自分が格好よくなった気がした」といった感想が出てきます。

これらは、「ファンのカマキリ」を選んだ場合に限った話ではありません。例えば、「虫取りにやってきた子どもたち」の場合、「かまきりりゅうじ」役が、最初は威勢よく「おう　なつだぜ！」と威嚇するかのように言っていたのに、虫取り網を持った集団に取り囲まれて「あまり　ちかよるな！」と分が悪くなっていき、さらにじりじりと追いつめられる中、かまをちょいちょい出しながら「ひかってるぜ！」と抵抗をする、といった展開が生じることもあります。もちろん、その過程で、焦りやら恐れやら、さまざまな感情の動きを経験します。計画してそれを行うというのではなく、互いのやりとりを通して自然にこれらが生じるわけです。

表現と理解の相互循環と、架空の世界を感じること

それでは、AのタイプとBのタイプでは、何が異なるのでしょうか。2点挙げましょう。

1点目は、表現と理解の関係に関するものです。Aのやり方では、詩の本文を読んで解釈していた内容をもとに表現の仕方を考えてそれを実行するというように、理解から表現への一方通行になっています（図1）。一方、Bのやり方では、「かまきりりゅうじ」として動いてみることで、新たな「かまきりりゅうじ」像が見えてきたり、別の表現が引き出されたりというように、表現することで理解が促進され、それがまた表現につながって、というように両者は相互循環の関係にあります（図2）。

2点目は、架空の世界を感じられるか否かです。Aのやり方では、「かまきりりゅうじ」役になってのふるまいは、計画していたことを実施して他の人に見せる機会でしかありません。一方、Bのやり方では、「かまきりりゅうじ」役は、架空の世界を自らの感覚を働かせて経験しています。いわば、「かまきりりゅうじ」としてその世界を生きています。

演劇的手法が学習を深める上で役立つ、つまり、演劇的手法がその持ち味を発揮できるのは、Bのタイプであると考えられます。

図1

図2

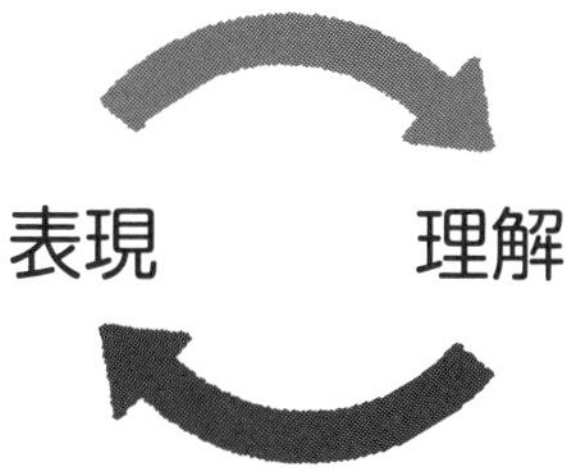

あらかじめ考えておいたことをただ行うのではなく、役になって動くことで架空の世界を経験し、気付きが得られる。そのようにして表現と理解の相互循環が生じるからこそ、演劇的手法は、学習を深める上で有意義なものとなります。また、架空の世界の中で感情を動かし、当初自分が考えていた以上のものが引き出されていく経験は、学びを、よりワクワクするものにします。

表現と理解の相互循環という原理は、演劇的手法に限ったものではありません。グループで話し合ったり文章に書いて読み合ったりする場合にも、あらかじめ考えておいたことをアウトプットするということにとどまらず、話す過程や書く過程で、例えば「自分が言いたいのはこういうことだったのか！」といった気付きが起こります。だからこそ、他者に向けて（書く活動の場合には、目の前にはいない他者という場合もありますが）話したり書いたりする活動は、学習を深める上で意味を持つのです。いわゆる「アクティブ・ラーニング」は、このように、表現と理解の相互循環の原理にのっとっています。そして、「話してみる」「書いてみる」「描いてみる」というように、表現と理解の相互循環には多様な形態がある中で、演劇的手法は、「なってみる」という形態を取るものだといえます。

学校で従来行われてきた「動作化」や「劇化」は、Aのタイプ、理解から表現への一方通行の形を取るものが中心でした。そこでは、架空の世界を自分の感覚を働かせて感じることはたいてい大事にされていませんでした。けれども、考えておいたことを行ってみせるだけのものでは、学習を深める媒体としての演劇的手法の意義は失われます。架空の世界を感じ、それを通して気付きを得るような活動であって初めて、演劇的手法は、その持ち味を発揮して、学びの変革を導くものになります。

それでは、美濃山小では、演劇的手法を手がかりにして、どのように学びの変革を図っていったのでしょうか。美濃山小での授業改革の様子を見てみましょう。

2. きっかけとなった一つの授業と節目となった三つの授業

行き詰まり感への突破口となった一つの研究授業

美濃山小で演劇的手法を活用するきっかけとなったのは、２０１７年1月に行われた5年国語「わらぐつの中の神様」（杉みき子・作）の研究授業でした。当時、研究主任で学級担任を持たない国語専科の加配教員として1年目だった私は、国語科の授業づくりや研修のあり方に関して、ある種の行き詰まりを感じていました。

例えば物語教材の授業。こんなにも魅力的で心が動く話なのに、児童がその魅力を十分に味わえるような授業ができていない。発問や話し合いといった言語中心のやりとりや書く活動が中心で、多様なニーズを持つ児童一人ひとりが主体的に取り組める授業になっていない……。新しい方法をいろいろ勉強して試してはみるものの、「これだ！」という手応えを得られませんでした。どうすれば、もっと学ぶ楽しさを味わえる国語の授業にできるのか。国語専科として、そんな悩みを抱えていました。

さらに、授業検討会をはじめとする校内研修についても、教職員の温度差や力量差を感じていました。長年取り組んできた研究をただ継続するだけでは停滞してしまう。研究主任として、何か新しいことへのチャレンジが必要だと感じていました。

こうした課題を感じていた頃、1年のまとめとなる研究授業を引き受けることになりました。5年生国語科の研究授業。「何か新しいチャレンジを」と日々思っていた私は、これまで個人的に研究してきた演劇的手法を、授業改善の一つとして取り入れられないかと5年の担任教師たち4人に提案をしました。賛同した教師たちと共に検討を重ね、児童が登場人物になって質問に答える〈ホット・シーティング〉という演劇的手法を取り入れることになりました（※以下、ドラマの技法には〈　〉を付けて表記。《　》は美濃山小で生み出された技法。詳細は本章3節参照）。「わらぐつの中の神様」は、主人公・マサエのわらぐつや神様、祖父母に対する見方が、祖母の昔話を聞くことで変化していく姿をあたたかく描いた作品です。授業では、児童がマサエになってホット・シート（役になって座る椅子）に座り、周りの児童からの質問に答えました。

〈ホット・シーティング〉を取り入れてみると、児童の発言から、これまでの物語教材の授業で感じたことのないぬくもりや質感を

〈ホット・シーティング〉。「マサエ」になって質問に答える

感じることとなりました。児童からの「最初はわらぐつはみっともないから履きたくないと言っていましたが、結局、明日、わらぐつを履いていきますか?」という問いに対し、「明日はスキーぐつを履くけど、おじいちゃん、おばあちゃんにわらぐつの作り方を教えてもらって自分で作りたい」と答えるマサエ役の子ども。大人の私からは、そうした発想は絶対に出てきませんでした。質問に対し、役になって答える言葉には、その子らしさがにじみ出て、子どもたちならではの物語の景色が広がっていました。

これまでの物語の授業で行ってきた「○ページの○○に書かれているから、○○だと思います」といった発言とは異なる「なってみる」という学び方。児童とその登場人物が重なり、つながっているかのような時間。想像力を存分に喚起し、児童ならではの「読み」を促進していく仕掛け、演劇的手法。私も、そして5年の教師たちも、「なってみる」ことによる読みの授業の可能性を強く感じることとなったのです。

さらに、子どもたちが問いづくりの名手であることにも驚かされました。授業の「主発問」は教師が考える、という場合が多いかと思いますが、〈ホット・シーティング〉では、子どもたちが登場人物に質問してみたいことを自分で考えます。そうすると、

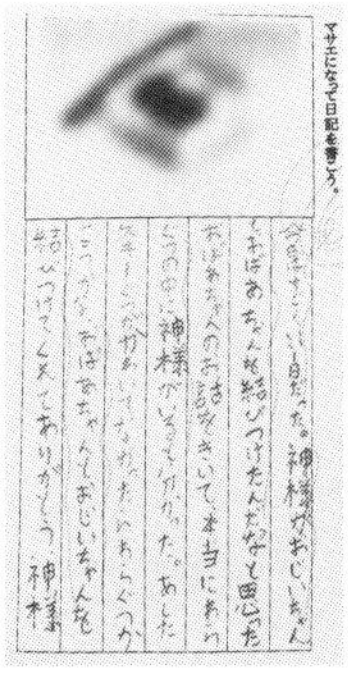

「マサエ日記」に等身大の言葉で発見が綴られる

彼らから、あふれるように問いが出てくるのです。「スキーはうまいですか?」というような、一見、主題と深く関わらないような問いも出てくるのですが、「スキーはあまり上手でないので、遅くまで練習していました」という答えが物語の設定（マサエが遅くまでスキーをしていたために、スキーぐつが乾かず、祖母にわらぐつをはいていくことを勧められる）と深く関わっていく展開も見受けられ、無駄な質問などないという感覚を覚えました。面白いことに、質問の質についても、グループでやりとりをしていく中で、「この問いの答えは教科書にそのまま書いてあるから聞かなくていいな」「これを聞くと考えが深まる」と、自分たちで気付いていくようでした。

この研究授業の事後研修会では、参観していた教師たちから、「主人公になってみる」という仕掛けにより、たくさんの問いが喚起されていたこと、一人ひとりが想像力豊かに主人公のマサエになって心情理解を深めていたことへの驚きや感動が語られました。

教職員らの願いが引き寄せた研究指定

研究授業に対する教職員の反応は、授業者が想定していた以上のものでした。「うちの学年でもやってみます!」と、早速次の授業から〈ホット・シーティング〉を取り入れだしたり、「来年、これを研究したらいいのでは?」という提案がされたり、加速度的に演劇的手法を活用した授業への熱が上がっていったのです。ちょうど、次年度の研究申請に当たる時期でもあり、さまざまな幸運が重なって、翌2017年度より「京都府学力向上システム開発校」として研究指定を受けて研究を始めることになりました。

当時、美濃山小学校の教職員から児童に育てたい力として第一に挙げられていたのは「主体性」でした。特に高学年において、学習意欲や授業に向かう態度に毎年課題が見られていたのです。進学塾に通う児童や受験をする児童も多い地域です。一方で、学力に課題のある児童ももちろんいます。学力差が大きく、多様なニーズを持つ子どもたちの授業参加を保障し、主体的に学びを深めていけるような授業をつくっていくことは、教職員の願いでした。同時に、他者の立場に立って考える力をつけていく必要性も感じていました。自分さえよければいいと、無関心や自己責任で他者の困りごとを片付けてしまう……。そんな姿を見るたびに、他者への想像力や自分自身が大切にされる経験を十分に保障していかなければならないという思いに駆られました。

教職員の入れ替わりも激しく、若い教職員も多い中、どのように授業力を磨いていくか、どうやって授業で児童を引き付け、伸ばし、自己有用感を育てていくか、そのための学級づくりはどうすればよいのか、課題は少なくはありませんでした。

とはいえ、美濃山小には、２００2年開校当時より継続してきた「あたたかい人間関係を育む」という特別活動の取り組みの基盤や、授業研究を学年や研究推進部が一体となって取り組むという研究風土がありました。授業研究を熱心にやってきたこと、美濃山小で長年取り組まれてきた特別活動、そして表現力豊かな児童の多さという三つの強みを生かし、「主体性」「他者への想像力」「授業改善」という三つの課題に立ち向かう研究を始めることになりました。

それでは、実際に、この2年間でどのような授業が実践され、児童にはどのような反応や変化が表れたのか、事例と共に見ていきましょう。ここでは、校内研究を進める上で節目となった授業を三つご紹介します。一つ目は5年国語「なまえつけてよ」、二つ目は3年道徳「どんどん橋のできごと」、三つ目は4年総合「みのやま防災ブックを作ろう」です。

【事例1】登場人物に「なってみる」ことで、深い理解を生む授業
―5年国語「なまえつけてよ」―

5年国語「なまえつけてよ」は、研究2年次の4月に、年度最初の研究授業として実施しました。異動してきたばかりの教師たちと1年目の成果を共有し、学校全体で共通理解を図ることを願って行った授業でした。

4月18日（水）4時間目、5年2組での授業は担任の北一美教諭と、国語加配の藤原によるティーム・ティーチング（複数人の教師で指導する形態。以下、2人の教師の場合、T1、T2と表記）で進めました。教材は、「なまえつけてよ」（蜂飼耳・作）。子馬に名前を付けるという出来事をめぐる、小学5年生の春花と勇太の心の交流が描かれた物語作品です。本時（研究授業本番の授業）は第3時。春花の勇太に対する印象が変化する、物語の山場となる場面でした。

授業冒頭、数人の児童が、前日の学習の最後に書いた〈なりきり日記〉を音読します。子馬に名前を付けてと頼まれた日の春花の日記です。「子馬に名前を付けてって頼まれるなんて、本当にうれしい！　どんな名前にしようかな……」「それにしても、勇太の態度、ほんとやな感じ。子馬に、興味ないのかな」。主人公・春花になって、子馬に名前を付けることへの期待や勇太への感情を綴った日記が読み上げられていきます。

日記の音読により前時の学習を想起したところで、本文の役割読み。子どもたちは、春花役として、春花の会話部分を読んでいきます。それ以外の部分は、2人の教師が、勇太役をT1、地の文をT2というように役割分担をして読みます。このように分担して読むことで、自然にその人物の立場や心情への想像が広がっていきます。

本時で扱う山場の場面。作中で、主人公・春花は、牧場のおばさんに子馬の名前を付けることを依頼され、ワクワクしながら一生懸命に名前を考えます。そして、伝えることを楽しみに牧場に行きます。しかし、子馬がよそにもらわれることになり、せっかく考えた名前を付けることができないという展開が待ち受けています。

児童には、事前に「もしあなたが春花なら、子馬にどんな名前を付けるか」と尋ねてあり、それぞれ名前を考えてきていました。そこでまず、考えた名前を牧場のおばさんに言うことができたシーンを演じます。児童が春花として子馬を見ているところへ、担任の北教諭が牧場のおばさん役となり登場。

春花：子馬の名前、風馬《ふうま》！
おばさん：まあ、素敵な名前ねえ！
春花：風のように走る馬になってほしいと思って付けました。
おばさん：うれしいわあ。あなたに頼んでよかったわ。ありがとう。

役として登場した先生とのやりとり

作中の春花もきっとこうした展開を期待していたことでしょう。けれども、実際にはこのようには進みません。本文に描かれた場面を〈ロールプレイ〉で演じます。

春花：子馬の名前——。
おばさん：ごめんね、そのことなんだけど……。（よそにもらわれることになり、名前も行った先で付けられることを伝える）
春花：いいんです——。それなら、仕方ないですね。

春花は子馬の鼻をなでながら答えます。実際に起きた場面だけでなく、あえて、実際には起きなかった、春花が頭の中で思い描いていたであろう場面も併せて表現し、それらを対比させることで、春花の心情や、行動の理由により深く迫ることを試みました。

その後、春花の複雑な心情をさらに読み深めるため、《ココロ会議》を行います。《ココロ会議》では、3人一組となって全員で1人の人物の気持ちを浮かび上がらせます。1人の脳内に3人の小人がいるようなイメージです。児童は、この教材の単元の第1時で、作品を通して話し合いたい問いを出し合う、問いづくりの活動をしていました。本時のこの場面については、「春花は、せっかく考えた名前なのに、なぜ言わなかったのだろう」、「どうして、だまって子馬の鼻をなでたのだろう」という問いが出されていました。その問いについて考える活動として《ココロ会議》を行います。

A：どうしてせっかく考えた名前を言わなかったの？
B：だって、どうせよそで名前付けられるなら、言ってもむなしいし……。
C：分かる分かる。それに、言ったら、おばさんに逆に気を使わせるかもしれないし。
B：そだねー。じゃあ、なんで、だまって、子馬の鼻をなでたの？
A：うーん、落ち込んでたから、あまり、しゃべれなかった。
C：ああ、そうそう。それに、子馬に、お別れが言いたかった。元気でねって。
B：そうそう。（続く）

教室の至る所で、床に座り、膝を突き合わせての《ココロ会議》が繰り広げられます。こうして想像をふくらませながら、中心人物の心情に寄り添っていくのです。その後、希望者5、6人が前に出て、担任の北教諭を囲みながら拡大版《ココロ会議》を行い、クラス全体で春花の心情を共有していきました。

役になって話しかける北教諭

手渡された折り紙の子馬

続いて、最後の場面の音読に入ります。次の日の昼休み、春花が勇太から、「なまえつけてよ」と書いた折り紙の子馬を渡されるシーン。ペアに一つずつ、折り紙で折った子馬（※5年の教師たちの手作り）が配られました。ペアで春花役、勇太役に分かれ、勇太は春花に折り紙の子馬を渡し、走り去ります。春花は、受け取った折り紙の子馬を眺め、勇太への思いをつぶやきます。途中、役を交代し、全員が両方の役を体験。最後に、数人が代表で折り紙の子馬をもらった春花の〈心の声〉を表現しました。

授業の最後は、春花の立場になり、勇太への心情の変化を〈なりきり手紙〉で綴りました。数人の児童が、その手紙を音読。勇太への印象の変化や、これからの2人がどのような関係になっていくかを想像して、学習は終了となりました。

担任であり、中心となって授業を進めた北教諭は、演劇的手法を活用した授業について、次のように語ってくれました。

「書いたり話したりするのが苦手な児童も、演劇的手法を使うと、自然に心情が理解できたり、言葉が湧き上がったりするようです。また、演劇的手法を使うことで、教師と子どもの関係もぐっと近くなります。そうした触れ合いの時間をとても楽しみにしています」

授業後の板書。児童の語った言葉があふれる

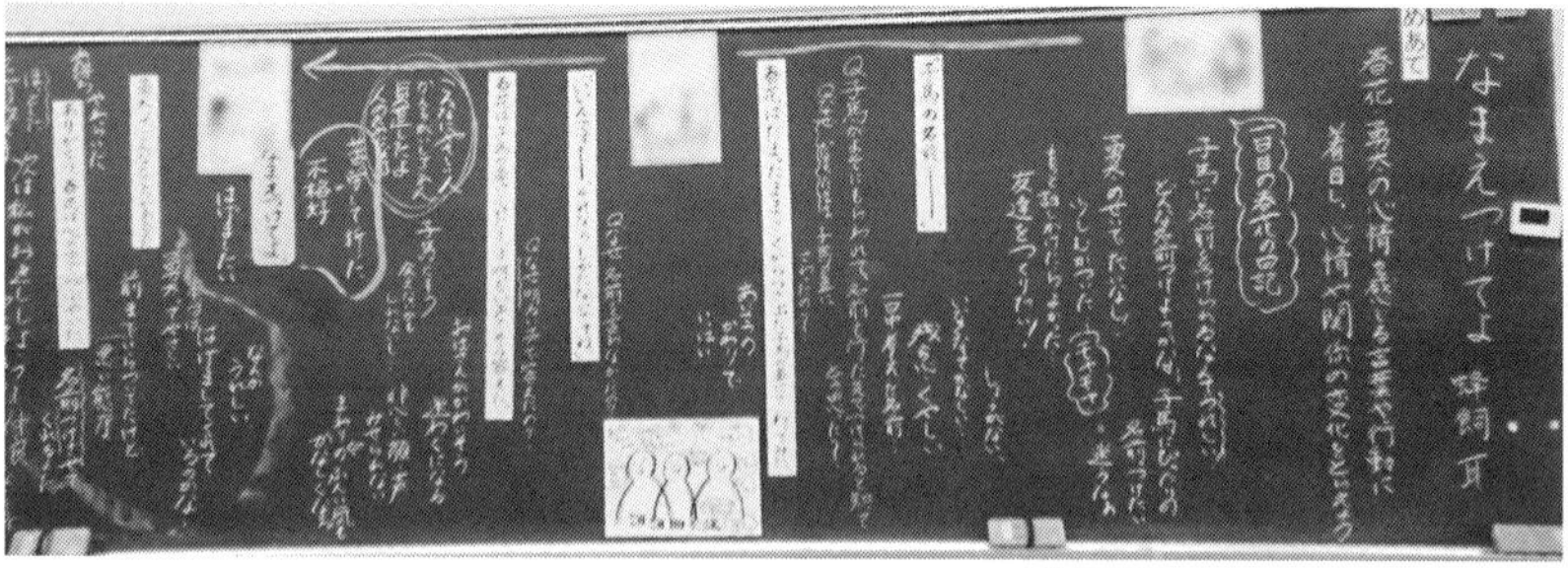

【事例2】子どもの思考が自分ごとになり、本音が飛び出す授業──3年道徳「どんどん橋のできごと」──

次は道徳科の授業事例を見てみましょう。研究2年次の6月に、年度2回目の研究授業として行ったものです。道徳科での授業実践は1年次から挑み、どのような手法が有効か検討し続けてきました。この授業は、そうした積み重ねの上で、道徳科における演劇的手法の可能性を全校で共有する機会となったものです。

6月15日（金）5時間目、3年3組にて、授業は行われました。担任の酒井結花教諭（T1）と研究推進部の藤原（T2）による、ティーム・ティーチングです。教材は「どんどん橋のできごと」。〈ロールプレイ〉〈心の声〉《アクセル・ブレーキ会議》〈ティーチャー・イン・ロール〉の四つの演劇的手法を活用して進められました。

導入では、私がパペット・ペンギンを手に、「ペンちゃん」となって登場。「ペンちゃんのお悩み相談」が始まります。ペンちゃんからの訴えは、「『よく考えて行動しましょう』と言われるけれども、何を考えていいか分からない」というもの。子どもたちも、どんな場面で「よく考えて」と言われるかを思い出しながら、ペンちゃんの話を聞きます。そう、今日の授業のテーマは、「『よく

導入は、「ペンちゃんのお悩み相談」

考えて行動する』ってどういうこと?」(内容項目A 主として自分自身に関すること［善悪の判断、自律、自由と責任］)なのです。

酒井教諭が資料を読み聞かせます。主人公の「ぼく」が、学校からの帰り道、台風の影響で渦ができている川で、友達3人と一緒に草や棒切れを入れて遊んでいます。その後、友達の1人まことくんが、「かさを入れたらどうなるかな」と言って、傘を川に投げ入れて遊び始めます。自分も同じように投げ入れる子もいれば、その遊びを断る子もいます。さて、「ぼく」は……。自分の傘を入れるかどうか迷っている場面までできたところで、ストップ。

物語の設定や状況を確認し、その後〈ロールプレイ〉に入ります。代表の4人が前に出て、登場人物となり、傘を川に投げ入れて遊ぶ場面をやってみました。前で演じる児童も、見守る周りの児童も、傘を投げ入れる動作に盛り上がります。

その後、迷っている「ぼく」が傘を持って考えている場面を再現。傘を渡された人は「ぼく」になって、その時思っていることを〈心の声〉で表現します。

「やってみたいけど……」「お母さんに怒られるかも」素直な声が飛び出します。

その後、酒井教諭から「自分だったら、どうする?」という問

傘を手にして……「やってみたいなぁ」

〈ロールプレイ〉をすると状況がよく分かる

いかけ。子どもたちは、黒板に提示された「心メーター」（自分の判断を示すものさし）で、「自分だったら……」という考えを意思表示しました。「やってみたい」という人、「迷っている」という人、「やめておこう」という人、それぞれの理由を聞いていきます。

そして、いよいよ《アクセル・ブレーキ会議》です。これは、迷う主人公の心の中の、「やってみよう」という気持ちと、「やめておこう」という気持ちのせめぎ合いを、2人組でそれぞれ「アクセル」側と「ブレーキ」側になって、やりとりしながら深める活動です。行動の判断理由を増やしていくことがねらいです。「天使と悪魔」などの活動を元にして、この授業のために開発されました（2章2節参照）。

2人の児童に出てきてもらってモデルを示した後、ペアでの《アクセル・ブレーキ会議》。1分で交代して、どちらの立場も経験することで、自分とは違う立場の思いにも想像をふくらますことができるようにします。

《アクセル・ブレーキ会議》の後に出てきた意見としては、次のようなものがありました。

《アクセル・ブレーキ会議》で経験する、気持ちのせめぎ合い

【アクセル派】

「みんなでやったら面白い」「みんなやってるから」「壊れてもまた買ってもらえばいい」「怒られてもいい」「人の傘でやる」……

【ブレーキ派】

「傘が壊れるかも」「お母さんに怒られるかも」「みんながやってても注意しなきゃ」「お金を無駄にしてはダメ」「お母さんに負担がかかる」「お気に入りの傘なのに」「もし明日雨が降ったら困る」……

酒井教諭が「この物語には続きがあります」と言い、資料の続きを配ります。

「絶対やってるってー」と、ワクワクしながら続きを読む子どもたち。子どもたちの予想通り、物語の主人公は、傘を川に入れるという選択をしました。しかし、他の人の傘は壊れなかったのに、「ぼく」の傘は、壊れてしまいます。「ぼくはだまって、ボロボロのかさをじいっと見ていた」の部分を、私（T2）が「ぼく」となって演じます。その時の心の声を、子どもたちが表現します。

「『よく考える』っていうのは……」

落ち込んでいる「ぼく」にどう声を掛ける?

「やらなきゃよかったなぁ」といった言葉が出てきます。

　そこで酒井教諭から一言。「じゃあ、落ち込んでいる『ぼく』に、何か声を掛けてあげて」。子どもたちからは、「また買ってもらったら……」という意見が出されますが、「ぼく」（藤原）は、「モヤモヤしている」と言います。「ぼく」は、「よく考える」って、何をどう考えればよいか分からず、モヤモヤしていたのです。

「『よく考える』って、何を考えたらいいの？　教えてよ……」

という「ぼく」に、子どもたちは一生懸命言葉をかけます。

「後のことを考えるのが大事だよ」「やっていいかどうか、人に惑わされないで、自分を信じることだよ」「人の傘は丈夫でも、自分の傘は違うかもしれないって考えることが大事」「物の気持ちも考える必要がある」という言葉が出てきました。

　このように、教師が登場人物を演じるのが〈ティーチャー・イン・ロール〉。ここでは、悩む主人公（「ぼく」）を演じ、「『よく考える』って？」と疑問を投げかけることで、児童の思考を揺さぶり、考えを引き出しています。

　さて、子どもたちからのアドバイスを聞きながら、ちょっと元気を取り戻した「ぼく」。最後は、酒井教諭が、「じゃあ、授業の最初に戻ってみよう。みんなが日常生活の中で『よく考えて』っ

授業後の板書写真

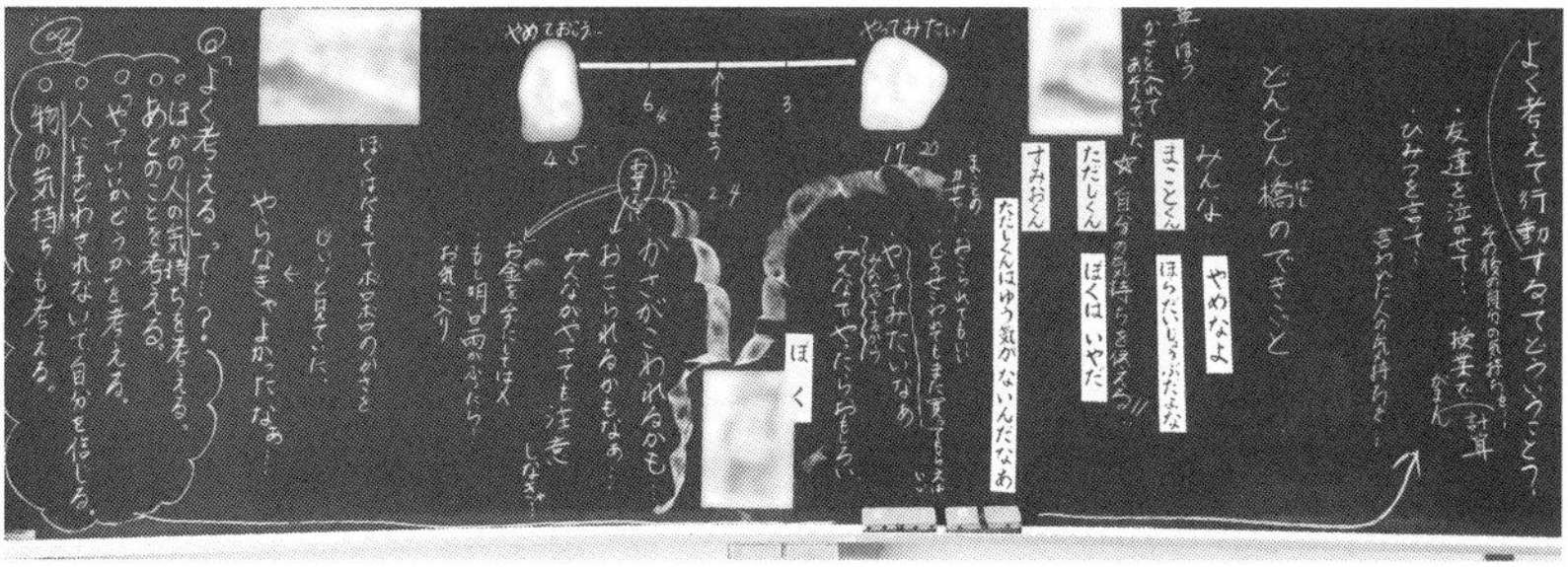

て言われる場面では、何を考えたらいいのだろう」と問いかけ、子どもたちが、今日の学習を自分たちの日常生活にどう生かせそうかを考え、振り返りを書いて、終わりとなりました。

担任の酒井教諭は、授業を終えて、こう振り返りました。

「道徳の授業で、どうしても子どもたちがきれいごとを言おうとしてしまったり、自分ごととして考えられなかったりすることが多く、悩んでいました。今回の授業では、傘を川に投げ入れる場面で、多くの子が『やってみたい！』という意思を表示したことにとても驚きました。ロールプレイをしたことで、本音が出やすくなったのだと思います。自分ごととしてこの教材を捉え、真剣に考えていたことが印象的でした」

児童の「自我関与」を引き出すために〈ロールプレイ〉が有効であること、《アクセル・ブレーキ会議》といった自分たちで開発した手法がさまざまな角度から物事を見る手助けとなること、〈ティーチャー・イン・ロール〉で児童の思考に揺さぶりをかけ、発言を引き出せること、パペットが失敗をしたり悩んだりすることで、児童がパペットに寄り添い本音が出やすくなること……。この授業は、道徳の授業づくりにおける演劇的手法の可能性を発見し、共有するきっかけとなりました。

笑顔で子どもたちを包み込む酒井教諭

【事例3】演劇を通して社会的な見方・考え方を育てる授業
―4年総合「みのやま防災ブックを作ろう」―

最後に、総合的な学習の時間の授業事例を見てみましょう。2年次の9月から11月にかけて4年生で行った授業。「防災」をテーマに、体験学習で学んだことや災害時の備えについて伝える劇をつくり、最終的に「みのやま防災ブック」という形でまとめます。4年生の学年団は、研究の1年次より、社会科での授業実践を探究してきました。今回は防災にまつわるさまざまな出前授業や芸術家による演劇ワークショップ等、外部機関ともタイアップしたダイナミックな実践となりました。

9月。「防災」をテーマにした総合的な学習の時間がスタート。夏休み明け、八幡市消防署や八幡市役所の方に出前授業に来ていただき、子どもたちは、災害時の対応や日頃の備えについて学びました。秋の校外学習では、京都市市民防災センターに行き、秒速32メートルの風や震度7の揺れを体験。消火体験も行い、それぞれの災害の怖さや備えについて学びました。

劇づくりに先立って、各クラス計6時間ずつ、外部講師による演劇ワークショップ（文化庁「文化芸術による子供育成総合事業―コミュニケーション能力向上事業―」）を実施しました。ワー

舞台俳優らによる演劇ワークショップ

カードを使った演劇創作

クショップでは俳優の綾田将一さん（特定非営利活動法人中野ケアセンター terrace）からカードを使った演劇創作を教えていただきました。

次に、これらの体験と、自分たちで災害時の対策について調べたことをもとに、子どもたちは劇を創作していきました。「火事」「台風」「地震」というそれぞれの災害が起こった際に、「消防署」「市役所」「市民」という三つの立場の人々がどのような行動を取るとよいかを、劇にまとめるのです。1クラス（約36人）がA～Iの9チーム（各4、5人）に分かれ、それぞれのチームで劇づくりに取り組みました。

「消防署」であれば、どのような手順で救助に行き、市民を助けるのか。「市役所」であれば、避難所で市民を受け入れる際に、どのような工夫をしているのか。救助が必要な人がいる場合、どのように消防署と連携するのか。「市民」であれば、自分で自分の身を守るために何ができるのか。もしもの場合、どのように救助を依頼したり、避難所を利用したりするのか。これまで学んだことをもとに、自分たちで設定や台本を考え、劇を創作しました。

チームごとの劇ができあがると、いよいよ、伝え合う時間です。「地震」が起きた場合の劇の例を紹介しましょう。

三つの災害を三つの立場で演じる

火事	台風	地震
A 消防署	D 消防署	G 消防署
B 市役所	E 市役所	H 市役所
C 市　民	F 市　民	I 市　民

演劇ワークショップでは、俳優らのリードの下、合意形成をしながら劇を創作

防災無線「こちらは、八幡市です。ただ今、大きな地震が発生しました。直ちに、命を守る行動を取ってください」

「消防署」「市役所」「市民」の3チームが、それぞれ約5分ずつ、順番に劇を発表します。それぞれの立場になっての〈ロールプレイ〉です。家から防災グッズを持ち込み、実物を見せながら演じる子もいました。演じる姿は真剣そのもの。逃げようとしたらガラスが飛び散っていて困る場面、命を助ける緊迫した場面、避難してきた人をあたたかく迎える場面、演じる者も見る者も、真剣に思いを寄せながら見守っていました。

興味深いのは、この3チームの劇が互いにつながるという点です。例えば、「市民」チームの劇の中で市民が避難する場面では、「市役所」チームのメンバーが、避難所で働く市役所の職員として登場します。反対に、「市役所」チームが避難所を開設し、市民を誘導する場面では、「市民」チームのメンバーが登場するのです。つまり、三つのチームは、それぞれ自分たちが主役となった劇をつくるとともに、他のチームの劇には、脇役として同じ役で登場する仕掛けになっています。

このような演劇的仕掛けは、「社会的な見方を育てる」という点で大きな意義を感じるものでした。というのも、「市民」の劇

市役所で働く人々「昼食を取ろうとしたら地震！」

には消防署の人々が救助にやってくる、「市役所」の劇には消防署に依頼するシーンがあるなど、互いに出演し合う場面があることで、同じ場面を別の視点から見る体験ができたのです。一つの災害の同じ状況を違う立場から見ることによって見え方が変わる面白さ。これは、社会が多面的であり、かつ、互いに関係していることを体感できる学習になりました。

活動はここで終わりません。三つのチームの発表を見た後、それぞれのチームの代表者が集い、災害後のミーティング場面を演じます。「あの時、消防の方が来てくれて、助かりました！」「市役所の方からすぐに連絡があったおかげです」「被害を最小限に抑えられたのは、普段の市民の皆さんの防災への意識があったからです」……。

このように、互いの災害時の対応への感謝や今後の願いを語ります。こうした、現実社会で起こっていることをやってみたり社会の中の誰かになってみたりする、また、「こうであるといいな」という社会をつくってみたりするという疑似体験は、社会を見る視座を獲得することにつながります。ここでの劇は、学習の成果のアウトプットであると同時に、学んだことを再構成していく、さらなる学習のプロセスでもありました。

全ての劇に登場する防災無線

研究授業を担任した杉本和也教諭はこう振り返っています。

「同じ災害を三つの立場から見ることで見えてくる違いやつながりがあり、社会的な『見方・考え方』を育てる意味でも有効でした。さまざまな人とかかわり、話を聞いた上で、その人になってみるという体験をしたことは、これから社会の中で生きていく子どもたちの財産になると思います」

2018年は、子どもたち自身、地震や台風といった災害に遭遇した1年でした。10歳の彼らが実体験から学んだこと、他者とかかわり合って学んだこと、それらを劇として伝える過程で学んだこと、それら全てが一つの単元の中で有機的につながっていきました。このつながりは彼らのこれからの人生とも結び付いていくのだと思います。


ここまで、校内研究を進める上で節目となった授業を三つ紹介してきました。

教室には、多様なニーズを持った児童がいるため、授業スタイルもそれに合った多様なものである必要があります。演劇的手法が全ての児童に合うわけではありませんが、体を動かし存分に身体感覚を使うことで理解につながる児童、言葉の意味や状況の把

ミーティングで災害を振り返る消防署・市役所・市民の代表

防災無線に耳を傾ける人々

握が可能になってそこから先の思考を深める手がかりを得られる児童、他者の立場や心情を想像して理解できるようになる児童がたくさんいることに気付かされます（大人もそれは同じであることを美濃山小の教職員は身をもって感じています！）。「からだ」という媒体は、学びを駆動するパワフルな道具なのです。

さまざまな出前授業のコーディネートを担当した杉本教諭

Tips Gallery

「なってみる」授業での工夫と仕掛け

演劇的手法を活用した授業での、ちょっとした工夫（Tips）を
写真と共に紹介します!

その1　手近なものを何かに見立てる

小道具が必ずしも手の込んだものである必要はない。手近なものを何かに見立てる行為を教師が行うことで、子どもたちも見立てに習熟する。

写真①は、**5年国語「大造じいさんとガン」（椋鳩十・作）**の授業より。春、北へ北へと飛び去る残雪に向かって大造じいさんが声を掛ける場面。教師が即興で教科書を鳥に見立ててはばたかせ、離れていく。児童は、鳥が飛んでいく様子を感じ取りながら、「お〜い」と呼びかける。空間の使い方もポイント。

写真②は、**4年国語「ごんぎつね」（新美南吉・作）**。月夜の晩にごんが兵十と加助を見つけた場面。教師は、その場にあった棒（リコーダーのクリーニングロッド）を手に取り、自分の筆箱をぶら下げ、それを「ちょうちん」に見立て歩き出した。子どもたちは、ちょうちんを片手にした兵十を見つけた時の気持ちを想像し、つぶやく。

写真③は、**4年国語「プラタナスの木」（椎名誠・作）**。最後の場面で、登場人物らが切り株に乗るシーン。指揮台を切り株に見立て、木への思いを語る。

その2　シンボルとなる小道具を用いる

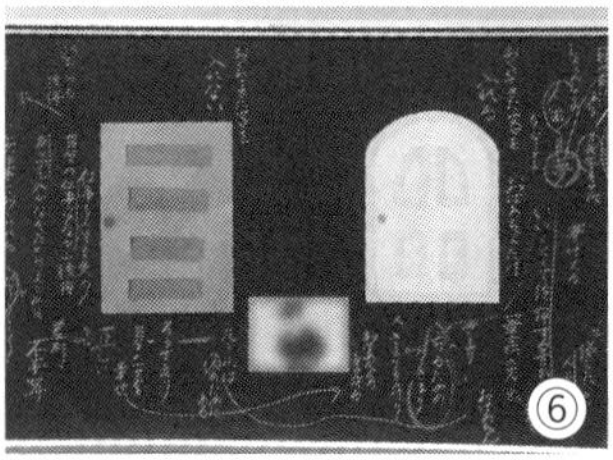

写真④は、**6年国語「海の命」（立松和平・作）**より、主人公・太一がクエと対峙《たいじ》する場面。小道具のもりを手に、児童は、「太一はもりをどのように持ち、どのようにクエに向かったのだろう」と考える。主人公を象徴する小道具を手にすることは、役に入るための効果的な入り口になる。

写真⑤、**5年国語「大造じいさんとガン」（椋鳩十・作）**。72歳の大造じいさん役として登場した3人の児童に、他の児童らがいろりを囲んで座る若い狩人となって、当時の狩りのエピソードや残雪への心情の変化について尋ねる。いろりの存在が、両者を物語の世界へと引き込む。

写真⑥は、道徳でモラルジレンマ教材（二つの道徳的価値が対立するように描かれた教材）を扱う際に活躍する「運命の扉」。AかBか、二つの立場の意見を聞きながら〈葛藤のトンネル〉を進み、最後に「運命の扉」にタッチ。その選択の理由を語る。このように、リアルに再現したものだけでなく、紙1枚で象徴的に表現したものも、立派な小道具だ。「運命の扉」は、国語科でも、例えば**5年国語「見るなのざしき」（桜井信夫・作）**で扉を開けるかどうか迷う葛藤場面などで活用されている。

その3　先生も役になってみる

⑦

⑨

⑧

写真⑦は、**2年国語「お手紙」（アーノルド・ローベル・作）**の単元の導入。教師が突如、郵便屋さんになって登場し、手紙を渡し始める。手紙をもらえた気持ち、もらえなかった気持ちを疑似的に味わうことが、その後の登場人物への共感につながる。

写真⑧は、**4年国語「白いぼうし」（あまんきみこ・作）**。教師が、タクシーの運転手・松井さんになって登場し、役の状態で質問に受け答えする〈ホット・シーティング〉の活動の見本を見せる。「役になって語るって楽しい！」、「答えてもらえるとうれしい！」そんな感情を共有することで、活動への意欲が高まる。手作りのタクシー運転手の帽子や、ハンドルに見立てたドッヂビーが、活動自体を遊び心に満ちたものにする。

写真⑨、**「白いぼうし」**の学習の最後には、児童がグループごとに音読劇を行った。あるグループは、同じ松井さんのシリーズから「星のタクシー」の話を上演。児童らは、黒板に絵を描き、黒板灯以外の電気を消して、作品の世界をつくり出していた。教師が役になるのは、「なってみる」活動のモデルを示すことにもなる。教師が普段から小道具や空間を意識して活動を行っていたことが、子どもたちにも自然に伝播している。

その4　パペットやぬいぐるみたち

写真⑩は、酒井学級（3年3組）で愛されるパペット「ペンちゃん」。道徳や算数の授業で登場する。ちょっとおっちょこちょいだったり、算数が苦手だったり……。そうしたキャラクターとして登場することで、児童は、親しみを感じたり、教えてあげたいという気持ちがかき立てられたりする。

写真⑪は、**1年国語「ずうっと、ずっと、大すきだよ」（ハンス・ウイルヘルム・作）**の授業で登場したぬいぐるみ。授業以外でも子どもたちから大人気で休み時間に抱っこしている子どもも。ぬいぐるみやパペットは、子どもたちにとって、ほっとできる存在。ぬいぐるみを使いながらいろいろな話をし始める児童もいる。

パペットは、高学年の教室でも愛されている（写真⑫）。**6年道徳「わたしのせいじゃない」（レイフ・クリスチャンソンの同名の絵本が元）**の授業では、いじめの被害者役をパペットに務めてもらった。たとえ虚構の活動でも、いじめっこや傍観者の心ない言葉を生身の人間に向けて発することには危険が伴うからだ。相手がパペットであっても、役から解除されて元の関係に戻る「中和」のプロセスは必要。授業の最後は、子どもたちが一言ずつパペットに温かい言葉を掛けて締めくくった。

その5　教室レイアウトと身体のポジショニング

4年国語「ごんぎつね」(新美南吉・作) の授業風景より2枚。

写真⑬は、コの字型の座席配置の中央スペースでやりとりを行っている様子。演劇的手法を活用した授業では、この座席配置をよく用いる。中央スペースで広く場所を取って演じられること、互いの表情がよく見えること、互いの表現から学びやすいことなどが理由だ。36人の児童が学ぶこの教室でも、机や椅子を外に出すことなく、こうしたレイアウトが可能である。

写真⑭は、床に座って少人数で行う《ココロ会議》の様子。なんとリラックスして話していることだろう。心の声を話すので、できるだけ親密に、ほっとできる状態で、という教師の願いが表れている。身体の距離感一つでコミュニケーションのありようは変化する。

写真⑮は、**6年国語「やまなし」(宮沢賢治・作)** で、単元の最後の活動として、賢治の作品をリーダーズ・シアター（朗読劇）で発表している様子。机を脇に寄せ、椅子のみを円形に並べたシアター型の座席配置にすることで、いつもとは異なる雰囲気をつくり出し、朗読劇の世界に浸ることができる。

その6　書くことで学習の連続性を持たせる

児童による記述の例

海はやはり広い。クエを見たとき、そう思った。そのクエのおだやかな全てを見とおしているかのような目を見ると、海はこのクエにつつみこまれているのだろうなと思えた。おとう…。仇はとれませんでした。でも海の広さや守られてきたということを学べて非常に幸せだと思っています。お母さんすいませんでした。おとうをころしたクエはいいやつだったよ…。

⑯

⑰

身体を動かして演じるだけでなく、役になって書くのも演劇的手法。

写真⑯、**6年国語「海の命」（立松和平・作）**で、児童が主人公の太一となって、瀬の主であるクエと出会って変化した気持ちについて日記の形で書いている。

左は、児童による記述の例。この日の授業で〈葛藤のトンネル〉を経験し、クエの目の色について話し合っていたことが、日記にも反映されている。日記は、演じる中で感じたことや話したことを文字にして残す手段になる。毎時間書くことで、登場人物の心情の変化を追うこともできる。

なお、日記だけでなく、手紙という形式もある。例えば、**4年国語「一つの花」（今西祐行・作）**で、母になって、天国の父にゆみ子の成長を伝える手紙を書くといったもの。状況と宛先が明確であるため、文章を書くことが苦手な児童にも書きやすい。

一方、事前に行っていた書く活動が、演劇的手法を用いた活動をより意味があるものにする場合もある。

写真⑰は、**「海の命」**単元の初回、作品を通読して問いづくりを行い、問いを記入した付箋を模造紙に貼り出したときの様子。問いは後の授業で〈ホット・シーティング〉を行う際に活用。活動は単発で行われるのではなく、単元の中で相互に結び付いている。

3. 美濃山小での演劇的手法を用いた授業を支えるもの

ドラマの技法

身体の感覚や想像力を生かした学びへと挑む美濃山小の授業。それを支えているものはいったい何なのでしょうか。

本章の2節やTips Galleryでは、〈ホット・シーティング〉や《ココロ会議》のように、〈　〉や《　》でくくった技法の名称が登場しました。これらは、何かになって架空の世界をつくりだす活動を行う際の型に当たるものです。例えば、〈マイム〉では、声を出さずに体の動きだけで何かを表現します。〈静止画〉では、ある瞬間を切り取って、いわば立体写真のように、ある場面を静止した状態で表現します。心の中での気持ちの揺れ動きを立体化して体験する〈葛藤のトンネル〉といった技法もあります。

こうした技法は、もともと、イギリスを中心とした国々で取り組まれてきたドラマ教育において発展させられてきたものです。それらはconventionやstrategyなどと呼ばれ、『Structuring Drama Work: 100 Key Conventions for Theatre and Drama（ドラマの活動を組み立てる：シアターとドラマのための１００の主要技法）』（Jonathan Neelands,Tony Goode著、未邦訳）のように、さまざまな技法を集めて用途や意義を解説した本も出ています。また、主に２０００年代以降には日本にも紹介されて実践現場で活用されるようになっており、『学びを変えるドラマの手法』（渡部淳・獲得型教育研究会編、旬報社、２０１０年）のように、国内での実践事例を集めた本も出版されるようになってきました。

美濃山小では、そうした技法のうち、主なものを校内の教師で共有し、授業において活用してきました。また、さまざまな教材に即した活動を考える中で、美濃山小で独自にアレンジを加えたり新たに開発したりしたものもあります。それらの一部を表にまとめて50～51頁に掲げておきます。

こうした技法の存在にはどのような意味があるのでしょうか。

本章1節で、自分の感覚を働かせて経験できるような架空の世界をつくりだすことの大切さを述べました。けれども、それを導くのは教師にとってなかなか難しいものです。日本で、演劇教育が一部の教師らによって取り組まれてきたものの、必ずしも大きな広がりには至らなかった一因は、そこにあると考えられます。子どもたちと一緒に架空の世界を生み出してそこでのさまざまな

〈葛藤のトンネル〉相反する立場から発せられるささやき声の中を通っていく

まっていたのです。

経験を学習へとつなげていくような創造的な実践が、真似しにくい名人芸的なものにとどまってしまっていたのです。

一方、技法として、架空の世界をつくりだす際の型がまとめられていれば、教師は、それの組み合わせで授業における活動を考えていくことができます。例えば、本章2節の5年国語「なまえつけてよ」の事例では、〈ロールプレイ〉《ココロ会議》〈心の声〉〈なりきり手紙〉という技法が活用されていました。演劇的手法に慣れていない教師にとって、「架空の世界をつくる」と言われるだけでは敷居が高かったとしても、技法が存在することで、そのための手がかりが得られます。しかも、技法は、さまざまな教科や単元の内容と結び付けて用いることができます。例えば、〈ホット・シーティング〉を、国語科で、物語の登場人物への質問を考えてやりとりすることで、人物像や心情を掘り下げていくために用いることもできれば、社会科で、ある時代や地域の人への質問を考えてやりとりすることで、その時代や地域について理解を深めていくために用いることもできます。さらに、学校全体でこうした技法の活用に取り組むことにより、「こんな使い方してみたよ」「今度○○をやってみようと思うんだけど」といった教師間での交流も容易になります。

技法は教師のためだけのものではありません。子どもたちにとっても有益です。美濃山小では、教師が活動の指示をした時に、子どもの中から「あ、前に○○の時にやったやつ!」といった声が上がることがあります。ある技法を用いた活動に繰り返し触れることで、子どもたちは、例えば、〈静止画〉の場合だと、より印象的な瞬間を切り取れるようになったり、集中してピタッと止まって表現できるようになったりと、技法そのものにも習熟していきます。そして、例えば、話し合いを行う時にそこで用いるやり方に習熟していれば、その分、話し合いの中身そのものに意識が向けられるのとちょう

さまざまな技法

名称	説明・美濃山小での具体例
なりきり日記	役の状態で日記を書く。 例 「おかみさん日記」（1年国語「たぬきの糸車」）、「ごん日記」（4年国語（「ごんぎつね」）、「大造じいさん日記」（5年国語「大造じいさんとガン」）。
なりきり手紙	役の状態で誰かに宛てて手紙を書く。 例 4年国語「白いぼうし」で、最後の場面の「ちょう」になって、タクシー運転手の松井さんに向けて手紙を書く。

美濃山小でアレンジ・開発してきた技法（本書では《　》で表記）

名称	説明・美濃山小での具体例
ココロ会議	複数人で1人の人物になり、心の中にあるさまざまな思いを出し合いやりとりすることで、その人物の心情を浮かび上がらせる。 例 4年国語「ごんぎつね」で、3人組でごんになって、ごんの心の中の気持ちを出し合う。
アクセル・ブレーキ会議	登場人物の葛藤場面を取り上げ、ペアで、対立する二つの立場に立って考えを言い合う。 例 3年道徳「どんどん橋のできごと」で、「ぼく」の葛藤に関して、川に傘を投げ入れるのを「やってみたい」側（＝アクセル）と、「やめておこう」側（＝ブレーキ）とに分かれ、意見や理由を伝え合う。1分たったら、立場を交代する。
なるほどタイム	役の状態で、相手を納得させられるよう、即興的な対話を行う。 例 1年国語「たぬきの糸車」で、おかみさん役になり、きこり役の教師に「なるほど！」と言ってもらえるよう、たぬきのかわいさを説明・アピールする。
仮想対談	2人がそれぞれ歴史上の人物や物語の登場人物などになって、仮想の対談をする。 例 5年国語の伝記教材「百年後のふるさとを守る」を読んだ後、歴史上の人物について調べ、なりきり対談番組をつくる。対談の中で、互いの業績や考え方、子ども時代のエピソードなどを質問し合う。

演劇的手法における

ドラマ教育の一般的な技法（本書では〈　〉で表記）

名称	説明・美濃山小での具体例
静止画	物事のある瞬間を切り取り、身体を使ってそれを写真のように（静止した状態で）表現する。 例 1年国語「ずうっと、ずっと、大すきだよ」で、「ぼく」と犬のエルフの楽しい思い出の場面を、ペアで即興でつくる。
心の声	役の状態で心の中に浮かんでいる言葉を声に出す。 例 2年国語「スーホの白い馬」で、スーホになって白馬の世話をしながら、その時の気持ちを声に出す。
ロールプレイ	役になって、動きやセリフを伴って演じる。 例 3年社会「昔の道具と人びとのくらし」で、三つの時代の道具や暮らしについて調べたことをもとに、それぞれの時代の家族になって、当時の工夫や大変さを伝えるシーンをつくって演じる。
ホット・シーティング	役になる人が椅子に座る。周りの人が質問を投げかけ、その人は役の状態で質問に答える。架空のインタビュー。周りの人にも役を設定する場合としない場合とがある。 例 5年国語「大造じいさんとガン」で、前書き部分の設定を生かして、72歳の大造じいさんに対して、若手の狩人たちがいろりを囲んで質問をする。
マイム	セリフを使わずに動きだけで表現する。 例 2年国語「お手紙」で、かえるくんになって、手紙がこなくて落ち込むがまくんを言葉を使わずに励ます。
フィジカル・シアター	物を体で表現する。 例 5年国語「見るなのざしき」で、座敷に出現する季節の風物を、5、6人のグループでつくる。
ティーチャー・イン・ロール	教師自身が役になって架空の世界に参入する。 例 1年国語「ずうっと、ずっと、大すきだよ」で、教師が「母」や「近所の人」になって登場し、「ぼく」役の子どもたちにエルフのことについて尋ねる。
専門家のマント	専門家になって架空の依頼を受け、それを解決する活動を行う。 例 2年国語「あったらいいな、こんなもの」で、商品開発者と依頼者に分かれ、商品開発者は依頼者の願いを聞いて、アイデアを提案する。
葛藤のトンネル	対立する立場で2本の列をつくり、向かい合わせに立つ。真ん中を通る人に、それぞれの立場からの声をささやき、頭の中の葛藤状態をつくりだす。 例 5年国語「見るなのざしき」で、見てはならないといわれていた4番目の倉の戸を開けるか開けないか、それぞれの立場の理由を、列の中央を通る「兄《あに》さん」役に向けてささやく。

ど同じように、ドラマの技法に習熟していることで、取り組む内容の方に専念して内容を掘り下げることができます。

このように、ドラマ教育の技法の数々は、美濃山小において学校全体で授業における演劇的手法の活用に取り組む上で、大事な役割を果たしてきました。けれども、ただ技法を授業に組み込めば、それで、身体と空間、想像力を活用した、深い学びを実現できるというわけではありません。技法を取り入れて同じような手順で授業を進めていても、教師のちょっとした働きかけや子どものふるまいの受け止め方の違いによって、子どもがどれだけ架空の世界に入り込めるか、そこでどれだけ深く学べるかというのは変わってきます。以下、三つの場面を取り上げて、そうした教師のワザについて見ていきます。

①空間の広がりを意識させる——藤原由香里教諭による「初雪のふる日」の授業より——

教師が「ここは○○です」と言えば、それで自動的に、実際には教室である場所を子どもたちが○○として経験できるようになるわけではありません。子どもたちのイメージを広げるためには、彼らの想像力が働いているかに敏感になってそれを刺激するような教師の働きかけが必要です。

藤原教諭による、4年国語、物語文「初雪のふる日」（安房直子・作）の授業を見てみましょう。「小さな女の子」が白うさぎの世界に引き込まれそうになるお話です。教科書の本文に沿って教師が語り手となって地の文を読み、子どもたちが登場人物になって動いたり会話文の部分を言ったりして、教師と子どもたちとが一緒になって物語の世界をつくりだしながら、授業が進められました。

冒頭の場面、教師の「女の子は、うつむいて地面をながめていました。それから、首をかしげて、ほうっと大きな息をつくと」という音読に合わせて、子どもたちはそれぞれ「女の子」となって地面（教室の床）を眺めたり首をかしげたりし、続きのセリフ「だれが、石けりしたんだろう」を言って、教師がそれに「とつぶやきました」と続けます。

その次の「その道には、ろうせきでかかれた石けりの輪が、どこまでも続いていたのです。どこまでも、どこまでも、橋をわたって、山の方まで」という一文。教師がこれを音読した後、子どもたちに問いかけます。「そしたら、今この教室からいくと、（黒板の方を指さしながら）どのへんまで続いてると思う？」

子どもたちから、「図書館」「保育園」「コストコ（※学校のそばにある商業施設）」などの答えが返ってきます。教師はそれを受け止めて、「じゃあ、見えない道路があると思って、コストコとかムサシ（※別の商業施設）らへんまで、ずーっと続いてる先を見て、それを見ながら言ってください」と促します。

演劇的手法を用いた授業では、教師はつい子どもに何かを言わせたり動きをさせたりすることに必死になりがちです。けれども、役になるというのは、その場が別の世界になるということでもあります。「今この教室からいくと、どのへんまで続いてると思う？」こうした問いかけによって、子どもたちに架空の世界の空間の広

教師と子どもが視線を共有して空間の広がりを意識する

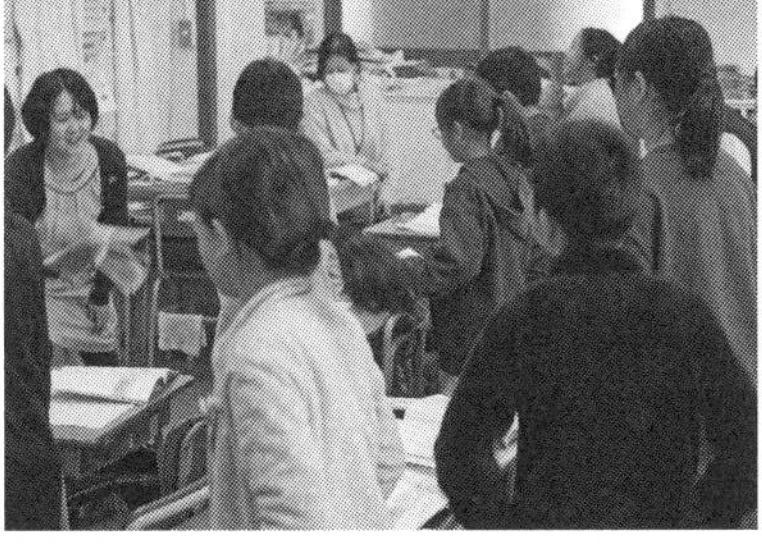

子どもと共に架空の世界を楽しむ

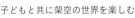

がりを意識させ、教師と子どもたちとが視線を共有しながら、架空の世界での出来事を共に経験していくことができるようになるわけです。

なお、この後、教師が地の文「女の子は立ち上がって、目を真ん丸にして」を読んで、子どもたちが「女の子」のセリフ「なあんて長い石けり」を発するのが続きます。その「なあんて長い石けり」が、平板で驚きがみられない声になっているのを教師は聞き逃さず、すかさず、「今のは図書館くらいまでやなあ。コストコくらいまで続いてるんやろ。それくらいの気持ちで言ってみてな」と言って、再度音読を促しました。教師自身が架空の世界を共有し、そこで起きることに自らの感覚を働かせているからこそ、こうした受け止めが可能になります。

②架空の世界でのやりとりと即興を活用する
―吉川千賀子教諭の「くじらぐも」の授業より―

物語文などもとになる本文の存在は、ある一つの世界観を持った架空の世界をつくりだす上で大事な役割を果たします。しかし、一方では、本文があることで、それをそのまま読み上げたり動きに表したりすることに気を取られてしまって、自分の感覚を働か

物語の登場人物になって互いにやりとりする

せて架空の世界を経験することがしばしば難しくなってしまうという面もあります。

1年国語、吉川教諭による「くじらぐも」(中川李枝子・作)の授業から、本文がある場合でも、架空の世界の中でのやりとりの機会や即興を活用して、子どもたちをその世界の中へと引き込んでいる様子を見てみましょう。

空に「くものくじら」が登場し、「子どもたち」が行っていることを真似して、体操をしたり空をまわったりする場面。教師が、「この場面、体を動かしてやってみましょうか」と呼びかけ、半分の子どもたちが「くじらぐも」役、残りの半分が「子どもたち」役となり、それぞれ教室の前方および後方に移動して、向かい合わせになって立ちます。教師がナレーター役として本文を読み上げ、子どもたちはそれに合わせて動いたりセリフを言ったりします。

教師：四じかんめのことです。一ねん二くみの子どもたちがたいそうをしている……(教師からの目配せを受けて、「子どもたち」役が体操を始める)……たいそうをしていると、(「くじらぐも」側を見て)空に、大きなくじらがあらわれました(「くじらぐも」役、その場でトトトッと出てくる素振り)。まっしろい、くものくじらです。
「子どもたち」役：一、二、三、四(言いながら屈伸の動きをする)。
教師：くじらも、たいそうをはじめました(「くじらぐも」役も、「子どもたち」役と同じように屈伸の動きをする)。のびたりちぢんだりして、しんこきゅうもしました(「くじらぐも」役、「子どもたち」役とも、その動きをする)。

このようにして進みます。子どもたちは単に、割り当てられた動作を、教師が読む本文に従って行っているだけではありません。「くじらぐも」側と「子どもたち」側とで向かい合わせになって立っている子どもたちは、（この物語の場面において「くじらぐも」と「子どもたち」がそうであるのと同様に）互いに相手を意識しています。「くじらぐも」側は「子どもたち」側の動きを見てそれを真似しますし、そのように真似をする「くじらぐも」側を「子どもたち」側は見ています。

それをより確実なものにするための一言を、ここで教師は発します。「さっきのミラーゲーム思い出してね」。実は、この授業の冒頭、子どもたちは各自の席の場所で立って、教師の動きを子どもたちが鏡合わせで真似っこする「ミラーゲーム」を行っていました。そのときの感覚を思い起こすことを促します。

このように、決められた動作を行うということではなく、その世界の中でのやりとりを経験できるようにすることで、教師は、子どもたちが架空の世界の中により入り込めるようにしています。

教師：みんながかけあしでうんどうじょうをまわると（「子どもたち」役、その場で走り出す）、くものくじらも、

教室の前方と後方が、空の上と校庭になる

空をまわりました（「くじらぐも」役も、その場で走り出す）。

本文に即して進み、「子どもたち」役が「くじらぐも」を見て「あのくじらは、きっとがっこうがすきなんだね」と言うところまでいった後、教師は子どもたちに問いかけました。

教師：今、深呼吸とか一緒にしてみたよねえ。何かくじらと一緒にしてみたいことない？

これも興味深い問いかけです。自分が行うことを「くじらぐも」が真似してくれる楽しさを味わった「子どもたち」。その立場に（実際の）子どもたちを立たせて、自分ならどんなことをやってみたいか、想像させるわけです。

子どもたちから、「ダンス」などのアイデアが出され、やってみることになりました。

教師：じゃあ先生が（語り手の部分を）言うしな（子どもからの「運動会のダンスー？」の声に「ＯＫ」と返

「くものくじら」（左）が「子どもたち」（右）の真似をする

事)。 くじら、 真似してくれると思う? いくでー。

教師:みんながひょっこりひょうたんじまのダンスをすると(「子どもたち」役、手を伸ばしてダンスを始める)、くじらもダンスをはじめました (「くじらぐも」役、ダンスをする)。

「くじら、真似してくれると思う?」と声を掛けることによって、ここでも相手を意識させています。このようにして、「子どもたち」と「くじらぐも」との真似っこの新たなアイデアを出して、即興で動いてそれを経験していきました。教師がテンポよくガイドし、子どもたちが動きます。

教師:みんながジャンプをすると、くものくじらもジャンプをしました。
みんなが座ると、くものくじらも座りました。
みんながゆーっくり立つと、くものくじらもゆーっくり立ちました。

念のために述べておくと、これらは、「くじらぐも」の作品か

白熱する「ここへおいでよう」「ここへおいでよう」のやりとり

ら外れた余興的な活動などではありません。確かに、作品本文には「ダンス」や「ジャンプ」は登場しません。けれども、「こんなことしたらくじらぐもは真似してくれるかな」といった期待感や、真似してもらったときの喜びといったものは、作品の中の「子どもたち」がきっと経験していたはずのものです（また、こうした気持ちの高まりは、後の「よしきた。くものくじらにとびのろう」へとつながる、物語上の重要な要素でもあります）。そうした登場人物の内面の経験を、ここでは行っているのだといえます。

本文をなぞってそこに書かれたセリフを言わせたり動きをさせたりすれば、それで架空の世界での経験ができて意味のある学習になるというわけではありません。やりとりの機会を利用したり、時には本文から離れて即興を取り入れたりすることで、子どもたちを架空の世界に引き込み、生き生きとした学習を行うことが可能になるのです。

③教師自身が架空の世界の中に入ってサポートする
―北一美教諭の「見るなのざしき」の授業より―

登場人物になって架空の世界の中でふるまうような活動に、恥ずかしがったり、あるいは「こんなの嘘だから」と冷めた態度を取ったりして、乗ってこない子どもも時にはいます。そうした際に、教師が、「さあ恥ずかしがってないでやりましょう」などと第三者的立場から架空の世界への参入を促したとしても、それは必ずしも子どもに響くものにはならないでしょう。むしろ、教師自身が架空の世界の中に入ってふるまうことによって、架空の世界を人は生み出せるのだという信頼や、そうやって現実以外のものになることの楽しさを身をもって示すことの方が、子どもを引き入れる近道となるでしょう。

このように教師自身が架空の世界に参入してふるまうことは、〈ティーチャー・イン・ロール〉という一つの技法になっています。もっとも、これは単なる一つの技法にとどまらず、教師の姿勢そのものに関わるものでもあります。

教師が自ら架空の世界に入りながら、子どもたちの架空の世界での経験を手助けしたり、より意味のあるものにしたりしている様子を、北教諭による、5年国語「見るなのざしき」（桜井信夫・作）の授業から見てみましょう。

民話を使った「聞いて楽しもう」の単元です。教師による民話の語りを途中で区切りながら、そのお話の世界を子どもたちが実際にその場でつくっていく形で進めました。担任の北教諭に加え国語専科の藤原教諭がT2として入ります。机を教室の端に固め、中央に広いスペースを取っています。

お話の中で、「炭焼きの兄《あに》さん」が、迷い込んだ山奥の谷間にある大きな屋敷で、庭の倉座敷に入る場面があります。四つある倉の座敷は不思議な座敷で、中にそれぞれ夏の景色、秋の景色、冬の景色が広がっています。

進行役の藤原教諭が「夏の座敷をここに出現させてください。

語りを聞き、想像の世界をつくっていく

今出てきたような、お話通りのもの――海とか涼しい風とか夏のごちそうとか――でもいいし、みんなの夢の座敷に出てきそうなものでもいい。実際に動きながらつくったらいいですよ」と指示しました。体を使って物を表現する〈フィジカル・シアター〉の技法です。子どもたちは5、6人のグループで約1分間の準備時間の間にさかんに相談し、ポーズを試みます。

各グループ、太陽と波、海辺でのスイカ割り、流しそうめんなど、さまざまな風物を生み出しました。

前に出てこれを順に発表していくような形は取りません。各グループが同時にその場で風物になることで、全体として一つの夏の座敷をつくります。その中を「兄さん」となって回っていく役を北教諭が務めます。

黒板に向かって立っていた「兄さん」役の北教諭が振り返り、すだれを上げる仕草をして、座敷の中に入ってきました。それぞれの風物を訪ねます。

教師（兄さん）：これは何じゃ？
子どもたち：流しそうめん。
教師（兄さん）：流しそうめん！（食べる動作をして）うま

「兄さん」役の北教諭（中央奥）が、夏の風物をまわっていく。左手前に見えるのが、流しそうめん

秋の座敷より。「兄さん」役の子ども2人（左）が、紅葉（右）＆鹿（下）とやりとり

い流しそうめんじゃのう。涼やかじゃのう。
教師（兄さん）：これは何じゃ？
子どもたち：波！（コロコロ転がる）
教師（兄さん）：波と戯れよう！（波をまたいで飛び跳ねる動作）楽しいなあ。

教師自身がこのようにして子どもたちが生み出した風物とやりとりをすることにより、子どもたちは、よりその風物としてその場に存在することが可能になり、教室は、一段と夏の座敷になっていきます。

一通りまわった後の、語り手・藤原教諭と「兄さま」役・北教諭との間の会話。「兄さま、一の倉の座敷はどうじゃった？」「素敵な夏の世界じゃったのう。景色はきれいじゃったし、流しそうめんはうまかったし、スイカ割りのスイカもとっても甘かったし。すがすがしい夏の風景じゃったのう」。このようにして、子どもたちが生み出したものが、お話の世界を共につくりだし楽しむ活動の中に組み込まれていきます。

教師はこのように自ら架空の世界に参入し、子どもたちをその世界に引き込んだりその経験を意味付けたりします。もっとも、それは、教師が前面に出てその場を引っかき回すということではありません。あくまでも、教師のふるまいは、子どもたちの架空の世界での経験をより濃密なものとし、それを通しての学習をより意味のあるものにするためのもの。そのため、役割を果たした後は退いていきます。

一つ目の倉では北教諭が1人で務めていた「兄さま」役ですが、二つ目からは、希望した子どもたちも一緒に「兄さま」になって座敷を回りました。とはいえ、子どもも最初は、「兄さま」役として風物を回り反応を口にすることに慣れていません。そのため北教諭が、半ば「兄さま」役、半ば教師のような立場でサポートします。例えば、最初は「おー、また違った景色じゃの」などと「兄さま」役として先導していますが、すぐに、一緒に「兄さま」役を務める子どもたちに対して、「そこえらいことなってる。見てあげて」と促したり、「感想言うたげてやー。『寒そうじゃのう』とか『うまそうじゃのう』とか」とヒントを与えたりするようになります。位置関係も、最初は自分が前に出て座敷の風物をめぐっていたのが、徐々に退いて「兄さま」役の子どもたちに任せていきます。

このように、単に教師が役になって何かを演じればそれでおしまいということではなく、教師は、架空の世界に入ったり抜け出たりをうまく使いながら、子どもたちの学びをサポートしているわけです。

なお、役に入りながら発揮される教師の遊び心は、学習を、より生き生きとしたものにします。「兄さま」役の北教諭が最初の座敷に入る時のこと。進行役の藤原教諭の「5、4、3、2、1、ストーップ!」の声が掛かっても、グループでの風物の準備がまだ整っておらず、教室は相談する声でざわついていました。子どもたちに背を向けて黒板の方を向いて立って待機していた北教諭は、その状況に対して、「えらいさわがしい座敷やな」と大きな声で独り言のようにつぶやいています。

通常の教師の立場であれば、「静かにしましょう」「もう始めますよ」などと声を掛けるところです。けれども、北教諭は、一足早く「兄さま」となって「えらいさわがしい座敷やな」と声を発することによって、子どもたちに静まるよう促しつつ、この状況を、「準備が終わらずザワザワしている教室」から、「なんだかよく分からないがにぎやかな音が聞こえてくる座敷」へと変貌させてしまいました。

こうした教師の遊び心の発揮によって、子どもたちはより状況に引き込まれ、生き生きと学んでいくことになります。

以上見てきたように、美濃山小では、ドラマの技法を活用しながら、そして、教師のワザを発揮させながら、演劇的手法を用いた授業に取り組んできています。

もちろん、全ての授業で演劇的手法を使っているわけではありません。使う場合の位置付けも、演劇的手法に重点を置いて単元や授業の全体で用いる場合から、一部でスポット的に用いる場合まで、さまざまです。もっとも、こうして演劇的手法の活用に取り組んで、身体と想像力を使った学び方に慣れていくと、日常的にも気軽にそれを取り入れられるようになります。美濃山小のある若い教師は、校内研究1年目末のインタビューで、「以前なら機械的に行っていた漢字の書き取りを、体を使った活動を入れてみたりするようになりました。『3、2、1』で（その漢字が表す意味を）演じてみたりとか。子どもも徐々に期待するようになっています」と語っています。

演劇的手法を授業に取り入れること自体が大事なわけではありません。演劇的手法はあくまでも授業改善の切り口。これを取り入れることで、授業が、人が持つ感覚をフルに生かせるようなものになること、それによって、学習が、より創造性に満ちてワクワクするような、より意味があるものになることが大事なのです。

4. 特別支援学級で織りなされたドラマ —スーホになった子どもたち—

演劇的手法を用いた授業は、通常学級のためだけのものではありません。特別支援学級でも可能ですし、演劇的手法を用いることで、生き生きとした学びが生まれます。

美濃山小の特別支援学級「わかば学級」での実践を紹介しましょう。「わかば学級」は、２年次の研究発表会では国語科「スーホの白い馬」（大塚勇三・作　※絵本版を使用）の授業を公開しました。まずは、６人の児童と行われた、この日のドラマあふれる授業の様子をご覧ください。

白馬の世話をするスーホになる

本時では、スーホが白馬と出会った後、心を込めて世話をする場面を取り上げました。

わかば学級では、国語の授業で物語を読む時、最初に全文の通読はせず、その日扱う場面の文章だけを示して進めます。全体を読んでいないからこそ、その日読む物語の世界にどっぷりと浸り、主人公の気持ちに寄り添うことができると考えています。また、話の続きが気になるので、子どもたちにとって、連続テレビドラマのようなワクワク感があるようです。
まずは前時の学習の想起から始まります。前時で扱っていたのは、スーホが白馬を見つけて連れて帰ってくる場面。白馬（に見立てたクッション）の登場に子どもたちは大喜びで、休み時間も抱きかかえていたといいます。

T2の西川恵美子教諭がスーホのおばあさんに扮《ふん》して登場。「スーホ、どうしたんだい」という語りかけに、子どもたちは、自然にスーホになって見つけた白馬のことを話し出します。〈ティーチャー・イン・ロール〉で子どもたちを物語の世界に引き込み、前時の学習の続きに入る準備を整えていきます。

そして、本時で扱う場面の文章を、ホワイトボードに掲示。「日は、一日、一日と、すぎていきました。スーホが、心をこめてせわしたおかげで、子馬はりっぱにそだちました。……」全員で音読します。

さらに、全員がスーホ役になってこの場面を演じます。「心をこめてせわ」というのが具体的にはどういうことか、イメージをふくらませていくのです。一人ひとり、スーホになって白馬とかかわり、世話をし、〈心の声〉を発表します。

わたるくんの番。おばあさん役の西川教諭が、「スーホや、朝

西川教諭がおばあさん役を務める

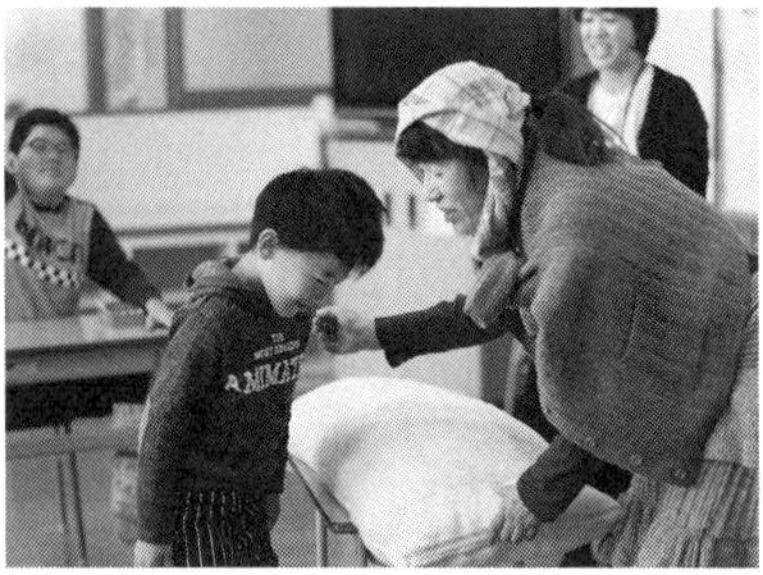

白馬を抱えて帰ってきたスーホ

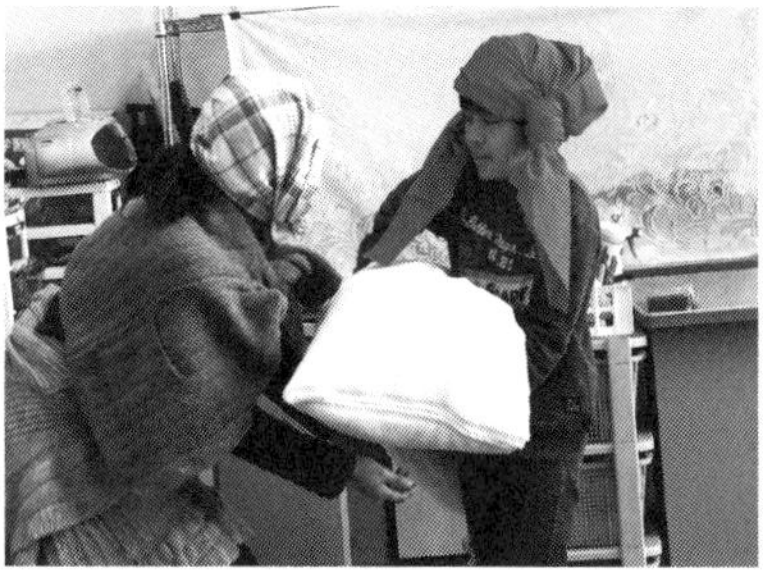

ですよ。さあ、起きて」とスーホを起こすと、わたるくんは起き上がり、窓の方を見ました。その様子は、参観者の一人が、「まぶしそうに目を細めて窓の方を見ていて、ああ、本当にスーホになっているんだなあって、感動しました」と語っていたほど。

スーホになって動く子どもたち。えさをやったり、掃除をしたり、散歩に行ったり……。きっと、作中のスーホも、そんなふうに白馬との時間を過ごしたのでしょう。愛情込めて世話をし、白馬をかわいがる毎日。気持ちを聞く時には、「心の声カード」が活躍。T1の明尾美和教諭がカードを近づけると、子どもたちは、スーホとして心に浮かぶ気持ちを声に出していきます。お世話をする場面では、よっちゃんから、「ずうっとずっといっしょだよ」という言葉も語られました。

そして、「スーホと白い馬のアルバム作り」。毎回、授業の後半をこれに充てています。自分でその日に学習した場面の思い出の絵を描き、一言言葉を付け足すことで、語彙《ごい》を増やしていくことをねらいとしました。

いよいよ授業の最後です。実は、ホワイトボードに貼った本文の最後の一文が折りたたんで隠してありました。

「いっぱい食べて大きくなってほしいなあ」

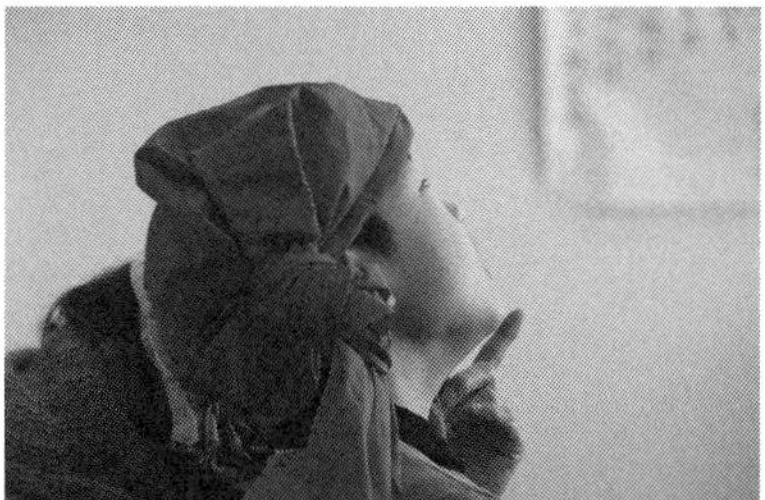

スーホになって朝日を見る

「スーホは、この馬が、かわいくてたまりませんでした。」

この一文を開けて見せた時、子どもたちが本文を読む声が、どんどん大きくなっていきました。読み終わって子どもたちは叫びました。「一緒やあ！」スーホになって自分たちが感じた感覚が、まさに、絵本の文章として表されていた！　そんな興奮が声の大きさには表れていたのでしょう。

「今日の授業は、感動した」

その日の終わりの会で、子どもの一人がそう語ったそうです。

この感動は、子どもと教師、作品と演劇的手法、それらがつながり、互いに響き合って生まれました。まさに教室でドラマが展開していた——そのことを、子どもたちも存分に感じていたのでしょう。

当日の参観者の感想より

模造紙に大書された文章の続きが、授業の最後の最後、「みんなで読んでみましょう」という先生の言葉とともに公開されます。その文が「スーホは、この馬が、かわいくてたまりませんでした。」でした。誰の指示でもありません。

子どもたちの声を丁寧に拾う明尾教諭

みんなで読んでいく声が「かわいくてたまりませんでした」に進んでいくにつれ、とても大きな喜びに満ちた声へと変化していったのです。ドラマが生まれたなあ、私はその大きな喜びの声に包まれながら、この1時間で生まれたわかば学級のドラマに感嘆するしかありませんでした。

特別支援学級こそ、演劇的手法を使った授業が合っています！

「特別支援学級での演劇を使った国語の授業」と聞くと、「発達課題の違う集団で、一斉に学ぶ国語の授業なんて可能なの？」という疑問の声が返ってきそうです。実際、特別支援学級の公開授業で、全員で物語の世界を楽しむような場面を見る機会はなかなかありません。しかし、「特別支援学級こそ、演劇的手法を使った授業が合っています！」と、2人の担任教師は熱っぽく語ります。そのように思える背景には、子どもたちとのどんなドラマがあったのでしょうか。そして、変化のきっかけとなった演劇的手法を活用した授業の舞台裏とは、どのようなものだったのでしょうか。担任教師に語っていただきます。

（語り：西川・明尾、聞き書き：藤原）

自分が演じることも、仲間の声を聞くことも楽しい

わかば学級担任紹介

西川恵美子：わかば学級担任3年目（2018年度当時）。特別支援学級での指導歴が長いベテラン教諭。昔、鳥山敏子『イメージをさぐる』（太郎次郎社エディタス、1985年）を読み、通常学級において演劇的なアプローチを取り入れた「スイミー」の実践に大変刺激を受けた。同時に、「からだ」を通して出てくる言葉に関心を持っており、いつか演劇的な活動に特別支援学級で取り組んでみたいと思っていた。

明尾　美和：わかば学級担任2年目（2018年度当時）。わかば学級が初めての特別支援学級の経験。西川教諭と共に、演劇的手法を活用した授業を実践。子どもたちの変容を目の当たりにし、手応えを感じている。演劇的手法を活用した授業の際は、中心となって進行している。

わかば学級での演劇的手法を活用した物語の授業

2017年度	教材名
6月	「アレクサンダとぜんまいねずみ」
12月	「モチモチの木」（高学年）
12月	「にゃーご」（低学年）
11月（学習発表会）	劇「桃太郎」

2018年度	教材名
6月	「スイミー」
9月	「お手紙」
11月（研究発表会）	「スーホの白い馬」
2月（学習発表会）	劇「じごくのそうべえ」

わかば学級と演劇的手法

2018年度、わかば学級には7人の児童が在籍し、西川・明尾の2人の教師と共に学んでいます。校内研究のテーマが「演劇的手法を活用した授業づくり」となったことをきっかけに、わかば学級でも、劇を使った学習の試みがスタートしました。最初は手探りで始まった、演劇的手法を使って物語を読む国語科の学習。始めてみると、子どもたちの反応が大変良く、いろいろな作品をどんどん読んでいきました。学習発表会でも劇を扱いました。研究授業で取り組んだ「スーホの白い馬」は、実に6作品目の物語でした。

ここでは、毎回がドラマの連続だった「スーホの白い馬」の学習の中から、児童の印象的なエピソードを幾つか紹介します。

わたるくんが「こいしい」と言った

ある日の授業。スーホになって、物語を読み続けた子どもたちは、殿様が白馬を奪ってしまった場面で、大きく心を揺さぶられます。よっちゃんは、「銀貨よりしろちゃんの方が大事だ！」と発言。白馬への愛情を強く感じました。

殿様への怒りは頂点に達し、子どもたちは、心の底から怒っていました。「とのさま、腹立つ！」「殺したいぐらいや」「なぐりたい」と気持ちが収まらない様子でした。特にわたるくんやみっくんは、その気持ちが継続していることがはっきりと伝わってきました。感情が高ぶり、気持ちが転換しない子もいました。

その後、白馬を殿様に奪われ、けがをしたその夜の気持ちを考えていた時、わたるくんが「こいしい」と言ったのです。これには、担任2人、驚きました。こんな言葉が生まれるんだ……！

みっくんが泣いた

5年のみっくんは、毎回の授業が終わるごとに、何度か参観に来ていた藤原先生に話の経過を伝えようとしました。今日、どんなことが起こったか、今、自分はどんな気持ちでいるのか、伝えたくてたまらなかったのでしょう。スーホと同化し、スーホの怒り、スーホの不安、スーホの悲しみを自分のことのように感じていたようです。

そして、ついに白い馬が死んだ時。スーホと同化したかのように、同じように涙を流す子がいました。みっくんは、「泣きそうだ」と言いながら本当に嗚咽《おえつ》し、白馬が亡くなったことを本当に悲しんでいました。周りで見ていた子どもや教師も、もらい泣きをしてしまうほど、物語の世界の悲しみが、そこに立ち上がっていたのです。

わたるくんは、白馬が死んでしまった時のスーホの絵にたくさんの吹き出しを書き入れ、その一つひとつに、拾ってきた時や育てた時の楽しい思い出を書き込みました。それはまるで、スーホ

子どもと教師の信頼関係が「なってみる学び」を支える

が白馬との思い出を一つずつ思い出して懐かしみ、悲しんでいるようで、心にぐっとくるものでした。

演劇的手法を授業に取り入れることで生まれたもの

物語の導入段階では、モンゴルについての本や写真からイメージを広げました。主人公・スーホが羊飼いだということを紹介する場面では、教師が何も言っていないのに、周りの子どもたちが羊になって動き出し、物語の世界をつくりだしたことに驚きました。授業の導入段階で、これまでの演劇的手法を活用した授業の積み重ね（全員、演劇の授業を2年間経験した児童）を感じました。

公開した場面では、白馬のお世話をしました。えさをあげたり、体をブラッシングしたり、散歩をさせたりしました。それらを実際に〈ロールプレイ〉で行ったことにより、子どもたちの白馬に対する愛情が芽生え、それがその後の読み取りの礎になったと感じています。ここで、白馬に対する愛情があったからこそ、殿様に対する怒りや白馬が亡くなった悲しみを自分のものとして捉えることができたのでしょう。また、お世話をした後に文章を読ませた時、「スーホは、この馬が、かわいくてたまりませんでした」の文の読み方が全く違ったのです。言葉に実感が込もった言い方

「スイミー」の授業にて。異年齢の児童が楽しく暮らす教室は、作中の「さかなのきょうだい」そのもの

で、教室にきらきらと言葉が響くのを感じました。

授業では、一人ひとりが役になる体験を重視していますが、演技をしている児童も見ている児童も同じ世界に入り込んで、同じ気持ちになっていることが分かります。

普通の授業では、活躍できる子が限られていたり、言葉が出ない子は参加ができなかったり、語彙が少ない子は自信がなかったりします。けれども、演劇的手法を使った授業では、全員が同じスタートラインに立って参加することができました。教師の想像を超える言葉が出てくるたびに、こちらが驚かされました。これは、きっと、子どもたちの「からだ」を通した言葉なのでしょう。登場人物と同化し、それを言葉だけでなく動きとしても表現することができました。また、発達年齢が幼い児童も、楽しんで参加し、簡単な感情を理解することができました。言語活動として設定したアルバム作りでは、絵でその場面を表現することができていました。

特別支援学級でこそ、演劇的手法にチャレンジしてみてほしい！

子どもたちは、演じることを楽しんでいます。文字から物語の状況や気持ちをイメージすることが難しい児童も、体を使って演

「スイミー」の授業では、海の生き物たちのオブジェを作り、自分たちで作品の世界をつくりだした

「スイミー」に登場するマグロに襲われる参観者の石川晋さん

じることで状況を把握し、自然と感情が湧き上がり、それを言葉に出すことができるのです。

わかば学級の子どもたちは、劇が大好きです。みんなでする国語の物語の授業が大好きで、待ち遠しく感じていました。次のお話が何か、楽しみにしています。また、学級のかかわりや認め合える雰囲気も、育っていくように感じます。

何より、1時間ごとに感じた「あふれるような思いを誰かに伝えたくて仕方ない」という姿が忘れられません。スーホの思いは自分の思いでもあり、その幸せや喜び、悲しみや怒りを出して、伝えたいという気持ちの強さ。いつもは、感じた思いを口にすることが難しい子どもたちのはずなのに……。この、感じた思いをなんとか人に伝えたいという子どもたちの反応に、言いようのない喜びを感じました。

子どもたちは「わかばのみんなで学ぶ国語（演劇的手法を使った授業）」が大好きです。心許し合えるメンバーと学び合う時間を、心待ちにしています。

わかば学級担任への質問コーナー

Q1：演劇的手法を取り入れる上での苦労や、その苦労を克服するための工夫は？

教材選び

教材の選択には、毎回悩みました。子どもの発達課題に合っているのかどうかは、いつも悩みます。さらに、教材が決まっても、それをどう展開していくか、どう活動させるのか、どう問いかけをするのか、悩みは尽きませんでした。

教材選びや授業実践を繰り返す中で、次のようなポイントが見えてきました。

・2年生～4年生の国語科の物語教材の中から選ぶ。発達段階が違うので、大体真ん中に焦点を当てる。
・主人公に自分自身を重ねやすいもの。主人公は、大人より子どもや動物が良い。
・動きがあるもの。「スイミー」や「スーホの白い馬」は、動きがあり、動くことで気持ちを理解しやすかった。逆に「お手紙」はじっと待つばかりで、動きがあまりなかったので難しかった。
・イメージを持ちやすいもの。

演劇的手法と、なりきって書く活動の連動

授業をしていく中で、「なりきって書く活動」の意味についても考えさせられました。「スーホの白い馬」では、毎回、スーホの白馬への思いを「アルバム」に綴りました。その日学習した場面の絵を描いたり気持ちを書いたりします。なりきって書く活動に時間をかけることで、子どもたちは、学習したことを確かめ、学習の連続性や深まりを生み出していったように思います。実は、時間短縮のために、書く活動を「吹き出しへの記入」のみにした教材もあったのですが、そうすると、児童の理解が次の時間につながらず、読みの深まりが生まれにくく、授業としては失敗だったと感じました。

小道具の準備

小物や道具類についても考えました。どのような道具や物があれば、より子どもたちが世界に入りやすいのか、動きやすくなるのかを毎回考えました。

「スーホの白い馬」では、特に白馬をどうしようか、迷いました。しっかりとした顔があるものがいいのか、実際の大きさがあるものがいいのか……。今回は、白いふわふわの生地に綿を詰め、抱き枕のようなものにしましたが、触った感触や重みがちょうどよく、子どもたちは顔も足もないクッションを白馬に見立て、「しろちゃん」と名付け、かわいがっていました。愛着も湧き、抱きしめる様子が見受けられました。

Q2：学習発表会の劇と普段の国語科の授業の関係は？

わかば学級では、年に一度行われる学校行事「学習発表会」で、劇を上演しています。以前は和太鼓やハンドベルをしていたのですが、研究指定を受けてから、劇の発表を始めました。劇に取り組むことで、「一人で表現することは恥ずかしくない」という気持ちが児童の中に芽生えてきています。表現することに慣れ、抵抗やためらいがなくなっていきました。

また、集団で劇に取り組むことは、同じテーマに全員が関わっていく活動です。異年齢で一つのものに取り組むことで、「自分以外の人のセリフを聞いたり、待ったりする力」「お互いにフォローし合える関係」が育っていきました。劇では、それぞれの良さが認め合えるようなものを目指し、台本は、児童の個性が際立つように教師が書いています。

学習発表会での劇、そして演劇的手法を活用した授業は、相互につながり合っています。劇を通して、それぞれの違いや表現を認め合う関係ができることで、自分の言葉が出しやすくなり、演

学習発表会で全校の前で「じごくのそうべえ」を演じる様子

劇的手法を活用した授業でも、生き生きと自分が感じたことを表現できるようになりました。表現し、それを認められる経験を積み重ねた結果、演劇的手法を活用した授業では、一人が長文で思いを話すようになってきました。加えて、互いの意見を聞き、それに反応し、子どもたち同士で登場人物の気持ちを話し合ったり深め合ったりする光景も見られるようになりました。当初は、授業の中でも教師と子どもの一対一のやりとりが中心だったのですが、積み重ねていく中で、子どもたち同士で深め合う姿が見られたのは、驚きでした。

Q3：演劇的手法を活用したことによる教師自身の成長や変化は？

子どもたち自身が「スーホの白い馬」をとても好きになってくれ、続きを楽しみにしていました。その様子は、教師の意欲をかきたて、授業づくりの励みになりました。授業の1回1回が活発で、毎回新しい言葉が飛び出し、子どもたちの素敵な表情を見ることができ、教師自身も授業をしていて楽しく、やりがいを感じました。

わかば学級の児童の堂々とした演技に、会場からは大きな拍手と感動の声が寄せられた

5. 失敗と戸惑い、そしてそこから生み出されるもの

学校全体での演劇的手法を活用した授業づくりへの取り組み。最初から全てがうまくいったわけではありません。最初の頃は、一つの手法を使うにもおそるおそる……思いがけない児童の反応に戸惑い、あたふたとしました。身体や空間、想像力を使う授業では、これまでとは異なる教師のあり方、かかわり方が求められ、「こういう時はどうすればいいの？」と戸惑う声もよく聞かれました。また、これまでの授業で当然としてきた学びの作法が、演劇的手法を活用した授業では、うまくいかない原因になるという事態にも直面してきました。これまでの授業の当たり前を、いろいろな意味で大きく揺さぶられる「失敗」。「失敗」から問われ、「失敗」を意味付けていく繰り返しの中で、自分たちの授業観や指導観を問い直し、少しずつ実践を積み上げていったというのが現実です。

では、実際にどんな「失敗」と戸惑いがあったのか。美濃山小の教員に挙げてもらいました。

失敗事例

〈ホット・シーティング〉では、「深い質問」ができるようにと思ったけれど、児童がどうしても登場人物に尋ねたい問いを「浅い質問だから」と否定するのは、どうなんだろう。そもそも「良い問い」を選ぶのって、結構難しい。でも、深い質問ができるように指導をしたいし。

一人で授業をすると、「教師としての自分」と「役としての自分」の使い分けが難しい。役になっていると、注意すべき時に注意しにくく、もどかしい！

研究授業は楽しかったし、盛り上がったけど、演劇的手法を使う授業って、教材の準備や教材研究が大変。よくよく考えないと、深まらないし。それに、こちらの気合いもいる。良いのは分かるけど、継続が難しいなあ。

〈ロールプレイ〉で「登場人物になって動いてみる」のが楽しくて、教科書本文の内容を無視して、どんどん自分の好きに動いてしまう子たち。最後は、「ふざけるな！」って怒ってしまった……。

〈ロールプレイ〉をして、〈心の声〉を聞いて、〈ホット・シーティング〉をして、最後に〈葛藤のトンネル〉をして……って、手法を盛り込みすぎて、時間が足りないー！

評価テストをすると、自分で想像した心情を書きすぎて、尋ねられている質問から外れた解答になってしまう……。もうちょっと、文章だけから考えるトレーニングも必要かも？

登場人物になりきって話してほしいのに、「～だと思います」と、いつもの発言話法にとらわれてしまう子どもたち。もっとワイワイ話してほしいのに、硬いなあ。

戸惑いの声

道徳科の読み物教材で、避難所の場面が出てくる。児童が、避難してきた人の役を演じる際、教師が真剣な雰囲気を感じさせようと、「ここは、避難所だよ」と何度も繰り返してしまい、かえって臨場感が失われてしまった。子どもたちが世界に入り込んでいたのに、教師の発言で一気に現実に引き戻してしまうこともあるなあ。

物語の登場人物になって語る〈ホット・シーティング〉。代表として前に出てきてもらった児童が、読むのが苦手な児童で、明らかな読み間違いに基づいた発言をしている。でも、他の児童が見ている前で修正がしづらい。読み誤ったまま、他の児童もその児童の発言に影響されてしまった。

これまでは、まず、自分の意見を書いて、それから話し合いや表現をするようにしていたけど、演劇的手法でそれをすると、活動と活動の間がぶつ切れになっちゃう感じがする。書かずに話す方がいいかな? でも、それだと、浅くならない? 話せない子もいるかも。

椅子から立ち上がって身体を動かすと、楽しくなってはしゃぎすぎてしまう子がいて、困る。収拾つかなくなるなあ。

物語教材では、〈なりきり日記〉や〈なりきり手紙〉を全員の前で読み上げるけど、日記や手紙というパーソナルなものを、全員の前で読み上げるというのはどうなんだろう。でも、これで共有できる感情もたくさんあるしなあ。

「気持ち」を引き出そうとするあまり、〈ロールプレイ〉しては「どんな気持ち?」と、聞き続ける授業になってしまった。子どもも、答えにくそうだったなあ。

劇づくりは、楽しそうにしているけど、劇をつくって、練習するのは、果たして社会科なのかな? 時間もかかるしなあ。ここまでしてやる意味があるんだろうか。

このように、演劇的手法を活用した授業という新しい試みの前で、私たちはたくさんの「失敗」を経験し、戸惑いを感じました。ここでは、私が経験した一つの事例を取り上げます。そして、その失敗や戸惑いから何が見えたのか。演劇的手法についてどのように考えが深まっていったのか。私自身の思考のプロセスをご覧ください。

6年国語「海の命」の授業づくりをめぐる「失敗」

【1月14日：盛り上がりすぎて、叫び出してしまう】

6年生の「海の命」（立松和平・作）の授業で主人公が葛藤する山場の場面で、〈葛藤のトンネル〉の技法を活用できないかと思っている。そこで、試しに道徳科「手品師」の授業で使ってみた。新たな手法に子どもたちの興奮はマックス。案の定、「大舞台に立つか」「男の子との約束を果たすか」で悩む手品師役に声を掛ける場面で、「世の中、金だー」「マネーマネー！」お調子者の数人が叫び出す。考えを深めるはずが、ウケをねらう発言になっていく……。あれ、こんなはずじゃなかったんだけど……。まあ、でも、そうなるか……。うーん。どうしたら、考えを深める方法として機能するんやろう。あと、トンネルを作る時、じっとしたまま真っすぐ立つの難しい。立つ場所とか、決めた方がいいんやろうか。

【1月15日：修正、改善】

「海の命」で〈葛藤のトンネル〉を使ってみたいけど、昨日のやり方だと、質の悪い応援合戦みたいになってしまい、海の底で自己内対話を続ける太一の心情とは、全く違う様相になってしまう。同僚と相談して、今回は、両サイドからの声を重ねずに、一人ひとりが太一の葛藤をそのまま順番に語っていく方式に変更。その方が、一人ひとりの発言内容もよく聞けるし、テンションが上がりすぎることも防げる。あと、真っすぐ立って待つのも集中力が持たず、教師からの余計な注意が増えるので、立つポイントは、ビニールテープで教室の床に印を付けることにした。そして、発言する時以外は座る。この方法でうまくいくかな。明日、試してみよう。

【1月16日：本来のやり方通りにするか、アレンジするか】

改善案が、とてもいい感じだった。落ちついて、主人公になりきって心の声に耳を傾けていたようだった。でも、「同時に両方から声を出す本来のやり方の方が、実際に悩んでいる状況と近い気がする」という意見もあった。うーん、それでも背に腹はかえられない。今回は、口々に言う方式の良さはあきらめ、テンションが上がりすぎないやり方でいこう。そっちの方が、作品世界に合うはず。授業のねらいを考えた時には、作品世界と響き合う、このやり方の方がいいよね、きっと。

このように、1回限りの実践では「失敗」と感じる事例でも、追体験や対話をすることで、見え方自体が変わり、新しい実践が生み出されるということがあります。美濃山小学校では、何度も試行錯誤や授業研究を繰り返し、実践を生み出していきました。それらの多くは、「失敗」や「うまくいかなさ」がベースにあります。逆に言えば、いきなり良い実践が生まれることはほとんどありません。やってみて、うまくいかない部分を見つけ、修正・改善を繰り返す。その営みの中で、演劇的手法についての理解が深まり、児童の思考や教材についての理解が進んでいく。その過程こそが、教師の成長につながる、深く、豊かな学びであったといえます。

ある時、演劇的手法を活用した授業づくりに取り組んでいる他校の教師（吉永かおりさん）が、演劇的手法を活用した授業の「うまくいかなさ」を克服して授業をよりよくするための視点について、考えたことを話してくださいました。次のようなものです。

①授業や活動のルールを明確にすること（授業規律の視点）
②活動の基盤となる話す力、聞く力、書く力といった国語力を高めること（国語力育成の視点）
③授業のねらいに合わせた手法を選んだり、効果的に運用したりすること（演劇的手法の運用の視点）
④教師・児童共に演劇的手法に慣れ親しむために日常的・継続的に取り組むこと（手法への習熟の視点）

なるほど。これらの視点は、演劇的手法を使った授業の「うまくいかなさ」の原因や解決方法を、さまざまな視点で見るための手がかりになりそうです。こうした視点を持っていないと、そもそも授業規律に課題があるにもかかわらず、「演劇的手法を使うと、収拾がつかなくなる」と判断してしまう可能性もあります。

演劇的手法は、教師だけが頑張ってやってもうまくいきません。児童がその手法に慣れ、楽しみ方を分かっていることで、より学習効果を高める手法として機能します。言い換えれば、演劇的手法を活用して授業をより面白くしたいと考えている教師と子どもたちとが、共闘する関係となり、授業の面白さを共に追究しようとする姿勢を持ってこそ、演劇的手法は、その価値が発揮されるようです。学習方法の意味や価値を学習者と了解し合っていること。これは、演劇的手法に限らず、新しい学習方法を用いる時に重要なことなのかもしれません。

第1章を振り返って

渡辺：この章では、演劇的手法のことを中心に美濃山小での授業について見てきたわけですが、実際のところ、授業で演劇的手法が使われるのってどれくらいの頻度なんですか？

藤原：学期に1、2回くらいある文学教材では、たいていの場合、何らかの技法を取り入れながらやっていますね。〈ロールプレイ〉とか〈ホット・シーティング〉とか。高学年の場合、単元の最初に物語で読み深めたい問いをつくり、それをもとに〈ホット・シーティング〉を使って読み進めていくことが多いです。他にもいろいろな場面で使われていますが、もちろん、全ての授業で毎回行っているわけではありません。

渡辺：5節でも「失敗と戸惑い」を取り上げましたが、研究主任の立場から演劇的手法を取り入れる際に感じた難しさなどはありますか？

藤原：ただ単に技法を使うというだけではうまくいかないところですかね。例えば、「登場人物になって質問する」という形だけ行っても深まらなかったり。

渡辺：活動がねらいとつながっていないということ？　あるいは、技法に対する慣れや習熟の問題？

藤原：両方ですね。教師側の、何のためにその技法を使うかの理解不足もありましたし、子どもが活動に慣れるためのステップをうまく用意できていなかったというのもあって。これまでの学校の授業の当たり前と違う部分があったので。

渡辺：というと？

藤原：例えば、これまでは、表現する前に一度自分の意見を書きとめる、そして書いたものをうまく伝える、といったやり方が一般的だったんです。

渡辺：「理解から表現への一方通行」ですね。

藤原：表現することで問いが生まれる「表現と理解の相互循環」という発想があまりなくて。発問は教師が考えるという文化もありましたし。
渡辺：理解してから表現、という発想は本当に根強いですよね。これは美濃山小に限らない話で、私は今、演劇的手法を活用して授業改革に取り組んでいる学校に幾つか関わっていますが、そこでも必ず先生方が直面する壁です。
藤原：なるほど。正しいものを表現させないと、という思いが教師に強いのかもしれません。
渡辺：あと、よくあるのが、登場人物のセリフを考えさせたり言わせたりさえすれば、その役になれる、という思い込み。ワークシートに考えたセリフを書かせて、それを言わせて、それで「○○の役になれたね」というような。
藤原：役になって世界を感じたり何かが見えてきたりするということに目を向けてこなかったんですよね。ただ、私たちも、渡辺先生のワークショップに参加している時は、『表現から理解』ってこういうことか！」と実感するのですが、実際に自分で授業を考えていくとなると、本当に難しい。渡辺先生が「表現と理解の相互循環」を行う上で意識されているポイント、研修などでは、聞いてみたいです。

渡辺：まあ、私の場合、「表現と理解の相互循環」を実感しやすい題材を持ってきているという事情はありますが。ただ、私自身、「この教材ならこんな活動できるかな」「こんな活動したらもっと核心に迫れるかな」といったアイデアが一番湧いてくるのは、実際に先生方の授業を見ている時なんですよね。「なんかもったいないなー」という感覚が最初にあって、「ここに生まれるはずの架空の世界をきちんと感じるとしたらどんな活動の形になるだろう」などと考えて、アイデアが浮かぶ。だから、教師自身が架空の世界を感じるというのがまず大事なのかもしれません。あと、自分の授業だといっぱいいっぱいになるから、他人の授業の方が考えやすいのかも（笑）。
藤原：あぁ、同僚と動きながら教材研究していると、「この作品ってこんなに面白いものだったんや！」ということがあります。教師自身がそうやって教材の魅力を発見していく過程があったかどうかが、授業づくりのポイントになりそうです。

美濃山小の実践を道徳教育の観点から読み解く

荒木寿友　立命館大学教職大学院教授

美濃山小学校の実践

「銀のしょく台」実践から

「司教の『これは差し上げたものですよ』という発言を聞いて、もし自分がジャン・バルジャンだったらどのように考えるだろう」「もし自分が司教だったら、ジャン・バルジャンにどのように声を掛けるだろう」

これは美濃山小学校で小学6年生を対象に実践された「銀のしょく台」を扱った道徳科の授業での発問です。発問だけを見れば、極めて斬新なものというわけでもありません（もちろん、いい発問であることは間違いないですが）。しかし、年間に50本近く道徳の授業を見させてもらっている私は、この発問の後に追加された藤原先生の指示に驚きました。

「実際に声に出して演技してみましょう」

これはなかなかお目にかかれない実践です。いわゆる、「道徳的行為に関する体験的な学習」です。小学校の低学年では遭遇することは多いのですが、教室にいるのは「恥ずかしがり屋」（と、これまた勝手に想像していた）の6年生です。「みんなちゃんと演技できるの？」と勝手に心配しながら見ていると、児童それぞれが自分の考えに基づいてちゃんと「演技」しています。しかも多様な考えが出てきています。

その後、授業の終盤では、各児童自身はこの司教の行為をどう考えるのか、「司教への手紙」を書くという形で各自がまとめていきました。

道徳科の授業における体験的な学び

道徳科といえば、一般的に読み物教材を中心とした「座学」というイメージがあるかもしれません。そして、それはある程度正しいと思います。

ところが、小学校学習指導要領解説特別の教科道徳編では、次のような文章が見られます。「読み物教材等を活用した場合には、その教材に登場する人物等の言動を即興的に演技して考える役割演技など疑似体験的な表現活動を取り入れた学習も考えられる」。

まさに、先に取り上げた実践は、「銀のしょく台」という読み物教材を用いて、即興的に演技を行った授業に他なりません。

では、体験的な学習にはどのような教育的効果、特に道徳の授業ではどういった役目を果たしていくのでしょう?

体験的な学びという教育手法で何を目指すのか

道徳の世界には「役割取得」(role-taking)という・専門用語があります。簡単に言えば、「他者の立場に立って物事を捉えてみる」ということですが、これはいわば頭の中でなされるシミュレーションです。これに対して、「役割演技」(role-playing)は、シミュレーションした内容を実際にやってみることを意味します。頭の中で考えてみることと、実際の行為としてふるまってみること、似ているようですが教育目的は違います。役割取得がさまざまな立場から物事を捉え考えるという、いうなれば「批判的思考力」を育成していくのに対して、役割演技は行為を通じて認識を深めていくところにあります。考えていることを実際に口に出して演技してみると、その重みが違います。いわゆる「実感を伴った理解」が目指されています。

しかも、この実践では、ジャン・バルジャンと司教の二人の役割を考えさせ、演技させています。道徳的価値について多面的・多角的に考える契機が準備されています。

また「もし自分がジャン・バルジャン(司教)だったら」という発問も、道徳科の授業では非常に意味を持ってきます。道徳科の目標には「自己を見つめ…自己の生き方についての考えを深める学習」という文言が出てきますが、「もし自分だったらどうするだろうか」という発問は、おのずと自分の内面に目を向けるからです。自分のこれまでの経験や価値観と照らし合わせることによって、自分との関わり（自我関与）の中で道徳的価値の理解を進めていくことができます（ただし、生活経験が「しんどい」子どもたちに無理やり自己を見つめさせてしまうと逆効果になる場合も多々ありますのでご注意を）。

さて、道徳科では、道徳的価値を観念的に理解することを目指しているわけではありません。「道徳的価値を含んだ事象や自分自身の体験などを通して、そのよさや意義、困難さ、多様さなどを理解すること」（小学校学習指導要領解説19頁）が目指されています。体験的に道徳的価値を学ぶ意義は、まさに**実感を伴った道徳的価値の理解**にあります。

道徳科授業における体験的な学びの留意点

これまでの話から、読者の皆さんは「なんだ、簡単じゃないか！」と思ったかもしれません。しかも、役割演技を入れるだけでそんなに効果があるなら、やるしかないと思ったかもしれません。でも、そのためには、小さな積み重ね、つまり通常の授業などにおいても役割演技や演劇的手法を用いた授業に児童が慣れておく必要があります。美濃山小学校は、学校のカリキュラム全体にわたって、演劇的手法を取り入れています。だからこそ無理なく道徳科の授業でも、体験的な学びを組み込んでいくことができたのでしょう。道徳科における体験的な学習を成功に導くためには、日頃の小さな積み重ねが一つのキーワードになりますね。

この壁を乗り越えたら、体験的な学習は児童にとってとても楽しいワクワクした時間になります。また授業者にとっても、児童が積極的に、しかも笑顔を見せながら動いてくれていたりすると、「授業がうまくいった！」という実感を抱けます。でも、実はここに大きな落とし穴が隠れています。体験的な学びは、体験をすることが目的ではないからです。とりわけ、道徳科の授業では「道徳的行為」を身につけていくことは目標に掲げられていません。実際にふるまってみることによって、道徳的価値の理解を深めていき、結果的に道徳的価値をわがこととして捉えていくことが大事なのです。

「体験の経験化」という言葉がありますが、体験的な学びだけで授業が完了するのではなく、リフレクション（内省）することによって、児童が何に気付いたのか、どのように理解が深まっていったのかという「体験の意味付け」が必要になってきます。体験的な学びはリフレクションとセットで用いた方がいいでしょう。授業の終盤で「司教への手紙」を書くという実践が入っていますが、これには授業全体をリフレクションし、児童各自の**道徳的価値観を再構築する**という意味が隠されているのです。

参考文献
荒木寿友「道徳授業づくり実践講座（8）体験的な学習を取り入れた道徳の授業『銀のしょく台』を用いた道徳の実践」明治図書教育ZINE、2019年1月25日掲載
（https://www.meijitosho.co.jp/eduzine/q4um/?id=20190023）

◆**荒木寿友（立命館大学教職大学院教授）**

2018年の6年道徳「わたしのせいじゃない」の授業を参観。放課後には道徳の授業づくりをテーマに校内研修をしていただきました。道徳の授業づくりが楽しみになる研修で、その後の研究授業の活性化へとつながりました。

荒木さんとの研修風景写真

演劇的手法を用いて「教育的契機」を学ぶ

京都女子大学発達教育学部教授
村井尚子

大学1年生の教職課程必修科目、「教職論」の中で、カナダの教育学者マックス・ヴァン=マーネンの「教育的契機（pedagogical moment）」の説明をすることにしている。教師は教室の中で、あるいは他の場所で子ども（達）と対峙している時、子ども（達）から何らかの対応を求められる状況に出会うことがよくある。そんな時、教師にはじっくりとどんな対応をするかを考えたり、誰かにどうすればよいかを聞きに行ったりすることはほとんどできず、とにかく目の前の子ども（達）にとって、いま、どのようにすればよいか（熟慮する暇はないままに）対応している。

こういった状況をヴァン=マーネンは「教育的契機」と名付けるのであるが、受講生に言葉で説明するだけでは、なかなかその意味を体得するのが難しいようなので、2018年度の授業から演劇的手法を取り入れさせていただいている。

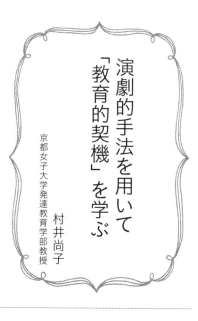

「スーがジャックに鉛筆を壊されたと訴えてきた」という状況において、教師であるあなたはどのような対応をしますか、といったテーマである。3人組になって「スー役」「ジャック役」「教師役」に分かれて順にロールプレイングを行い、全ての役を経験してもらう。状況をつくり出すことが大切なので、スーとジャックは隣同士に座り、教師は立って対応をする。幸い小道具である鉛筆はほとんどの学生が持っているので、それを使って演じてみる。

実際に「教師役」になってみると、頭の中で考えていたようには事態がうまく進行しないことに戸惑い、困ってしまう学生が大半である。「鉛筆を壊されたスーの気持ちに共感して、ジャックに注意をすればよい」と思っていた「教師役」の学生は、演じてみることでジャックにもジャックの気持ちがあるということに気付く。「だって、スーが先に僕の鉛筆を壊したんだもん」「やってないよ」。小学生になりきって演じるジャックとスーのやり取りにおろおろし、その場に立ち尽くしてしまう。「なりきる」ことを重視する演劇的手法を用いることで、受講生達には講義で説明を聞いていただけでは想定できなかった問いが生まれてくるようである。ジャックにはジャックの事情があるのだ。単に「悪いことをした子に注意する」「喧嘩両成敗」といった簡単な解決法では済まされないことに思い至る。

「教育的契機」には、すぐにその場で何らかの対応が求められるという「即時性」、何が起こるかをあらかじめ予測しておくことができない「偶発性」、子どもの現在の姿と未来になって欲しい姿のどちらに寄り添った対応をするか、また、その状況を構成する子ども達のどちらの価値を優先するのか、どちらも優先するにはどうすればよいのかといった「価値の葛藤」、そして、その場ですぐに解決するわけではない「開かれた問い」という特性がある。演じてみることで、これらの特性について体感できるとともに、「教育的契機」という概念を用いて教師のあり様を考えていく意義を受講生達は体得しているようである。

ジャックが鉛筆を壊したという「教育的契機」において、教師は熟慮することができないまま何らかの対応をした（ジャックに注意したり、ジャックとスーにそれぞれ共感したり、何も言わずに見守ったりなどした）。この対応は、教師自身がもともと持っている価値観（教育観、子ども観など）に基づいて行われているのであり、「教育的契機」における行為を取り出して事後的に振り返り(リフレクション)を行うことで、教師の価値観のよって立つところを問い直していくことが重要なのである。

それぞれのグループがそれぞれに演じることを通して出てきた問いを、クラス全体で共有し、共に考える時間を大切にしている。単に黒板に書いて説明するよりはずいぶん時間がかかるが、教師の教育的行為の本質に触れることができるという意味で、演劇的手法を用いることにはかけた時間に見合う意義があるように思われる。

◆**村井尚子（京都女子大学発達教育学部教授）**

２０１８年の研究中間発表会を参観。その年の５月には、ゼミの学生たちと共に演劇的手法を活用した道徳科の授業を見学されました。ゼミ生たちと共に演劇を活用した授業の可能性を探究されており、美濃山小の教員も大いに刺激を受けています。

第2章

校内研修を変える

美濃山小では、演劇的手法を切り口に授業改善に取り組んだだけでなく、校内研修の形も変えていきました。子どもの学びと教師の学びを同じ原理に基づいて同時に変革していったのです。

1. 学び手感覚の活性化と同型性

従来の授業検討会が抱えてきた問題

皆さんは、校内での授業検討会といったらどんなものを想像しますか。

授業前のもの（事前検討会）であれば、授業者が学習指導案を作成してきて、みんなでそれについて意見を述べ合う。授業後のもの（事後検討会）であれば、授業での様子をもとにして、うまくいった点やいかなかった点、改善策などを出し合う。そうしたものがイメージされるかもしれません。

専門職の成長において、実際の仕事における経験から学ぶことは、大事な役割を果たします。教師にとって授業検討会は、まさに、教師が日々行うものである授業を題材にして互いに学び合うための場であるはず。けれども、実際には、授業検討会がうまく機能しないと悩む学校は少なくありません。持論のぶつけ合いのようになって険悪になったり、形式的なやりとりに終始したり、そもそも発言する人が限られていたり、といったものです。

そうした状況を改善するために、すでにさまざまな提案がなされ、取り組まれてきました。

例えば、事後検討会の場合、授業中の子どもの学びの姿を出し合うところから始めましょう、というものがあります。子どもが授業の中で何を行っていたか、何を考えたり感じたりしていたかというのは、その授業についての振り返りを深めるための重要な手がかりです（こうした振り返りのことを、「リフレクション（省察）」と呼びます。詳細は、F・コルトハーヘン著、武田信子監訳『教師教育学』学文社、2010年などを参照）。そのため、参観する教師らが授業中の子どもの姿をキャッチして、検討会で、「○○さんが……とつぶやいていた」などと出し合うことは確かに大切です。

また、検討会での教師同士の話し合い方に関する工夫もあります。グループワークを取り入れたり、付箋や模造紙を活用したりといったものです。誰もが意見を述べやすくなる、交流を行いやすくなるといった点で、これらも確かに有用なものになり得ます。

けれども、それでもなお、授業検討会が教師らの学びの場としてうまく機能していない例はたびたび目にします。例えば、確かに子どもの姿を出し合ってはいるけれど、「○○ができていてよかった」のように、その教師がもともと持っていた枠組みに当てはめただけというもの。また、付箋を使って最初に各自で書くのが「よかった点」「もっとこうした方がよい点」などであるために、結局、教師同士の持論のぶつけ合いに陥っているというもの。せっかく実際の授業を題材にしているのに、自分がすでに持っている枠組みの確認作業に終わって、新たな気付きが引き出されないとしたら、もったいない話です。

私たちが持つ、授業を「あそこがよかった」「ここはもっとこうすればよい」などとつい（自分の枠組みに基づいて）論評してしまうという傾向は、強力です。それとは異なる形のやりとりの必要性を認識していても、実際にそれを変えるのは容易ではありません。美濃山小では、この問題にどう取り組んだのでしょうか。

学習活動の体験を組み入れた授業検討会

美濃山小で行っている授業検討会の大きな特徴は、参加者が学習者の立場に立って、自らその授業の学習活動を体験してみるという点にあります。

まず、事前検討会に関して、2年生の国語教科書（光村図書）に出てくる「あったらいいな、こんなもの」の単元の例を見てみましょう。「あったらいいなと思うもの」を考案・発表することを通して「話す・聞く」のトレーニングを行う単元です。美濃山小では、子どもたちがグループに分かれて「研究所」をつくり、その中で順々に、1人が「相談者」になって「研究所」の「博士」らに開発の依頼を持ち込むという形で学習を行うことにしました。〈専門家のマント〉を応用した活動です。

この授業の事前検討会の時には、教師たち自ら、帽子をかぶって「博士」に扮《ふん》して、この活動を体験しました。自ら体験してみることで、どんな質問を出せばよいかのイメージが見えてきたり、開発が完了した時にこんなアクションを入れたら面白そう！といったアイデアが湧いてきたりします（さらに、教師たちのやり

「あったらいいな」の製品開発に真剣な子どもたち

事前に活動を体験する教師たち

とりの様子は、録画して、実際の授業の時にも、子どもたちに見せるサンプルとして用いられました）。

事後検討会に関しても同様です。例えば、1章2節にも出てきた、5年国語の「なまえつけてよ」（蜂飼耳・作）の場合を見てみましょう。授業では、ペアで、せっかく考えた馬の名前が使われないことになって気落ちしている「春花」と、折り紙の馬をすれ違いざまに渡して去る「勇太」の役になって、その場面を演じ、さらに、「春花」役がその時の気持ちを言葉にして言うという活動（〈心の声〉）を行っていました。

この授業の事後検討会の時には、教師たちもペアに分かれて、この手渡しの活動を行いました。実際に学習者としてこれを行ってみるとどんな感じなのかを体験し、それをもとに、授業の出来事を捉え直したり、アレンジを加えた活動を行ってみたりしました。

授業を捉える視点や教師同士の関係性の変化

このように授業の検討会に学習活動の体験を取り入れることで何が変わるのでしょうか。

一つは、授業を捉える視点が変わります。例えば、「なまえつ

学習活動の追体験によって
授業の出来事に迫る

折り紙の馬を手渡された「春花」役

けてよ」の「春花」の心の声を口に出す活動では、授業において、子どもたちが言葉を言いにくそうにしている姿が見られました。当初、参観していた教師たちは、「どうすればもっとうまくしゃべれるようにできるだろう」という視点からそうした姿を捉えていました。しかし、自分たちでこの活動を体験してみたところ、ある教師が思わずつぶやいたのは、「あーこれは言葉にできんわ……」という一言。ぶっきらぼうな「勇太」からの予想外の行為を受けて、自分でも捉えきれないような感情が生まれているのであろう「春花」の心の声を、いきなり言語化することを求めるのは性急ではないか、という見方が出てきたのです。

授業を捉える時、教師は、つい教え手の視点から眺め、子どもの姿を、「○○ができている／できていない」「○○をできるようにするには」といった枠組みで捉えてしまいがちです。けれども、自分が1人の学習者として活動を体験することで、自らの学び手としての感覚（学び手感覚）を活性化し、子どもの側に立って、授業を捉え直していくことができるようになります。

もう一つは、教師同士の関係性が変わります。

従来の検討会では、どうしても、より経験が豊富な人、よりその学習内容や教材に詳しい人が発言の主導権を握り、そうした人が話し出すと他の人は異論を挟めなくなるということが起こりがちでした。けれども、自身が学習活動を体験して、そこでどんなふうに感じたか、どんなふうに頭を働かせたかを話すという形にすると、「私はこう感じました」というように、互いに対等な立場で話し合うことが行いやすくなります。また、そこで仮に異なる受け止め方が出てきたとしても、それは、意見の対立としてではなく、実際の授業においても子どもたちの間で生じるような、感じ方・考え方の多様性の表れということになり、それを、さらに議論を深めていくきっかけにすることができます。

美濃山小では、こうした形の検討会を行うようになってから、ベテランの教師が「まとめ」的なことを述べた後でも、若手の教師が別の考えを唱えたり、以前だと授業検討会の時には遠慮気味だった図書館司書や栄養教諭が話し合いで大いに活躍するようになったりといった変化が生まれました。

同型性という原理

このようにして、美濃山小では、授業について論評し合うのとは異なる形の授業検討会に取り組んできました。

こうした、教師たちによる学習活動の体験は、いわば、教師たちが学習者（子どもたち）に「なってみる」ものだといえます。教師が、学習者に「なってみる」ことを通して、授業の世界を探っていくのです。

その点で、こうした教師たちの学び方には、演劇的手法を通した子どもたちの学び方と通じるものがあります。つまり、子どもたちが、ただ口頭で意見を言い合うのではなく、物語の登場人物や歴史上の人物になって、その世界に入ってみることによって実感を伴う理解を得ていくのと同様、教師たちも、いわば子どもたちになって学習活動を経験していくことで、演劇的手法や授業実践への理解を深めていくのです。状況の中に入って考えること、自身の感覚を活性化させること、「やってみる」姿勢を大事にすることなどの要素が共通しています。

このように、美濃山小での子どもの学びの変革と教師の学びの変革は、同じ原理で貫かれています。子どもたちに対して求めるような学び方を、教師たち自身も行うのです。

こうした原理の一貫性を、私は「同型性」と呼んでいます（次頁図）。

子どもの学びと教師の学びの同型性

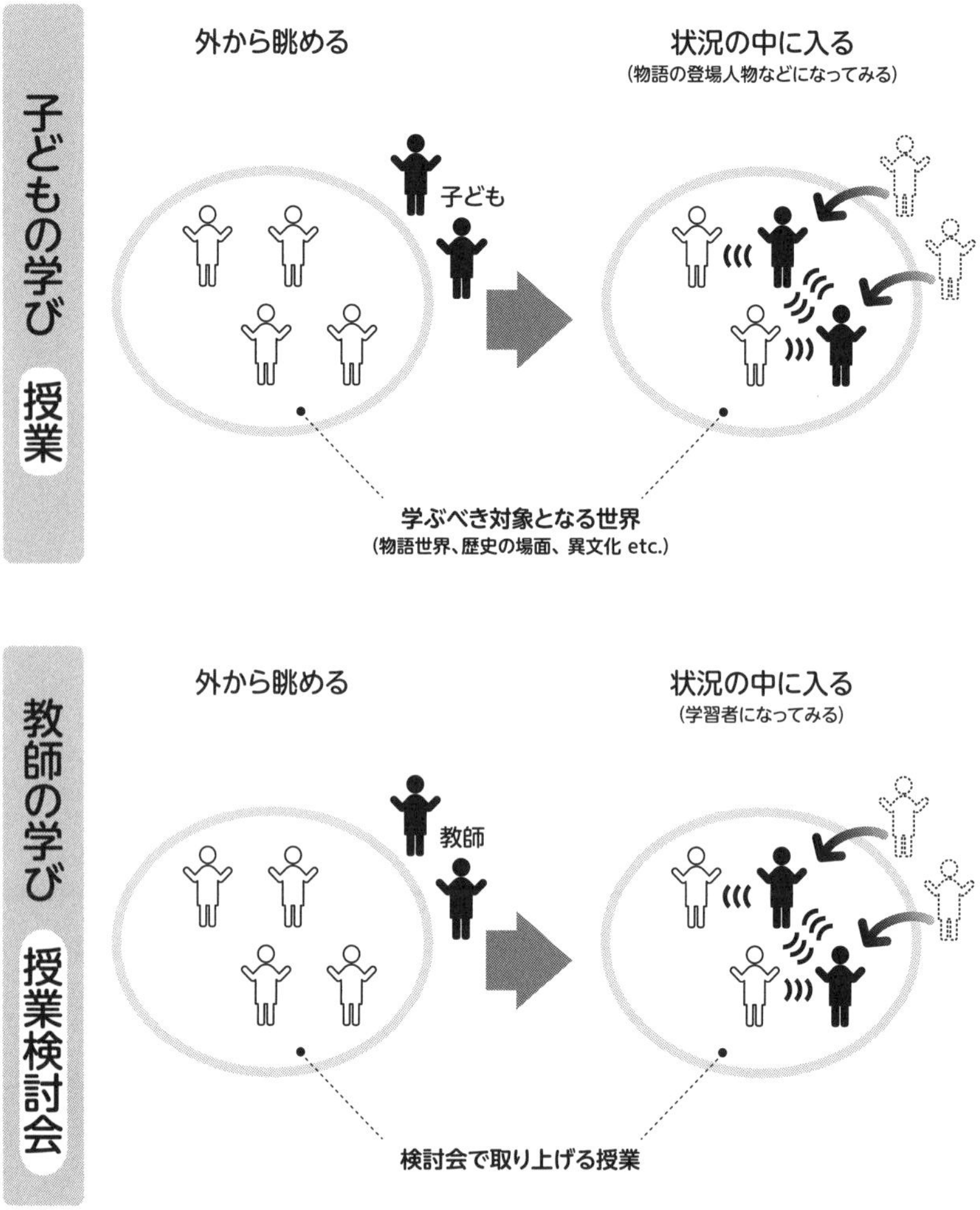

同型性が伴わない形で子どもたちの学びだけを変えていこうとしても――例えば、子どもたちには授業で「対話」を求めているのに、教師たちは校内研修の場で「指導する―指導される」といった一方向的な関係で「対話」になっていないとしたら――それは付け焼き刃のものにしかならないでしょうし、戯画的でもあるでしょう。

美濃山小では、子どもたちの学びを変えていこうとする際に、同時に、教師たち自身の学びも問い直して、両者を同じ原理に基づいて変えていこうとしました。それでは具体的な校内研修の様子を次に見てみることにしましょう。

2. 活動試行・模擬授業ワークショップ・追体験

まず、やってみる。やってみると、何かが生まれる

２０１７年7月21日、夏休みに入った初日の午後。研究指定を受けてから初めてとなる渡辺貴裕先生を招いての校内研修。この日は、研究推進部および秋に研究授業を予定していた学年の教師らが集まって話し合う前半と、全教員参加で行う後半の研修との２部構成でした。

前半の研修での出来事です。

５年生の担任教師たち。初めての道徳での研究授業を9月に控えています。教材は、授業者の古海菜津子教諭が選んできたモラルジレンマ教材「おばあちゃんもいます」（荒木紀幸監修、道徳性発達研究会編『モラルジレンマ教材でする白熱討論の道徳授業　小学校編』明治図書、２０１２年所収）。地震のため体育館に設けられた避難所が舞台のお話です。主人公の健太は、おにぎりの配給の際、風邪を引いて弱っている弟のために、「おばあちゃんもいるので、合わせて2個下さい」と嘘をついて、おにぎりを二つ受け取ります。「規律と思いやり」という二つの価値を扱って、その葛藤について考える教材です。

十数人の教師らでテーブルを囲んで座り、授業の方向性についての検討が始まります。

「どんな授業をしたいの？」

「この授業のねらいは？　ゴールは？」

他の教師らから出る質問に、5年生の教師たちは口ごもり、いきなり停滞ムード……。

そこへ、渡辺先生が、軽やかな声で一言。

「まあ、やってみましょうか」

それでも、最初の声かけでは、なかなか立ち上がれない教師集団。授業のゴールのイメージが持てないので、意見も出しにくい、という雰囲気です。

渡辺先生は、もう一度「まあ、とりあえず、やってみましょう。じゃあ、まず、最初の場面……。ここは、避難所になっている体育館。じゃあ、近くの人と、家族をつくってみてください。避難所には、どんな家族がいるでしょうか……」

避難所に主人公の他にどんな家族がいるか？　思いもよらない問いかけに戸惑いながらも、3、4人のグループで考えながら、場面をつくっていきます。

実際に、避難所という空間を見立て、状況をつくり、描かれた場面をやってみる。すると、疑問も湧いてきます。

「これ、配給のルールにそもそもの課題があるのでは？」

「配給係の人の取った行動もどうなんやろう」

何ということでしょう。あれだけ停滞していた話し合いの雰囲気がどんどん明るくなり、役になったからこそ感じられた気付きや疑問が次々に出てきます。授業の展開も、あれやこれやと思い付き、話が止まりません。気付けば、そこにいる全員が笑顔になっていました。

終了後、教師たちの口から出てきた言葉。それは、「やってみるって、すごい！」

実際に教材文の空間、状況をつくり、役を決め、やってみる。

そうすることで、場が、思考が活性化する。理解が促され、問いが生まれる。座り込み、資料とにらめっこしていては決して生まれなかったアイデアが生まれてくる。冷え、停滞した雰囲気が、明るく、活気に満ちたものになる。

初めてこうした瞬間に立ち会い、ビフォーアフターを経験した私たちは感動していました。雰囲気が一変した感覚、場や思考が活性化した感覚……。「まず、やってみる。やってみると、何かが生まれる」、そうした原体験が、その後の授業研究の礎となる「活動試行」の誕生へとつながっていきました。

授業づくりと振り返りのサイクル

次頁の図は、美濃山小学校の授業研究システムを表したものです。名付けて「教師の学び手としての感覚を生かした授業研究システム」です。美濃山小では、演劇的手法を活用した授業づくりについて研究していく過程で、授業研究のあり方、システムについても、演劇的手法の発想を生かしたものへと組み替えていきました。鍵となるコンセプトは、ずばり「教師自身が学習者になってみる」というものです。

主には三つの局面、「活動試行」「模擬授業ワークショップ」「追体験」で、「なってみる」ことを生

教師の学び手としての感覚を生かした 授業研究システム

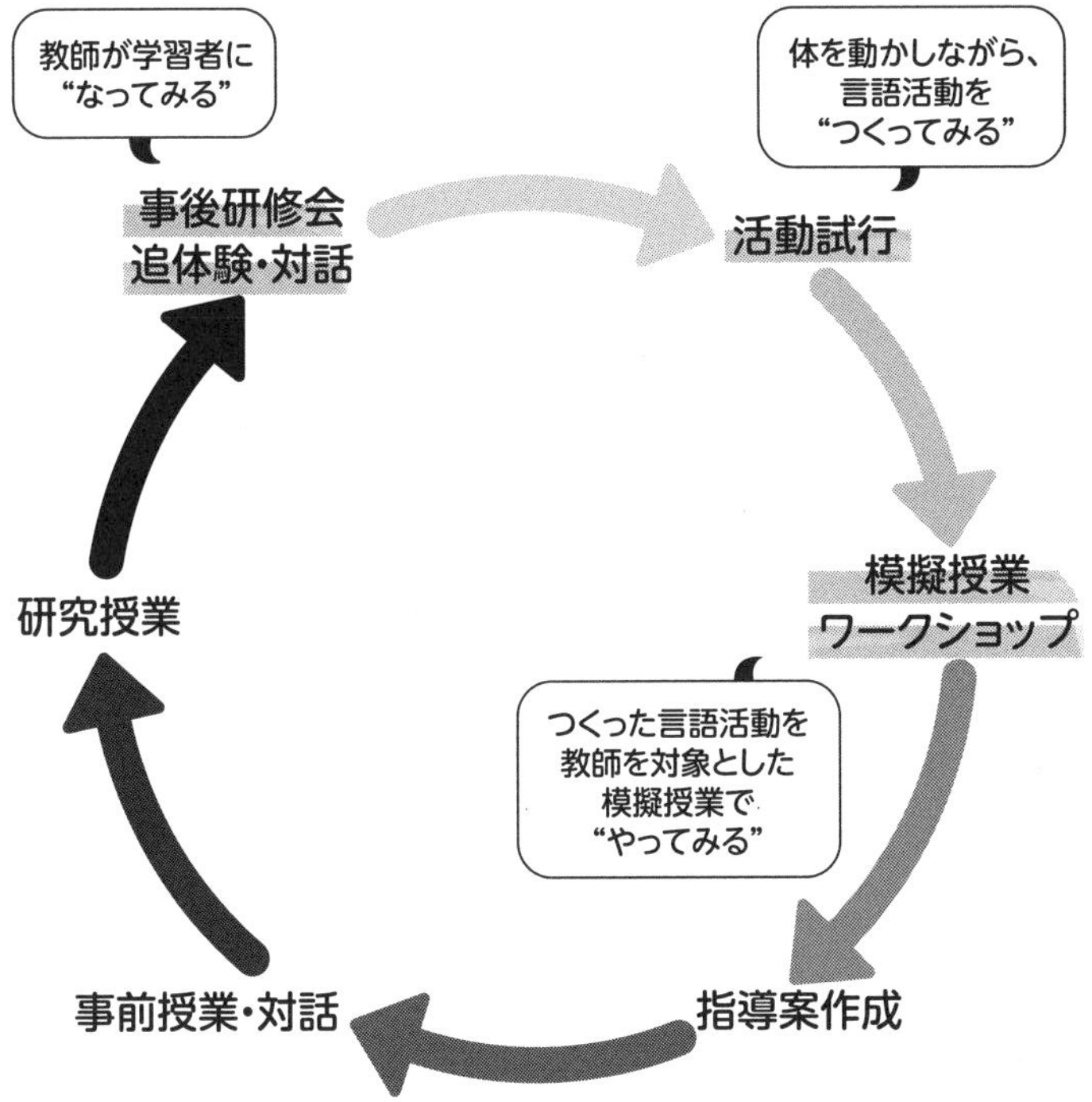

かしていきます。

「活動試行」は、授業構想の段階で、実際に体を動かして場面をつくったり、さまざまな技法を使ってみたりしながら教材研究をし、言語活動を創造していくというもの。授業者・学習者という明確な立ち位置なしで、全員で身体を動かしながら活動を考えます。美濃山小ではこれを、基本的に、低中高学年それぞれのブロック単位で、二つの学年の教師が集まって行っています。

「模擬授業ワークショップ」は、授業者がその場で、授業形式で活動を進行し、その都度、学習者役が感じたことなどを出し合って対話をしながら、活動を練り直していくというもの。これもブロック単位で行っています。

「追体験」は、研究授業後の事後研で、授業で児童が行っていた言語活動を実際に教師らが体験してみて、そこでの実感をよりどころに授業の出来事やその意味を語り直していくというものです。これは基本的に学校全体で行っています。

「活動試行」「模擬授業ワークショップ」「追体験」の三つの局面は、「つくってみる」「やってみる」「なってみる」とその特徴を言い表すことができます。

このシステムは、研究を始めた当初からあったわけではありません。渡辺先生から学んだことを生かした授業研究を模索し、実際に動きながら、手応えのあった取り組みを整理したのが、このシステムです。ようやく形が見えてきたのは、２０１８年1月の中間発表会の頃でした。研究を始めて約１年たった頃です。

美濃山小ではそれまで、長年研究を続けてきた経緯もあり、授業研究は活発でしたし、学年チームやブロック、研究推進部が一緒になって授業をつくっていこうという風土がありました。一方、研究の方法に関しては、次のような課題もありました。

・指導案を作成しても、互いの授業イメージがバラバラで、うまくいかない。
・事前検討で、いろいろなアイデアが出すぎてしまい、授業者がそれに翻弄《ほんろう》されて、最終的に「誰のものでもない」授業になってしまう。
・授業学年とそれ以外の学年の対立構造が生まれやすい。
・事後研では、経験の少ない教師は意見が言いにくい。また、事後研の空気感が重い。
・研修に前向きになれない。

これらの課題を踏まえた上で、互いにエンパワメントされる楽しく創造的な研修をつくることが、研究を進めていく上での大きなミッションでした。そして、これらの課題への突破口となったのもまた、演劇的手法の「なってみる」の考え方だったのです。

それでは、三つの場面が、実際に授業づくりの過程でどのように行われているのか、事例を通して見てみましょう。

活動試行「つくってみる」—3年道徳「どんどん橋のできごと」を例に—

研究指定2年目のある日の放課後、6月に控えた研究授業を前に、3年生の担任教師たちが集まっていました。扱う教材は、道徳「どんどん橋のできごと」(日本文教出版『生きる力3』)。あらすじは次の通りです。

ある大雨の後の帰り道。どんどん橋の近くでは、水かさが増しています。橋の下には、渦ができていて、そこに葉っぱや棒切れを投げ入れると、くるくる回って出てきます。その楽しさに、子どもたちは夢中になります。そのうち、一人が傘を投げ入れてみようと言い出しました。主人公の男の子は、迷いますが、傘を投げ入れます。すると、傘がぼろぼろに壊れてしまいます。

教師たちが、実際に役を演じながら、言語活動を考えます。傘を流すシーンの〈ロールプレイ〉が始まりました。

松葉：（傘を川に投げ入れて）ほら、だいじょうぶだよ。やってみなよ。
川岸：ぼくはいやだ。
酒井：ただしくんは、勇気がないんだなあ。（自分も傘を流す）
松葉：ほら、やってみなよ。
能勢：うーん……。

それを経て話し合いになります。

山田：よし、じゃあ、ここで、友達に傘を川に投げ入れるよう誘われて迷う「ぼく」の立場になって考えを深める活動、何かいいのないかな。
酒井：じゃあ、①まず「天使と悪魔」でやってみませんか。

みんな：おっけー！
松葉：じゃあ、私、悪魔役。
酒井：じゃあ、天使。
山田：では、「天使と悪魔」、どうぞ！
松葉：傘、入れちゃえよ〜。楽しいよ〜。
酒井：入れたらダメ。壊れたらもったいないよ。
能勢：（ぼく役）（悩んだ様子で無言）

川岸：うーん、やっぱり、悪魔っていうのは、悪魔のささやきというか、悪いというイメージが付いちゃってるし、②道徳で使うのは、なんか、違う気がする。
みんな：ああ……。
酒井：そうですよね……子どもには分かりやすいけど、なんか違う。
川岸：「〇〇と〇〇」、何がいいかな……。
松葉：例えば、「アクセルとブレーキ」とか、どうですか？
みんな：ああ〜。
松葉：③よく「ココロにブレーキ」とか言うし、どちらにも良い点、良くない点があるから、強みとも言えるし。
山田：確かに。バスの席を勇気出して譲るとかだとアクセルの気持ちが大事だし、慎重に考える時はブレーキが大事だし。

酒井：いいですね～！　じゃあ、《アクセル・ブレーキ会議》で、どう？
山田：うん、いい！　それでやってみましょう！
能勢：あと、3人組だと、真ん中やってみて、④どうしていいか、分からない感じになるんですよ。だから、ペアでの活動がよくないですか？
松葉：確かに～。そっちで試してみましょう！

①どんどんアイデアを出し、試してみます。「やってみる」ことで、いろいろなことが見えてくることを体験しているので、活発な議論になります。
②やってみたからこそ感じた違和感を率直に出し合います。学習者としての感覚に基づく意見ですので、受け入れやすいようです。
③代替案を出し、創造的な対話を積み上げていきます。当初考えていた案がうまくいかなかったことで、新たな良いアイデアが生まれることが多いです。
④実際にやってみて感じたことは、意見が言いやすい！　どんどん意見を出し合うことで、活動が学び手感覚に寄り添ったものになっていきます。

このように、実際に活動をしてみて感じた実感や違和感をどんどん出し合い、児童の学びが深まるような活動をつくり出していきます。

教師として「良い」と思ったアイデアも、子どもの立場に立ってやってみることで、違和感や、思考のつまずき、感情の揺れが湧き上がってくることがあります。そうした感覚を生かしながら活動を再構築していくことで、より児童の思考や発達段階に添った活動がデザインされていきます。もちろん、実際に授業を実施して課題が見られた場合は、さらに改善を加えていきます。新たなネーミングも生まれていきます。

こうして、何度も何度も自分たちの感覚、児童の感覚を生かしながら活動を練り上げていく過程に、教師の授業力を磨くエッセンスが詰め込まれているようにも思います。

教師たちからは、授業づくりの過程が楽しく、たくさん学べたという声が多くありました。

> 「頭だけで考えない」
> 「授業者や授業学年に任せるのではなく、みんなで体を動かし、当事者になってみることで、全員で授業をつくっていく雰囲気が生まれた」
> 「行き詰まっていた時に、体を動かすと、扉が開けた」
> 「自分の味わった感覚をもとにして、子どもだったら……と授業を構想することができるようになった」

すでにある手法や活動を授業に当てはめるだけでは、なかなか良い授業にはなりません。演劇的手法のエッセンスと授業でのねらい、児童の実態、それらが最も良い具合に響き合う実践、それは、教師の感覚を生かすことで生まれるのです。

模擬授業ワークショップ「やってみる」—4年総合「みのやま防災ブックを作ろう」を例に—

続いて、模擬授業ワークショップでのエピソードです。模擬授業ワークショップでは、指導案が固まっていない状態（生煮え状態）で、まず、仮の授業をやってみます。そして、「ここは何かしっくりこない」「じゃあ次のバージョンでやってみましょう」と、どんどん実感を出し合いながらスクラップ&ビルドで組み立てていきます。

防災について調べたことを児童らが劇にして発表する授業で、各グループの発表後の活動をどうするかについて考えている場面を見てみましょう（この授業の内容については、1章2節を参照）。まず、実際に仲村教諭らが、「地震」時の「市民」グループとして、劇をつくって発表を行いました。その後、それを見ていた他のグループの教師らが質問し、仲村教諭が役のまま答えようとしているところです。

吉本：じゃあ、「地震」に関して、「市役所」「消防署」「市民」、それぞれのグループの発表を見終わった後、〈ホット・シーティング〉で役になって質問に答えるっていう感じで、やってみてください。
今田：はい！「市民」グループの人に質問です。他の「火事」や「台風」チームとの違いは何ですか？
仲村：うーん……。
吉本：⑤もしかして、答えにくい？
仲村：うん、違いっていうのはこの立場だと答えにくいかも。自分たちの劇に関する質問の方がいいかなあ。
今田：ああ、なるほどー。
杉本：じゃあ、⑥別の質問で試してみてもいいですか？先ほど手に持っていた防災バッグの中には、何が入っているのですか？
仲村：水や、軍手、カイロなどが入っています。
今田：ああ、これなら、答えやすいかもねえ。
吉本：じゃあ、互いに考えを引き出し合うような対談にしてみてもいいかもね。
みんな：うんうん。
杉本：あ～、今日でやっと授業のイメージができました。今年美濃山に来たばっかりやし、今まで、言葉の説明だけでは、いまいちよく分からなかったんですけど、模擬授業で⑦やってみてよく分かりました。ありがとうございます。
みんな：⑧やってみてよかったねー。すごい、見えたなあ。

⑤実際に発問してみることで、学習者が「答えにくい」「思考が働かない」ことにも気付きます。授業者の中で曖昧な点が見えてくるのです。

⑥ここで、新たなアイデア（質問例）が出されました。模擬授業ワークショップの特徴は、その場でどんどん発問や活動、展開を考え、試すところにあります。授業者が指摘されたことを持ち帰って修正するのではなく、その場で、みんなでアイデアを出し合い、その場でやってみる。ポジティブで生成的な対話を目指します。

⑦授業者も、授業をするまでは不安です。このように、学年・ブロックで実際に授業をやってみる、協働的に授業を生み出していく、その過程で、互恵的な関係が生まれます。これは、学年間の絆を深めることにもつながります。また、言葉だけの議論だと互いの理解に齟齬が生まれることが多いですが、実際にやってみることで、全員が共通の経験をし、共通の授業イメージを共有することができます。これも

授業研究を進めていく上での大切なポイントになります。

⑧「やってみてよかった」「やってみることで見えてきた」。これは、授業研究の過程で、私が一番聞いてうれしい言葉です。「やってみる」ことって、少しハードルが高いです。体を動かすのは面倒くさいし、授業をするのは、緊張します。それでも、やってみることの値打ちは、何物にも代えられません。リーダーは、そのことを信じるしかない。その力を、全員で共有できた時の喜びはひとしおです。

模擬授業後のやりとりで、劇の中の行為以外に関する質問には答えにくいということが浮かび上がり、劇の中に出てきた具体的な行動について尋ねることになりました。

このように、模擬授業ワークショップで「見えてきた」感覚を生かし、指導案を作成し、授業を組み立てていきます。その後、研究授業に先立って、その学年の他の学級で事前授業を行います。また、事前授業はブロック（低中高の2学年ごとのまとまり）の教員が参観し、その後の検討会を一緒に行います。「活動試行」「模擬授業」を一緒に行ってきたメンバーですので、自分たちでアイデアを出し合った授業について、活発な意見が交わされます。

そして、いよいよ本時の研究授業を迎えます。授業がよりよいものになるよう、全員の知恵と経験を注ぎ込み、試行錯誤と改善を重ねていく様子はまさにバトンパス。授業研究の過程では、授業について、学級経営について、教師としてのあり方について学ぶ機会があり、互いへの敬意も生まれていきます。

違う個性や感覚を持った教師が集うからこそ、生まれる授業があります。時には、「自分の思いと違う」と感じる場合もありますが、実際に授業を実施すると、同僚の意見を取り入れた方がうまくいく場合もあります。自分一人では開けなかった学びの世界が、そこにはあります。こうして、互いが互いの学びに関与し、一人ではできないことを成し遂げていく授業づくり。誰かに「お任せ」にするのではなく、全員がかかわるからこそ、楽しく、面白く、授業が多少うまくいかなくとも、「やってよかった」があります。

追体験「なってみる」―5年道徳「おばあちゃんもいます」を例に―

授業後の事後研でも、学習者になってみる活動を取り入れています。これを「追体験」と呼んでいます。5年道徳「おばあちゃんもいます」の研究授業の事後研の様子を見てみましょう。

司会：はい、では、今日の事後研では、まず、先生方に、今日見ていただいた授業の中心部分の活動を体験していただきます。⑨授業者の古海先生、お願いします！

古海：はーい。では、皆さん、健太になって《ココロ会議》をしてみましょう。

（実際に参加者全員が3人組で《ココロ会議》を行う）

健太役1：いいやん、いいやん。弟のためにしたんだか

模擬授業ワークショップでの〈ホット・シーティング〉

授業後、すぐに授業者の周りに集まって、話を始める学年の教師たち

ら。嘘も方便やで。
健太役2：自分だけじゃなく、周りにも同じ状況の人がいるんだよ。
真ん中の迷う健太役：ああ、どっちの立場の気持ちも分かる……。

⑨実際に、研究授業の授業者の方に、事後研での追体験の進行もお願いしています。

このように、実際に、授業の中心場面を再現し、子どもたちと同じ学習活動を体験。その後、感じたことを出し合っていきました。

林：授業を見た時は、なんで、子どもたち、あんなに迷うんだろうって思ってたんですけど、実際に自分がやってみたら、すごく気持ちが揺れました。子どもたちも、こんな感じだったのかなあ。
山田：初めは、言いくるめようと思っていたけど、言っている中で、ベターな判断に自分の迷いが生じてしまいました。
植木：うーん。⑩資料を読んでるだけだと、「嘘はダメ」が正解だと思っていたけど、意外と自分の家族が同じ立場ならしてしまうかも。正解が分からなくなった。
松葉：こんな葛藤の経験をした人は、嘘をついてしまった子に寄り添えるようになるかもね。
北：道徳って、どっちかが正しいという答えを出すべきではないし、今日みたいな授業だと、嘘をついてしまった主人公の立場にも共感的に寄り添える気持ちが育つんじゃないかなあ。

林：ああ、それこそが、⑪道徳で育てたい子どもたちの姿だと言えるかもしれへんねえ。
杉山：授業見てただけでは分からなかったことが、実際に学習者の立場になってやってみることで分かることがたくさんある気がします。
植木：客観的に見るのと、実際に自分が体験するのは違う。子どもも、〈ロールプレイ〉をするまでは、嘘をつくのはよくないっていう意見が多かったけど、実際に《ココロ会議》をやっていく中で、健太の置かれた状況や立場への共感的な理解も増えていきましたね。
山田：⑫子どもにしても、大人にしても、やってみるって、すごい可能性がありますね。

⑩授業を参観者として見ていた時と、実際に自分が学習者として同じ活動をしてみた時で授業の見え方が違うということが起こります。授業や子どもについての理解がさらに一段と深くなります。
⑪事後研の中で、ただ授業の良し悪しだけでなく、その教科で、あるいは、その学校で、どんな授業をしていきたいか、どんな子どもを育てていきたいか、そんな話が実感を伴ってできていくといいですね。
⑫演劇的手法を活用した授業だからこそ、演劇的手法を活用した部分を追体験する。演劇的手法の意味合いと、実際に学習者になってみることの意味合い、二重の意味で、「なってみる」の持つ可能性に感動した教師は数知れず……。

研究授業後の事後研では、授業者がどんな思いでその授業を組み立てたのか、十分に分かっていない中で、意見を求められがちです。分かったふりをしてもっともらしいことを言ってしまう。その結果、授業者との間に亀裂が生まれる……。そんなことも少なくありません。

しかし、追体験をすることで、全員が共通体験に基づいた話ができます。主語が「自分」になるのです。そして、「自分」を踏まえて「子どもたち」や「授業」を語ることができます。そうすると、自然に場がフラットになり、深い対話が生まれやすくなります。このように、教師自身が「学習者になってみる」という活動を通して、子どもたちの学びについての理解を深めていっています。

おびただしい対話、その先に

ここまで見てきたように、美濃山小の授業研究システムは、学習者になってみること、実際にやってみることと、それを踏まえたおびただしい対話によってつくり上げられています。次頁の写真をご覧ください。

これは、２０１７年度、5年生の教師たちの研究授業前後の様子です。試行錯誤と繰り返される対話の先に、実践が生まれていきます。泣きたくなること、実際に涙を流すこともあります。それでも授業づくりに向かえるのは、一緒に研究する同僚がいるから、そして、一緒に授業をつくる子どもたちがいるからだと感じています。

さて、このように何度も身体を動かし、対話を重ね、授業を見合い、さらに検討を重ねる……こうした授業づくりの過程は、時

〈ココロ会議〉の様子。真ん中は迷う健太役

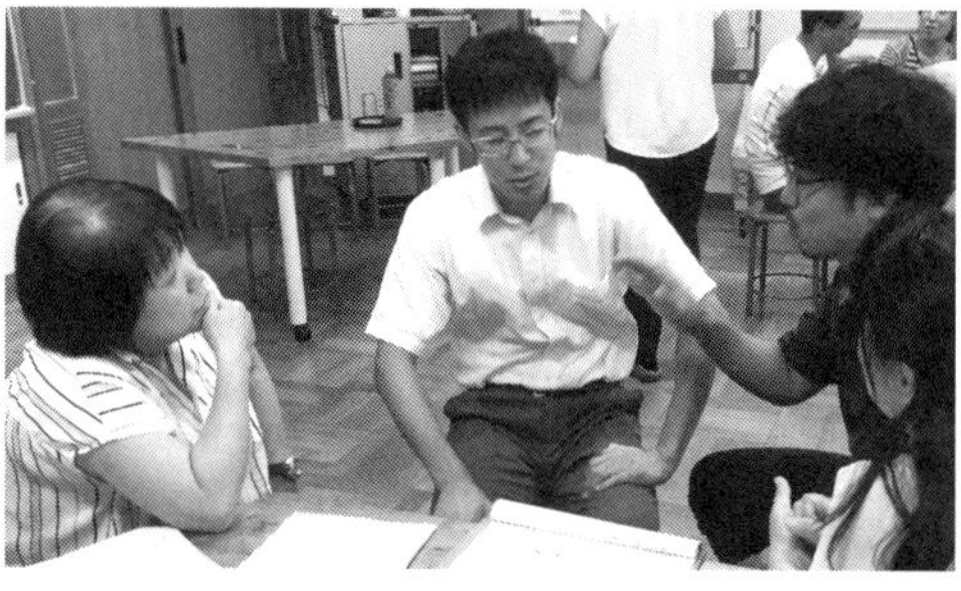

顔を合わせると授業の話になる

職員室でも、検討は続く

研究授業前日、実際に児童役になりながら最終調整

研究授業後、渡辺先生を囲んで

間がかかります。もっとも、以前の、文字と議論中心の研修スタイルでも、指導案と実際の授業で思い描いていたものが異なることがあらわになり、すり合わせるための話し合いが必要になって時間を食うということが起きていました。その点、身体を使って実際にやってみると、イメージを共有しやすくなるため、言葉やイメージのすれ違いによる時間のロスが少なくなりました。とはいえ、時間はかかるので、いかに勤務時間内に効果的な研修を実施し、教師の働き方の面でも持続可能なものにするか、模索は現在も続いています。

※美濃山小学校の研修資料や研究授業の学習指導案は学校ホームページからダウンロードできます。

【資料①：活動試行のススメ】

【資料④：美濃山小学校校内研究・研修】

【資料②：模擬授業ワークショップのススメ】

【資料③：追体験のススメ】

3. 美濃山版事後研！ なってみて、語り、学び合う90分

「1回の研修を具体的にどんな流れで行っているのですか？」「外部講師を呼ばない普段の研修をどんなふうに自分たちで進めているのですか？」。美濃山小の校内研修について時々尋ねられる質問です。

ここでは、美濃山小での日常的な「事後研」の様子を紹介します。通常、研究授業を終えた後の「じごけん」というと、「事後検討会」を略した「事後検」のことを指しますが、美濃山小では、「事後研修会」と表します。検討するのではなく、公開された授業から共に学び、授業づくりについて語り合う研修の場にしようという考えからです。

それでは、２０１９年10月30日（水）に行われた、2年国語「お手紙」（アーノルド・ローベル作）の事後研を例に、研修の様子を見てみることにしましょう。

2年国語「お手紙」事後研修会

【準備物】

・研修の簡単な流れを示したレジュメ（裏面に公開授業の板書写真が印刷してある）×人数分

・座席表・グループ分け名簿（掲示用）

※「はぁって言うゲーム」（ウォームアップ時に使用）

※授業で用いた小道具の窓枠（追体験時に使用）

※印のものは、授業の内容に応じて変わる。

14時30分

教師らが、研究授業が行われていた授業教室へ。座席表・グループ分け名簿を見て、各グループ（4、5人）の座席に着く。グループは、学年や職種、経験に多様性が出るよう研究推進部が組んでいる。

14時30分-14時35分　ウォームアップ

授業学年の研究推進部員が中心となり、授業に関連するウォームアップゲームを行う。この日は、市販の「はぁって言うゲーム」の活動をみんなで体験。「お手紙」の話にはニュアンスが異なる「あ

ウォームアップは本時の授業と関連したものを

あ」が登場し、授業でも、このゲームにヒントを得た活動を行っていたためだ。体と心をほぐし、場をあたためるウォームアップは欠かせない。

14時35分-14時40分　少人数でフリートーク

グループで5分間、授業についてざっくばらんに語り合う。授業を見て感じたり考えたりしたことをまず率直に出し合うという趣旨。それによって、本時の授業における主要な議論のポイントが出そろっていく。各グループの話を聞きながら、授業者と授業学年の教師は、その後のコメントでどんなことを語る必要があるかを把握する。

14時40分-14時45分　授業者・授業学年よりコメント

授業学年の教師がそれぞれ、1人1分程度、授業づくりの過程で感じた手応えや難しかった点、変更した点などを話す。誰がどの角度から話すかを前もって分担しておく場合もある。一緒に授業づくりの旅をしてきたメンバー全員が話すことで、聞いている側も、授業だけでは見えなかった背後の文脈を知ることができる。フリートークで出ていた質問や疑問にここで答えることも。

授業者の言葉に耳を傾ける

14時45分-15時10分　追体験&対話

授業者が、その日の授業での中心的な活動を進行し、参加者は児童（学習者）となってそれに参加する。この日は、ペアで「がまくん」と「かえるくん」になって〈ロールプレイ〉を体験。幾つかのペアに前でやってもらって、それをみんなで見る。

その後の対話では、学習者になってみたことで感じたことを語り合う。授業の良し悪しや評価ではなく、自分がやってみた感覚やそこから湧いてきた疑問を出し合う。

15時10分-15時30分　「Yチャート」を使ってさらに対話

追体験後の出し合いを踏まえ、さらに授業について語り合う。シンキング・ツールの「Yチャート」を用いて、「追体験の感想」「授業について」「これから」の三つの区画に各自記入しながら語り合う。効果的だった手立てやさらにアレンジできそうなこと、自分自身が授業でやってみたいことなどが出てくる。その後、各テーブルのホスト役を1人残し、他のテーブルにどんな話が出たかを聞きに行く。

追体験。学習者に「なってみる」

Yチャートを使った対話

15時30分－15時45分　授業者へのファンレター

振り返りには、岩瀬直樹さん（軽井沢風越学園校長）の実践を参考にした「授業者へのファンレター」を取り入れている。小さなカードに、授業者・学年の教師たちへの応援メッセージを綴る。事後研では、授業者が「授業をやってよかった」と思えるような場にすることが、一番大切だと考えているからだ。他に、「鉛筆対談」「寄せ書き」などの形式を用いることもある。今回は、「お手紙」の授業だったということで、振り返りもやっぱり「ファンレター」！

書き終わったら、数人に自分のファンレターを読み上げてもらう。研修を通して深まったポイント、その授業の良さや自分の授業に生かしたい内容があふれる。最後に、授業者・授業学年を拍手でねぎらって解散。

研修終了後

研究推進部で手分けして、学校ホームページの更新やグラフィック・レコーディングの掲示、研究通信の発行、ファンレターの整理などの作業。そしてまた、授業づくりの日々が続く。

「親愛なる2年生の担任のみなさん……」

この日のグラフィック・レコーディングは山下先生!

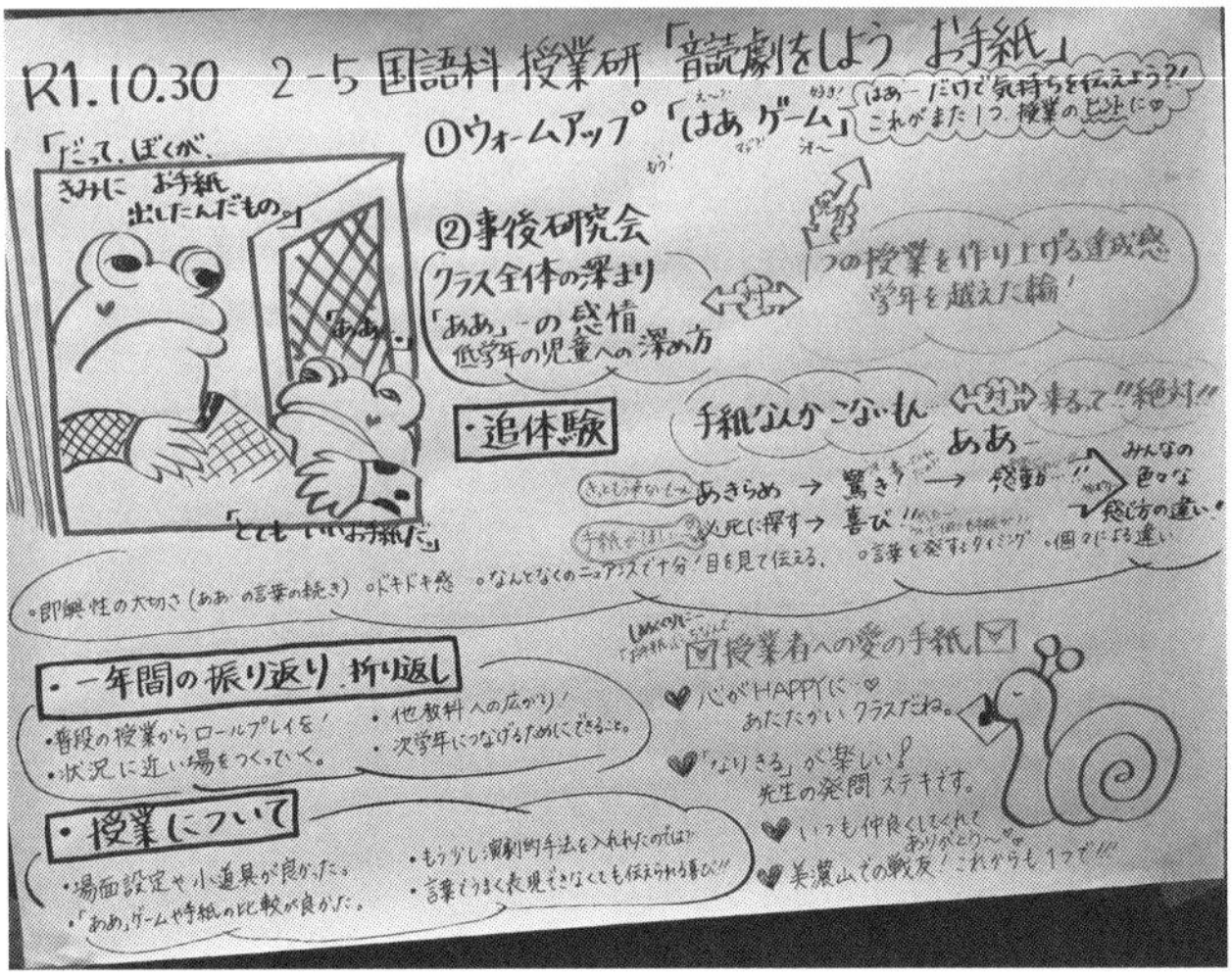

ファンレターは放課後、回覧する

Tips Gallery

校内研究と日常の橋渡し

教師の学びを研修時間に閉じ込めない。校内研究を日常につなげるためのちょっとした工夫（Tips）を写真と共に紹介します！

その1　研修の場でリアルタイムに可視化したものを「記録」に

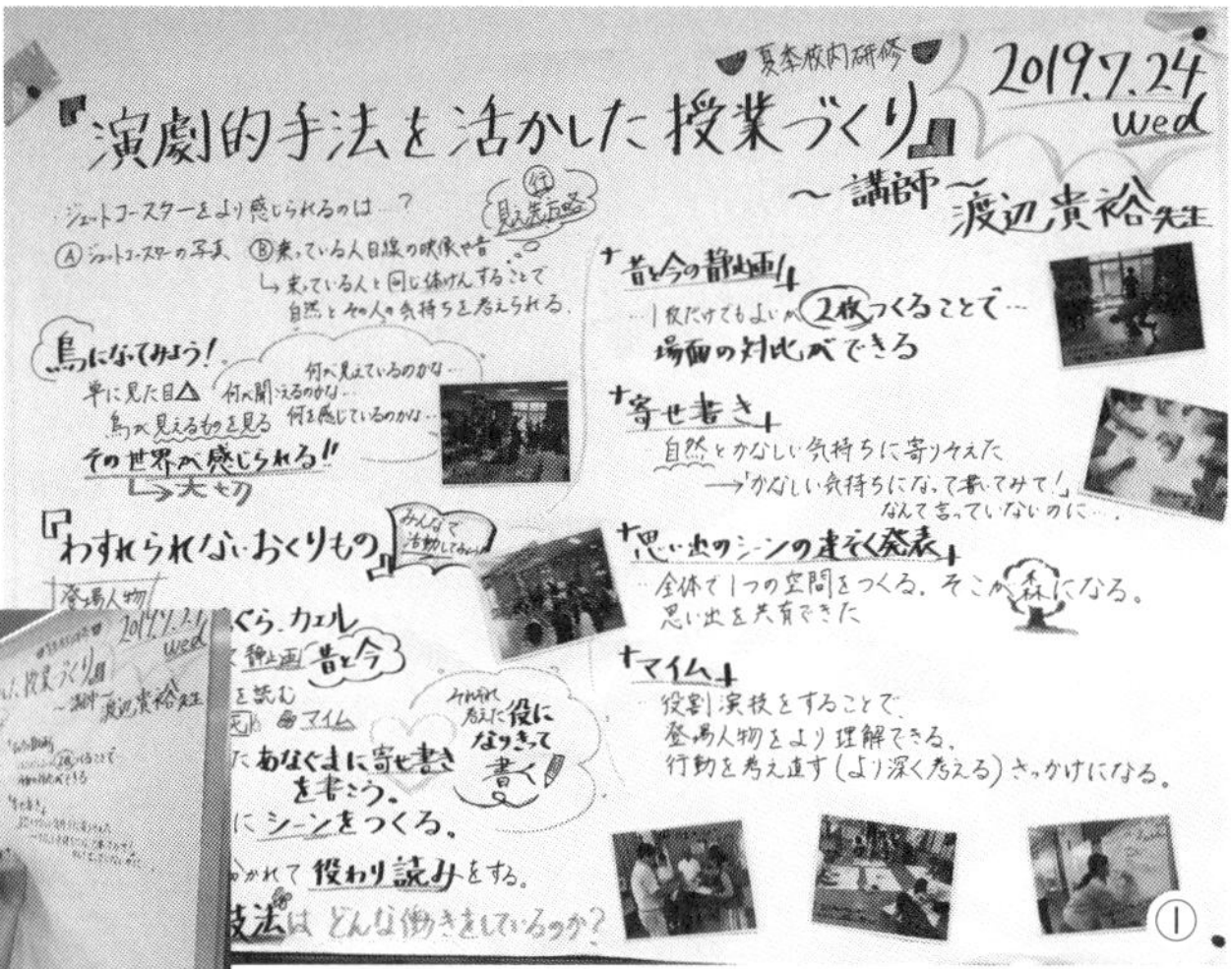

①

②

研修記録を後でつくるのではなく、その場で書いたものをそのまま記録にしてしまう！　そのために、「グラフィック・レコーディング」（グラレコ）という記録スタイルを活用（写真①）。研修時にリアルタイムで、その場で起きていること・話されていることを、模造紙に絵や文字を使って可視化する。研修の終わりと同時に記録が完成。

グラレコを書く吉川教諭（写真②）。記録を担当するグラフィッカーも持ち回りで。こうしてスキルが特定の1人のものにならずに共有されていく。若手も中堅もベテランも役割分担をして、研究推進部みんなで研修をつくるのが、美濃山流。

日常的に目に触れることで、ふとした時にアイデアが！

美濃山小 印刷室をのぞいてみよう

その2

③

④

研修が終わると、作成されたグラレコは、早速、印刷室内の壁に掲示(写真③)。壁には他にも、演劇的手法の技法の解説カード、各学年のカリキュラムでの活動例、授業の様子を伝える写真とプリント、研修通信など、掲示物がずらり。教師たちは普段ここでワークシートの印刷や教材準備をすることが多い。そうした時に自然に目に入る。

「授業のアイデアって、何気ない作業の途中で舞い降りてくることもあるので、目に見えるところにそのヒントが掲示されているのはありがたい」と、ある教師は語る。

印刷室には、教職員向けの図書・資料コーナーも。演劇的手法や授業づくりに関する書籍、表現活動のためのウォームアップ・ゲーム集などがそろう。国語のワークシート類や演劇的手法に関する資料も、ファイリングされて並ぶ(前頁のイラスト)。

さらに、研修時の教職員の写真も飾られている。教師が学ぶ姿を掲示することで、「自分たちってこんな表情で学んでいたんだな」「自分の授業姿、撮ってもらえるってうれしい!」と、教職員の励みにもなるようだ(写真④)。

演劇的手法で作った小道具を置く場所がないのが、今の悩み。目に付かないところにしまいこむと、使わなくなる。実践が増える中で、保管と継続をどうするか、工夫のしどころ。

その3　印刷室で生まれる教師の交流と創造

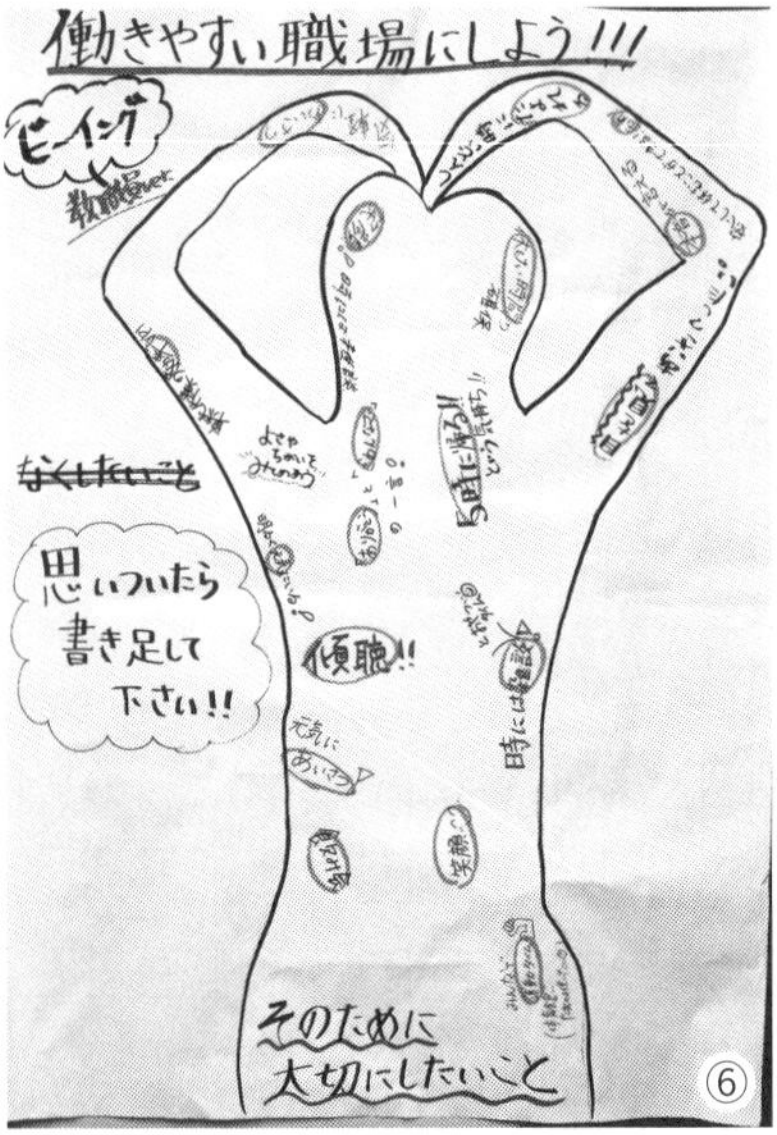

⑥

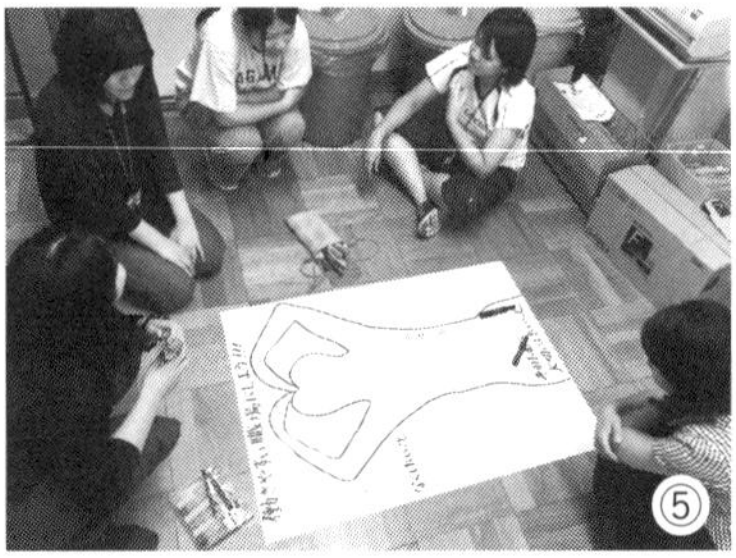
⑤

⑦

印刷室は、偶発的な出会いや創造が生まれる場所でもある。

ある日、人権教育部主任の酒井教諭が床で模造紙を広げていた(写真⑤)。一人ひとりを大切にするために、各クラスで大事にしたいことを話し合ってクラスの「ビーイング」を作るという取り組みを提案する準備を進めていたのだ。「ビーイング」とは、「プロジェクト・アドベンチャー」の活動の一つで、自分たちのコミュニティで共有したい約束事を協働的に書くというアクティビティ(写真⑥)。酒井教諭が用意したのは、「働きやすい職場にするのに大切なことって?」という問い。通りがかった人がわらわらと加わり、問いに対してどんどん言葉を書き入れていく。そして、まずは教職員版の「ビーイング」が完成！ 職員会議での提案の際に見本として活用された。児童が活動する前に、まず教師自身がやってみるという発想が定着していることが、ここにも表れている。

また別のある日のこと。写真⑦手前の2人、「大造じいさんとガン」の授業で使用するいろりを作成中。奥の2人は、大造じいさんが構える銃をせっせと作る。手を動かしながら授業のアイデアが生まれることもしばしば。職員室から少し離れた作業空間に、今日も人が行き交う。

その4　廊下は実践ギャラリー！

⑧

校内研究を日常につなげるための仕掛けは、印刷室の中だけにとどまらない。職員室の前の廊下にも、演劇的手法を生かした授業づくりの歩みを示す掲示物、研究発表会時にカメラマンの平井良信さんに撮影していただいた素晴らしい表情の写真の数々が並ぶ（写真⑧）。学校に見学に来られた方が楽しめる、ちょっとしたフォト・ギャラリーにもなっている。廊下での掲示は、保護者や学校外部の方への発信、教職員同士の相互理解、児童も楽しめる掲示と、たくさんの役割を担っている。

その5　教師たちの日常にも演劇的手法

⑨

研修での学びは、教師の日常生活にも溶け込んでいる。写真⑨は、2年国語「お手紙」の授業で用いた小道具の窓枠が、同僚の結婚式のお祝い写真の撮影にも活用されている様子。

他にも、結婚した同僚に〈葛藤のトンネル〉を使って、結婚の魅力と苦労の両方を語り、最後にトンネルを抜けた所で結婚祝いのギフトを渡すサプライズを行った学年もあるとか。

4. 教師自身が劇をたっぷり経験する年に一度のミュージカル・ワークショップ

美濃山小では、年に一度、授業とは直接結び付けずに、教員が劇をたっぷり経験する研修を行っています。英語芸術学校ＭＡＲＢＬＥＳ代表の小口真澄先生によるミュージカル・ワークショップです。真澄先生には、研究指定を受けた初年度の２０１７年より、毎年、校内研修を担当していただいています。講師をお願いしたきっかけは、私自身が真澄先生による「英語ＤＥドラマ」のワークショップに何度も参加し、そのたびに深い感動を覚えてきたことです。演劇で役になることを通して、自分自身を見つめ直し、役の力を借りながら自分の人生を語り直していく。ドラマに真剣に取り組み、役を生きることは、自分の人生に向き合い生きることでした。演劇ってなんて面白いんだろう。演劇をつくり上げる過程での学びは、なんと深く豊かなのだろう。

大阪や東京での真澄先生のワークショップに参加されている方の大半は、教育に携わる方でした。私が初めて参加した時、ベテラン参加者からこんなことを言われました。「真澄先生のドラマワークを受けた後は、子どもたちの見え方が変わるよ。子ども一人ひとりがよく見えるようになるよ」

土日のワークを終え、月曜日。確かに、一人ひとりの子どもたちが、以前にも増して、くっきりと力のある存在として、自分の目の前にいるように感じます。しかし、子どもたちが変わったわけではありません。彼らはすでにそのように力ある存在だったのであり、私の「見え方」「向き合い方」が変わったのです。

真澄先生は、ワークショップの中で「Don't act. Look at each other.（演じないで。互いをよく見て）」「Listen to your partner. Connect each other.（相手をよく聞いて。つながって）」とおっしゃいます。「自分をよく見せよう」「うまく演じよう」という、自分にベクトルが向いた独りよがりの演技ではなく、やりとりをする相手をよく見ること、相手の言葉を聞き、受け止めること。そうすることで、本当に人の心に届くやりとりが生まれ、役を演じている自分たちにも、その場面での心情や状況が本当の意味で実感できるようになる。真澄先生は、演出指導の中で、繰り返しそう語りかけてくださいます。

こうした体験は、子どもと教師の関係構築に生きていきます。時に教師は自分を中心に物事を捉え、表現してしまいます。子どもたちをよく見ず、子どもの声を聞かず、子どもたちが発信しようとしているメッセージを受け取らない。そのことにより、教室がコミュニケーション不全に陥ったり、教室の空気が重たくなってしまったり、信頼関係をうまく築けなかったりすることが、多々あります。教育者として生きていくために本当に必要なレッスンが、真澄先生のドラマワークショップには凝縮されている――。教師として、また一人の人間として、私は真澄先生のワークショップに通う中で、自分が少しずつ変化していくのを感じました。

ぜひ、美濃山小の教師たちにも、私が感じた感動を味わってほしい、ドラマの力を感じてほしい。そう強く思いました。子どもたちに演劇を通じた教育をするのであれば、自分たち自身がドラマの力を感じていることは必須です。まずは、自分たちが体験すること、このことに勝る研修はないと考えました。そして、何より真澄先生に出会ってほしかった。愛にあふれ、ユーモアにあふれ、パワーあふれる真澄先生のあり方から、私たちは教師としてのあり方について多くを学べると信じていました。

作品演目選びとそこに込めた思い

実際にワークショップで取り上げる演目については、教職員の声を拾いつつ、研究主任の私の意向を真澄先生に伝え、決定しました。それぞれの年にヒットした演目で、ストーリーになじみがあることに加え、今の美濃山小の職場や、教師の課題に最も響き合うような演目・場面を、ということで依頼をしました。

例えば、1年目の『美女と野獣』であれば、初のミュージカル・ワークショップでしたので、「ドラマの楽しさが実感できる」ことを重視しました。2年目以降は、私自身が真澄先生によるワークショップで、強い感動を覚えた作品、深い内省を促されたシーンを取り上げていただくようお願いをしました。

2年目の『レ・ミゼラブル』では、ミリエル司教の働きかけによってバルジャンが改心する場面を掘り下げてほしいという依頼

小口真澄先生によるミュージカル・ワークショップ

日時	演目	時間
2017年8月24日	『美女と野獣』 （英語ミュージカル）	90分
2018年8月23日	『レ・ミゼラブル』 （日本語ミュージカル）	120分
2019年7月25日	『ライオン・キング』 （英語・日本語ミュージカル）	150分

をしました。「罪を許される」という体験、人から信じられるという体験によって、どれほど人が勇気づけられ、人生の力になるのか、そのことの重みを、教師として問い直し、実感する機会を持ちたいと考えたのです。

どうしても正しいことを求めてしまう教師。間違いや失敗を許さない態度を取ることも、時に求められる教師。しかし、本当に人を変えたり励ましたりするのは、正しさとは限らない。教師としての生き方、あり方を、ミリエル司教とバルジャンの姿を通して、語り合いたいと感じました。

3年目は『ライオン・キング』。研究指定も終了し、メンバーも大きく入れ替わる転換期である今だからこそ、自分の過去と向き合い、使命を見つめ直し、仲間と王国を再興していく生命力あふれる物語がぴったり合うと考えました。

それぞれの年が、大変感動的で素晴らしい時間でした。あるベテラン教師はワークショップをしながら、「飲み会より、こういうワークショップをすればいいね。そうしたら、互いのことがよく分かるし、仲も深まる」、そんなふうに語ってくださいました。

それでは、実際のワークショップの様子を、当時の校内研修ブログの記事で紹介したいと思います。

ミュージカル・ワークショップ『レ・ミゼラブル』（校内研修ブログ 2018年8月24日）

23日（木）は、英語芸術学校MARBLES代表の小口真澄先生をお迎えしてのミュージカル・ワークショップを行いました。演目は『レ・ミゼラブル』です。研修のテーマは「劇づくりを通して演劇的手法の力を感じよう」です。一人の人間として、ドラマの世界をどっぷり味わうことで、ドラマの力や可能性を実感することを目的とした研修でした。

歩いてグループをつくる活動から、『民衆の歌』の振付づくり。『列に入れよ』って誰に向かって何のために言ってるの？」「『明日』って？」「言葉と動きを合わせて」「あなたにとっての『明日』って？」……真澄先生の問いかけで一つひとつの言葉に立ち止まり、時代背景を考えたり自分自身の人生と結び付けたりしながら、歌詞の意味を身体化していきます。グループごとに振付を考え、互いの目を見て歌っていくと、自然にメロディーや歌詞が覚えられ、歌が自分たちのものになっているように感じられるから不思議です。

その後、隣の人に触れた感覚を覚えて、目を閉じたまま、チームメンバーがバラバラの場所へ。そして目を閉じたまま、歌を歌いながら同じチームのメンバーを探しました。互いの歌声や自分の感覚を頼りにメンバーを見つけ、確かめ合います。最後、一斉に目を開け、メンバーと再会できた時は感激で思わず歓声が上がりました。

そして、いよいよ『レ・ミゼラブル』のシーンづくりに。今回は、真澄先生オリジナルの脚本で、前半では主人公ジャン・バルジャンがミリエル司教と出会う場面、後半では民衆たちの戦いの場面をつくり、演じました。

ジャン・バルジャンがミリエル司教と出会う場面は『銀の燭台』

明日へ！

歌を自分たちのものにしていく

というタイトルでよく知られています。道徳の教材としても取り上げられることの多い心揺さぶられるシーンです。

グループごとに役を割り振り、シーンを演じます。一つのグループを見本に、シーンづくりが行われました。

シーンを演じながら、その時、どんな状況なのか、具体的にイメージし、演じ直していきます。真澄先生の問いかけに立ち止まり、「なぜジャン・バルジャンは盗みをしたのか」「この場面の司教はどんな気持ちなのか」演じながら自然に湧いてきた思いを交流し、探っていきます。「そのシーンで何を伝えたいですか?」と、真澄先生。伝えたいことがクリアになると、セリフを見なくても、自然に言葉が生まれていくようです。ジャン・バルジャンの境遇を知り思いをはせること、具体的にどれくらいの間、食事を取っていないかを自分の中で決めること、そして自分の人生の物語とつなげていくこと、そうすることでどんどん演じ方が変わっていきます。見ているメンバーも、ぐぐっとシーンに引き込まれていくのが分かります。

その後、グループごとにシーンを演じます。

「司教をやってみて、バルジャンにもっといろんなことをしてあげたくなった」
「バルジャンをやって、司教の優しさや憲兵の怖さを肌で感じた」
「時代背景を知ることでシーンの見え方が全然違うものになった」
「バルジャンをやって、その場の雰囲気で自然に言葉が出てきたので、台本はいらないと感じた」

バルジャンに声を掛けるミリエル司教

この銀の燭台を使い、夢をつかみ、正直に生きるのですよ

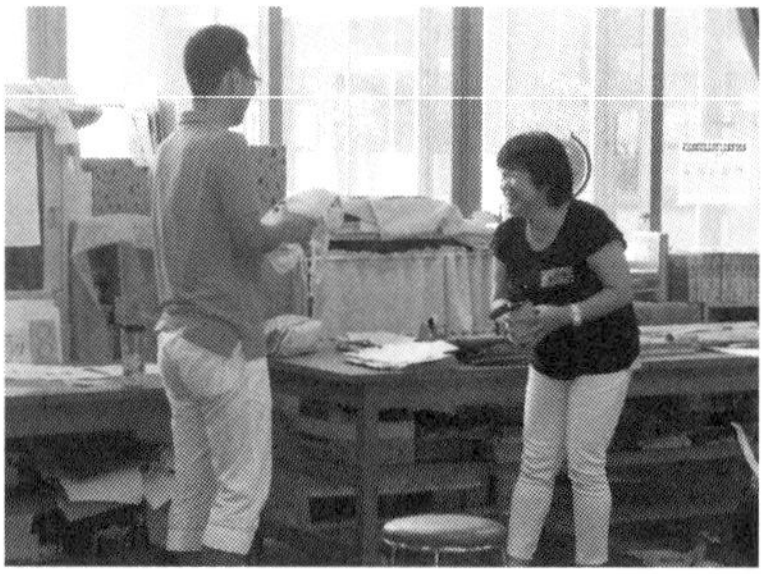

相手を見る。聴く。感じる

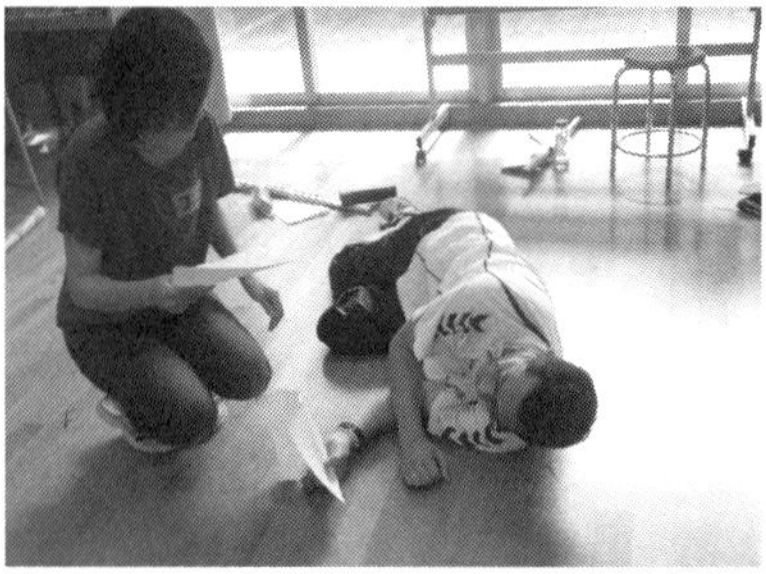

バルジャンの姿を見ると自然に感情が湧き上がる

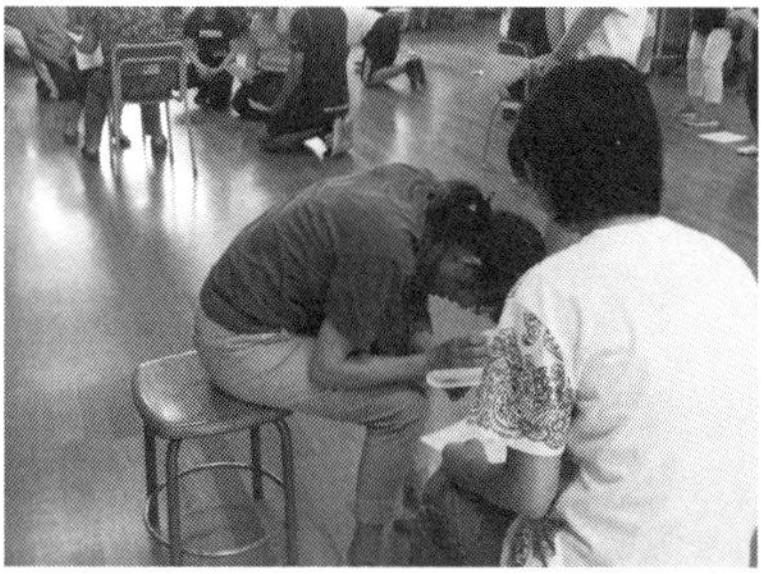

ジャンをあたたかく迎え入れるミリエル司教

「なってみる」ことで心情を考える

印象的だったのは、「演劇とは演技をしないこと」という真澄先生の言葉です。「演技をするのではなく、相手を見る。よく相手を見ていると、自然にこうしてあげたい、こう言ってあげたい、という思いが湧いてくる。相手を見て、感じること。それが大事」真澄先生の言葉が、一人ひとりに深く染み渡っていくようでした。

続いて、革命の場面。昨日各自が作った新聞紙のライフルも登場！　1グループを見本としながら流れを確認します。「このシーンに何が必要だろうか？」「何をよりどころにするといいのだろうか？」「敵はいつ来るか分からない、としたら？」「ガブローシュはどんなふうにバリケードに来るのだろう？」

真澄先生の問いかけで、立ち止まり、考え、シーンを演じ直します。それぞれの人物像や背景知識を知りながら、シーンを創作していきます。椅子や机でバリケードをつくる動きに『民衆の歌』も加わり、臨場感アップ！

最後は、台本を置いて、シーンを通しで演じます。劇的な場面を熱演！　どんどん声も大きくなり、最後は、明日を見つめながら『民衆の歌』を熱唱!!

「やりきった〜っていう感じ！」「なんか感動した……」

まず、教師である自分たちがドラマをどっぷりと体験する。歌を歌い、体も心もたくさん動かし、充実感いっぱいの研修となりました。真澄先生に頂いたパワー、明日へのエネルギーを、夏休み明けの授業づくり、そして11月30日の研究発表会へとつないでいきたいと思います。

「レ・ミゼラブル」ワークショップを受けて

教職員の感想より

とても充実した時間になりました。グループで活動するうちに、一体感を持つことができ、「演じる」ということを体感できました。

お互いを感じ取るやりとりをすることが楽しかったです。（吉本）

楽しい時間を本当にありがとうございました！　去年よりも、物語の世界に入り込んでいる自分に驚きました。歌ったり演じたりが苦手な自分が、グループの人たちと大声で歌っていることがうれしかったです。

この一体感や感動、実感をクラスの子どもたちに返していきたいです。

（杉山）


素敵な時間をありがとうございました!!　場面や情景、背景を知り、相手の気持ちを考え自分の言葉で表現することの大切さ。一緒に演じることによる一体感や感動……。多くのことを学び、すがすがしい気持ちを味わうことができました。（北）

今年も楽しみにしてました。今年もパワフルな演技、楽しかったです。

昨日からみんなワクワクでした。（早田）

今日はとても楽しかったです。バルジャンをやった時は、司教の言葉に泣きそうでした。「演じるのではなく、相手の目を見て」の通り、司教様の愛情が伝わってきました。（今田）

観たこともないのに「レ・ミゼラブル」に出演した気分になりました。いつもエネルギーを頂いています。ありがとうございました。（能勢）

感謝です！　物語や歌……そして共に生きる人が人生には必要だと思いました。元気になったので、この気持ちを忘れないでいたい！

（竹田）

小口先生!! 「レ・ミゼラブル」、とても楽しかったです!! 演劇の力って素晴らしいなと改めて感じました。“民衆の歌” 最初と最後歌った時では、歌への想いが変わりました。ありがとうございました。(川岸)

去年に引き続き楽しかったです！ 演技とは対話ということを改めて肌で感じました。(松葉)

今日のワークショップで台本がなくても言葉が出て、もっとそのキャラクターになりきれると思いました。背景を考えながら劇に取り組み、歌を歌うと、気持ちが入り、いろいろなことを想像できました。(上田)

今回初めて研修を受けました。初めは、恥ずかしさがあったのですが、先生から「相手を見る」「様子を見る」ということを実践すると自然と言葉が出て、恥ずかしさもありませんでした。演劇というものを初めて知りました。とても楽しかったです。(杉本)

毎年ステキな研修をありがとうございました!! 一体感が生まれ、充実した1日になりました。どっぷりとつかることで、本当にその時代にいたかのような感覚になりました。今日帰ってレミゼを観ます! (酒井)

今年も楽しくて素晴らしいことをたくさん学ばせていただきました。本当に美濃山小学校にいなければ、先生にも会えなかったですし、学ぶこともできなかったです。本当に出会えてうれしかったです。ありがとうございました。自然体で行きます。(橋本ま)

演劇のイメージが今日体験して変わりました! 背景を知ってから演じたら、感じ方も変わり、心に残る研修でした。(山崎)

司教を演じている時、バルジャンの姿の中に自分を重ねて、他人とは思えない救いたい気持ちになりました。共に歌い戦う時の一体感にすごく胸が熱くなりました。(田川)

手作りライフルで戦いの準備は万端

真澄先生の言葉に聞き入る

同僚と劇をつくり上げる中で生まれる一体感

♪　戦う者の歌が聞こえるか？　♪

第2章を振り返って

渡辺：美濃山小の校内研修って本当に雰囲気が楽しいというか、先生方が生き生きしていますね。美濃山小のことを紹介して一緒にお邪魔した先生方や学生らもみんなその点を口にします。

藤原：もともと職員室の雰囲気は良かったんですよ。ただ、授業研になると、空気が重い場面もありましたね。授業について批判されるという不安が根底にあり、批判されるのが怖いから失敗しないように根回ししておく、授業者の思いとは違うけれど批判されにくい授業にする、など。そうなると、誰が主体か分からなくなる……。

渡辺：そうなんですよね。いろんな学校で起こっている問題です。

藤原：その点では、事前研や事後研で「なってみる」体験を取り入れたのはやはり大きかったと思います。批判する側―される側、ベテラン―若手、担任―担任外といった対立図式が取り払われて、オープンに学び合う雰囲気ができていきました。演劇的手法自体、先生方にとって新たなチャレンジでしたしね。

渡辺：確かに、みんな同じようなスタートラインですもんね。

藤原：実際に体を動かして演劇的手法を体験する研修が楽しく、自分たちがやってみて面白いからそれを授業に取り入れたい、というふうにつながりました。そして、いろいろ1回の授業に盛り込みすぎて、時間が足りなくなるという。

渡辺：はい（笑）。けれども、自分が体験した面白さを子どもたちにも味わわせたいと先生方が思えるのは素敵なことですね。

藤原：はい。実は、今回、研究指定校に応募する段階では、研究主任の私は、演劇的手法を授業に取り入れることは考えていたけれど、校内研修を変えようといった意識は特になかったんです。渡辺先生はどこまで想定されていたんですか？

渡辺：校内研修の形に対する問題意識はもともとありました。授業研は、教師にとって本丸である授業について、どこかの偉いさんの話ではなく自分たちが行う／行った授業から学び合える機会であるはずなのに、先生方が楽しくなさそうという。自分たちの感覚を働かせて、互いに触発し合って学ぶ楽しさって、子どもも大人も同じだと思うから、その意味では、授業を変えるのも校内研修を変えるのも、私にとっては地続きでした。

藤原：渡辺先生が強調される「同型性」ですね。

渡辺：そうです。とはいえ、そこがつながるというのは、私自身、美濃山小とのかかわりの中ではっきり見えてきた部分ですね。話は変わりますが、美濃山小で演劇的手法をテーマにした研究で校内研修を行う際に浮かび上がってきた困難には、どんなものがありますか。

藤原：二つあるのですが、一つは、追体験で「なってみる」活動をした時、せっかく体験したのにその感覚を生かせず、体験する前から持っていた意見を言ってしまうことです。追体験では、「学習者になってみて感じたこと」を出し合い、その感覚と授業での児童の姿を重ね合わせて見えてくるものが語れると学びが深まると思うのですが、それがなかなか難しいです。

渡辺：そうなんですよね。教師の「学び手感覚」を活性化した上で授業中の出来事を捉えていくというのが、私のねらいでもあるのですが、そこがどうすればうまくつながるかは、私もまだ模索中です。演劇的手法を用いた授業の振り返りに限らない話です。難しさのもう一つは？

藤原：教材に合った手法の運用です。どの場面でどの手法を用いるのかについては、当然、教材分析や解釈の力も求められるので、演劇的手法を活用した授業は高度だな、と感じることは多々あります。

渡辺：「学び手感覚」を働かせるということが、教材分析や解釈の場面にも生かされて、教師による教材の面白さの再発見に至れるとよいんですけどね。そこも課題ですね。

美濃山小の実践を参観して

糸井　登　立命館小学校教諭

学校には壁がある。外部との壁。管理職との壁。学年間の壁。ひどい時には、隣のクラスとの間にも壁がある感じだ。一口で言えば、閉鎖的ってこと。その壁の一つひとつが、学校を息苦しいものにしている。みんな分かっているんだけど、なかなかその壁を取っ払うことができないでいる。

その壁を取っ払ったら、どんな素敵な学校になるだろう。それを実現したのが、美濃山小学校の実践だ。縁あって、その実践の幾つかに立ち会うことができた。その時感じたことを紹介したい。

「糸井先生　おはようございます！　今年は校内の研究授業を全て公開授業として、研修も含めて参加を受け入れておりますので、ご都合つくようでしたら是非ご参加ください！　むしろ、参加というよりも、『助言者』の役割に巻き込む可能性もおおいにありますので覚悟してください（笑）」

メールをくれたのは、美濃山小学校の研究主任・藤原由香里さん。何て軽いノリ。本当に行っていいのか？　逆にそんな心配してしまうほど、軽やかなお誘いメールを頂いたのが、きっかけ。

＊

２０１８年４月18日、新学期が始まってまだ間もない時期に、最初の研究会が開かれた。指定された時間に美濃山小学校に伺って驚いたのは、多様な参観者の顔ぶれ。私以外に、授業づくりネットワーク理事長の石川晋さん。ドラマ教育を熟知されていて、実践家でもある立命館大学の武田富美子先生。カメラマンの平井良信さん。多方面で教育に関する活動を続ける教育ファシリテーターの武田緑さん。さらに、講師として東京学芸大学の渡辺貴裕先生。それに、教育委員会の方々。びっくり！

そして、授業が始まった。今回の授業は、国語。2人体制の授業で、ドラマ教育の手法を取り入れるというもの。

T2役の藤原先生がさらりと授業に入った。うまい。ん？　T2がいきなり語り出す？　授業をしばらく見ていて分かった。大まかな打ち合わせは行われているのだろうが、即興で、T1とT2が入れ替わっているのだ。ここまで自然体でできるのかと感心した。決め手は、お互いへの信頼と安心感だろう。

授業では、子ども達は車座になって、座って意見を出し合ったり、パペットを触りながら気持ちを言い合ったりする時間が取り入れられていた。

授業を見ながら感じたことは、居心地の良さだ。その根源は子ども達の姿にある。楽しそうに学んでいる子どもたちを見るのは、気持ちの良いものだから。

＊

その後の事後研の話をしよう。座る場所は決められていて、シャベリカ（トーキングテーマが書かれたトランプカード）を1枚持たされた。シャベリカでグループ内でまずは自己紹介。

ファシリテーション・グラフィック（参加者の認識を一致させるために、発言を記録・図式化したもの）を若手教員が描き出したのにもびっくり。司会は分担して担当することになっているみたいだった。若い先生の活躍の場がつくられていることも研究の活性化に繋がってるんだろうな。

圧巻だったのが、渡辺貴裕先生の事後研の進め方。それは、教員が、授業を体験するというものだった。授業の中で使われたドラマ教育の手法を実際に全員で体験してみたのだ。体験することで、発見できたことが幾つもあった。

考えてみれば、私たちはいつも外側から授業を見ていたのかもしれない。実際に授業で使われた演劇的手法を体験することで、初めて、中側、つまり授業そのものを味わうことができるのかも。

しかし、渡辺先生の臨機応変というか、変幻自在な進行には驚かされた。いやいや、これは計算し尽くされたと表現した方がいいのだろう。

2回目の美濃山小学校への訪問。この時も、外部参加は私だけでなく、複数の外部の先生方と一緒に参加させていただいた。

＊

この時も素晴らしい授業が展開されたのだが、ちょっとした手違いで、予定通りに授業を進めることのできなかった部分があったようであった。

それを語りながら授業者がそのことを悔やまれ、涙された。私は、その姿に感動。それだけ真剣に授業に、子どもたちに対峙されているのだということが伝わってきたのでグッときたわけだ。

授業の些細なミスで涙する。何と真面目な…。私の頭の中で、かの夏目漱石の名言が響いた。

「真面目とはね、君、真剣勝負の意味だよ。」

楽しい授業の裏側で、美濃山小の教師の真剣勝負が繰り広げられていたのだ。それは、子どもにとっても、教師にとっても幸せなことに違いない。

◆糸井　登（立命館小学校教諭）

２０００年代より劇団との協働による「演劇で算数」の授業、ダンサー、音楽家、美術家との協働による授業、社会科に演劇的手法を取り入れた授業等、多数のクリエイティブな授業実践を先駆的に手がけてこられました。藤原が、芸術を通した授業実践をする上で、大いに影響を受けた方です。

学ぶことがこんなに楽しいという感覚

奈良県公立小学校教諭・京都女子大学　元学生
田中茉弥

子どもたちが授業を受ける様子を見て、なんて楽しそうなんだろうというのが最初の印象だった。

教師が授業を進めていく中で、子どもたちには勉強をさせられる・やらされる雰囲気がなく、主体的に学んでいる姿が見られた。自分の考えが言える場が作られ、その一人ひとりの意見がちゃんと教室の中に消えずに残っている気がした。教師の発問や場の提供によって、徐々に子どもたち一人ひとりが物語の登場人物になっていく。子どもたちが「なりきる」ことで心の底から出てくる言葉には感情が込められていて、とても重みがある。その子の心の中の本当の思いが込められており、思わず笑ってしまうような面白い場面もある。その発言が場を一気に和ませることでさらにみんなが物語に引き込まれてゆく。そして、子どもたちは自分以外の考えに触れ、自分とは違う意見を知ることができる。物事の見方・考え方を働かせ、多面的・多角的に考えられる手立てとしても有効であると感じた。

子どもたちにとって何かに「なってみる」というのは小さい頃に体験する「ごっこ遊び」の延長線でもあるためとても面白い。ましてや授業中に正解を発言するものではなく即興的に思いのままできるのだから、もっと面白いだろう。文字を読んでじっくり考えることが苦手であっても、演じるために文章を丁寧に読むことで勝手に内容が頭に入ってくる。そして、「なってみる」ことで登場人物の心情の変化に気付くことができる。子どもには子どもの感性があり、見ている側はそんな発想もあったのかと気付かされる。また、その子が持つ潜在能力を引き出すことができる。

美濃山小学校では研究協議でも教師間で演劇的手法が用いられる。学生である私も参加させていただいたが、協議する部屋にある机や椅子はグループになっていることに驚いた。そして、研究協議では研究授業での本時の部分を実際に先生方と学習者となって、演じてみて学び合う。自分の感覚をそのまま言葉にしてみると上手に話せるようにと力まなくても自然と言葉があふれてきた。不思議な感覚だった。教材に引きこまれていくこと、学び合うことのうれしさや楽しさが同時にあった。「伝えたいことを思いのまま伝える」ことができ、会話の中には「たしかに〜」「なるほど」という言葉が多く行き交い、また「どうして〜だろう」と新たな疑問が生まれる。さらに先生方の意見や思いのまま表現される姿にどんどん虜になっていく。感覚を働かせ、「演じてみて」「なってみて」何が見えるのか立ち止まってみる。登場人物に寄り添って考えてみて、疑問が生まれ、見えてくるものがあるのだ。人それぞれの視点で見えてくるものが違い、思いを共有し合い、物語の本質を追求していくことの楽しさを感じることができた。

これらの体験を通して、参観していた時の子どもの表情の意味が腑に落ちた。自分の意見が受け入れられ、他の意見からの刺激を受ける場面が多く、温かい雰囲気に包まれる時間であるからだ。研究協議では授業者に対する良し悪しではなく、授業での子どもの発言に対する気付きがあり、子どもたちの話で盛り上がる。子どもたちの良さを引き出し、可能性を広げていくことのできるプロフェッショナル(先生)たちにいつも脱帽する。子どもが持つ感性や良さに気付き、それをより多くの教師の視点で共有することで、確かなものとなっていくのだ。

演劇的手法を用いた授業は、学ぶことの楽しさを感じることのできるものであり、子どもたちの意欲を駆り立てるものである。そして、言葉や文字で表現することが苦手な子にも有効な手立てとなりえるのではないだろうか。また、子どもの可能性をさらに引き出せるものとなりうるのではないだろうか。

教師になる今、演劇的手法の効果を目の前にいる子どもたちと共にもっともっと探究していく。

◆田中茉弥（奈良県公立小学校教諭・京都女子大学　元学生）

村井尚子先生のゼミ生として、美濃山小の授業を参観。演劇的手法への関心が生まれ、２０１９年度は学生ボランティアとして美濃山小に来校し、授業や研修に参加。教育実習では演劇的手法を活用した授業を行い、卒業論文を執筆されました。そのエネルギーに美濃山小の教員も刺激を受けました。

美濃山小学校の校内研修と教師集団

内田智子　八幡市立美濃山小学校校長

事後研修会といえば、あちこちの学校において為されている子どもたちの発言や様子についての分析や授業者の発問についての振り返りを行う形式を想像していた私にとって、美濃山小学校の事後研修会は全くの予想外で、刺激的なものでした。今年度初めて開催される事後研会場に向かうと、予定時刻までには、まだ時間があるにもかかわらず、全職員が集まり、口々に授業について語っている姿が目に飛び込んできました。

これから始まる研修会に対する期待感がひしひしと感じられ、参加者をこんなに前向きにさせる研修会の秘密を探りたい、とワクワクしながら席に着いたことを今でも鮮明に覚えています。

その事後研修会では、

①グループに分かれての授業の感想共有

②「活動試行」「模擬授業ワークショップ」においての発見を踏まえた授業者(共同研究者を含む)のねらいや苦労したことの報告

③参加者の追体験による発見と深化（ロールプレイ・人間ものさし・葛藤のトンネル）

④3、4名のグループに分かれてのYチャートによる授業分析とワールドカフェ方式による情報共有

⑤鉛筆対談による授業の振り返り

以上、五つのことが1時間15分の間にテンポよく行われました。まさに研修会自体が、今求められている主体的・対話的で深い学びを実現するための授業プロセスとして構成されており、参加者は演劇的

手法を用いた学習活動により、自分の考えを持ち、他者の考えと比較、葛藤しながら、多面的に物事をとらえ深い視点で考える時間を経験します。さらに、振り返りを通し、自己の葛藤や変容を認識するのです。この研修会には、新たな自分や他者への発見があり、学ぶ楽しさや感動がありました。このことを参加者が実感したからこそ、この意義深い事後研修会があるのだと確信しました。

そして、研修会を通し、同じ経験をした教師集団がその楽しさと感動を子どもたちに与えるための授業改善を重ねるとき、研究共同体としてのうねりが起こります。

今まさに本校では、そのうねりが大きな波となり子どもの輝く姿を目指す教師集団が育ちつつあることを実感しています。今後さらに、どの場面でどのような表現活動を設定すれば子どもたちの学びを深めることができるのか、さらなる探求の道は続きます。けれど、子どもが授業で織りなす様々な表情が私たちの目指すものであることは変わりません。子どもの可能性は無限であり、この子どもの力を信じ抜くことを大切に一丸となって進めていきたいと思います。

◆**内田智子（八幡市立美濃山小学校校長）**

京都府山城教育局総括指導主事を務め、2017年度より久御山町立東角小学校校長。2019年度より美濃山小学校校長として着任されました。よく校内を見回り、児童や教師たちの様子を参観されています。授業を愛し、授業改善に関わる的確な助言を下さり、教職員から信頼される存在です。

2020年1月に行われた自主公開研。学ぶ楽しさがあふれる

第3章

公開研を変える

美濃山小で授業や校内研修の変革を進めた際の原理は、年に一度の公開研究発表会（公開研）でも役立てられました。子どもの学び、校内の教師の学び、そして、学校を超えた教師の学びまでもが、同じ発想で貫かれることになりました。

1. 公開研にまで原理を一貫させる

「お仕着せ」の公開研という問題

学校で取り組んできた研究について、その到達点を、実際の授業やそこでの子どもたちの姿と共に広く発信する機会として、公開研（公開研究発表会）はさまざまな学校で実施されています。公開研は、たいてい、授業公開、分科会（授業検討会）、全体会といった要素で構成されています（他に、子どもたちによる発表などが設けられる場合もあります）。全体会では、研究主任による研究発表や、外部から招いた講師による講演やパネルディスカッションなどが行われるのが一般的です。

公開研をどのような場にするのか。例えば、斎藤喜博氏に学んだ学校で取り組まれているように、公開研を、子どもにとっても教師にとってもハレの舞台として捉え、普段とは異なる挑戦とそれを通しての成長ができる場と見なすような位置付け方があります（横須賀薫他編『心をひらく表現活動③表現の追求』教育出版、１９９８年など）。また、佐藤学氏が提唱する「学びの共同体」に取り組む学校に見られるように、指導案などは簡略化してむしろ日常の学びの姿を公開することに力点を置き、同時に教師らの授業研究の様子を見てもらう形を取るようなものもあります（大瀬敏昭他著『学校を変える　浜之郷小学校の5年間』小学館、2003年など）。さらに、新たな施策（ICT、外国語など）を先取りして実験的な試みを行い、そこでの成果や課題を伝えることを主眼とする場合もあります。

一方、どのような場にするのかについて明確な意識を持たないまま、「よくある公開研」の形をただなぞっただけになっているものも少なくありません。そうした場合には、分科会であれ全体会であれ、「なぜそうした形式を取るのか」という疑問に答えられない、いわば「お仕着せ」の公開研になってしまいます。（研究指定を受ける際の条件であったなどの理由で）開かなければならないから開くということ以上のことが考えられていないのです。研究主任向けに校内研究の進め方を解説する市販の書籍においてさえ、何のために公開研を開くのか、そのためにどんな場にするのかについての検討を欠いたまま、案内状の書き方といった実務的な内容に終始している例も見られます。

同型性の拡張

それでは、美濃山小では公開研をどのような場にしようと考え、そのために具体的にどんなやり方を取ったのでしょうか。

2章1節で、同型性の話をしました。子どもたちに対して求めるような学び方を、教師たちも実践する、つまり、授業を変えるのと同じ原理でもって、自分たちの校内研修も変えていく、というものです。そうして生まれた美濃山小の校内研修の場には、次のような特徴がありました。

①授業の検討の仕方の変革：傍観者的な立ち位置での捉え方から、「なってみる」ことを通して自らの学び手感覚を活性化した捉え方へ。
②関係性の変革：「指導する―指導される」「評価する―評価される」といった非対称の関係から、フラットな対話の関係へ。

自分たちの校内での学び方をこのように変えてきたときに、今度は公開研では何が必要になるでしょうか。傍観者的な立ち位置で授業を論評するような参観や検討の仕方では、また、学校側が来場者から「ご指導賜る」、あるいは逆に、来場者らが学校側の提案を「拝聴する」ような会の持ち方では、そぐわないことになるでしょう。今度は、自分たちが校内研修の場で行ってきたのと同じ原理でもって、公開研の場をつくることが必要になります。つまり、子どもたちと校内の教師集団という範囲で考えていた同型性を、さらに、外部からの参加者らにまで拡張するのです。

具体的にそれが美濃山小の公開研ではどのように表れたのか。美濃山小では、研究1年目（2017年度）は1月に研究中間発表会を、2年目（2018年度）は11月に研究発表会を開いています。ここでは主に1年目の中間発表会における場面を取り上げながら、右の①②に対応する形で順に見ていきます。

授業の検討の仕方の変革　―公開研参加者も「なってみる」―

美濃山小の授業検討会では、事前・事後どちらに関しても、子どもたちが行う／行った学習活動の体験を取り入れていました。

1年目の中間発表会の時は、午後の半日という設定だったこともあり、公開授業それぞれについて協議する分科会を設けられず、各授業の参観者がそこでの学習活動を追体験する形は取ることができませんでした。この時は、全体会で私が担当した「講演&ワークショップ」の時間を活用しました。

私の「講演&ワークショップ」は1時間弱。この日の公開授業（同じ時間帯に三つ公開）の様子と写真で紹介するのに加え、本書でも述べてきたような、「表現と理解の相互循環」の考え方、架空の世界をつくるための仕掛け、学習者に「なってみる」という校内研修での学び方、子どもの学びと教師の学びの同型性などについて、スライドをスクリーンに映しながら説明していきます。

その中で、参加者らに協力してもらって、演劇的手法を用いた活動を一緒に体験したり、グループに分かれて体験してもらったりしました。

例えば、この日の公開授業の一つ、1年国語の教材「たぬきの糸車」（岸なみ・作）を使って、幾つかの活動を行っています。

一つは、〈ホット・シーティング〉の技法の紹介。「たぬきの糸車」の本文を途中まで音読した後、私が、「皆さん、もしこのおかみさんに何か尋ねることができるとしたら、もし物語を飛び出しておかみさんがここにやってきてくれるとしたら、尋ねてみたいことはありますか？」と問いかけて、グループで相談してもらいました。その後、私が「おかみさん」役になって登場し、参加者から質問を出してもらって、やりとりしています。

参加者：おかみさんは、思わず噴き出しそうになったということなんですけど、でもがまんして糸車を回していますよね。どうしてですか？
渡辺（「おかみさん」）：あー、そうですねー。まあ、糸をつむがないといけないですからねえ。思わず、ワッってなっちゃったんですけど、仕事、仕事って思って、そのまま回し続けました。

こんな具合です。目の前でいきなり始まる「おかみさん」とのやりとりに、会場が沸きました。

また、頭で考えておいたことをやってみせるのではなく、架空の世界を自分の感覚を働かせて経験することにつながるものとして、糸車が回る音の「キーカラカラ」とたぬきの目玉の「くるりくるり」を、ペアで互いの言い方や速さなどを呼応させながら言い合う活動も行いました。

A：キーーカラカラ（ゆっくり）　B：くぅるぅり、くぅるぅり
A：キーカラカラ（少し速く）　B：くるりくるり
A：キーカラカラッ！（素早く）　B：くるくるっ！

1章3節で触れたような、「やりとり」の楽しさを味わえる活

渡辺が「おかみさん」となって参加者からの質問に答える

動です。

その他にも、相反する考えが入り混じる葛藤状態にその複雑性を保ったまま迫っていく技法として、〈葛藤のトンネル〉を紹介し、これについてはこの日の公開授業の教材からは離れて、「夜にケーキを食べたくなったが、食べるか踏みとどまるか」というお題で活動を行いました。「歯磨かなくちゃいけないよ」「今が一番おいしいで」「下腹が出てくる」「大丈夫、食べたって。明日の朝抜いたらええねん」「あれで何キロ走らなあかんか」「クリームたっぷりやでー」といった、両方の立場からのささやき声が聞こえてくる中をゆっくり歩く活動を、参加者自身に体験してもらっています。

このようにして、美濃山小で子どもたちが行っている演劇的手法を使った学び方を自分たちも体験してみるということを、1年目の中間発表会では全体会で行いました。「全体会というのは話を聞くもの」という一般的な公開研での思い込みを打ち崩す試みです。

2年目の研究発表会の時には、公開授業後の分科会での研究協議の時に、それぞれの美濃山小の教師らがリードしながら、その授業を参観した参加者らが一緒になって、学習活動の追体験を行

全体会の場で〈葛藤のトンネル〉の技法を体験する

いました（詳細は次節を参照）。これは、美濃山小教師らが普段の研究授業後の校内研修において行っている、学習者に「なってみる」ことを通してその授業に迫るという学び方を、研究発表会の参加者にも体験してもらうもの。いわば、子どもに「なってみる」学び方をしている美濃山小教師らに「なってみる」ものともいえます。

関係性の変革　―美濃山小の教師集団と来場者らが並び立って―

続いて、関係性の変革が公開研ではどのような形で表れたかについても見てみましょう。

公開研への参加者とその学校の教師とは、本来ならば、よりよい教育活動を模索し追究していくという点で、共に並び立つ存在であるはずです。けれども、実際には、分科会においては、授業者&分科会提案者 vs. 参加者、全体会においては、研究主任 vs. 参加者、といった対立図式になって、持論の優位性を主張し合うことになってしまっている場合が少なくありません。

これには、会の場の持ち方そのものが関わっていると考えられます。例えば、全体会における研究発表では、スライドを使って、研究主任が1人で参加者に向けて研究の概要を説明するというスタイルが多く用いられます。時には、それに参加者との質疑応答が加わります。こうしたスタイルでは、研究主任の語りは（質疑応答が行われる場合には、参加者とのやりとりも）、いわば「公式」のものになりがちです。自校の教師ら全員や管理職、そして大勢の参加者が聞いている状況でしゃべるとなると、研究を進めていく中で経験した個人的な迷い、湧いてきた疑問などは、語りにくくなります。また、研究主任が1人で発表や質疑応答を担うことによって、その学校の他の教師らにとって「他人事感」を招いてしまう恐れもあります。

美濃山小では、2年目の研究発表会で設定がかなった、美濃山小教師らと参加者らとが共に学習活動の追体験を行って授業を振り返るスタイルの分科会においてももちろんですが、それだけでなく、全体会に関しても、1年目の中間発表会の時から、美濃山小なりのやり方でもって、従来の問題の克服を図りました。

一つには、研究発表を、研究主任1人によるプレゼンではなく、教職員総出で劇仕立てで行うという形にしました。研究発表は、研究開始やその後の経緯、校内研や授業の様子、活動で用いる技法などについて、研究主任の藤原教諭によるナレーションと教職員らの寸劇によって、要所要所で背後のスクリーンにその時の実践の画像などを映しながら、紹介するのです。

1年目の中間発表会でのこの劇仕立ての発表は、ところどころ声が小さくて聞こえにくかったりセリフが棒読みだったりと、上演する劇として見た場合には、お世辞にも上手とは言えないものでした。けれども、それを行っている美濃山小教師らの楽しげな様子は、参加者に大きなインパクトを残したようです（むしろ、上手ではなかったことが、「演劇が好きで得意な教師の集まりでなくても、こうした研究に取り組めるんだ！」という受け止め方を呼んで功を奏したのではないかと私は考えています）。

もう一つには、私が担当する「講演&ワークショップ」において、あらかじめ美濃山小の教師らと参加者らとで6人前後の小グループに分かれて座ってもらっておき、締めくくりに「美濃山の先生へのインタビュータイム」を行いました。各グループに1、2人は美濃山小の教師が入っており、授業を見たり劇仕立ての研究発表を見たりして疑問に思ったり考えたりしたことを、美濃山小の教師にぶつけることができます。1年目の中間発表会での実施時、ほんの4分弱ほどの時間しか取れませんでしたが、その中でも、参加者は、「『みんなで取り組んできた』というお話ですが、演劇とか苦手な先生もいたんじゃないかと思いますが、実際のところ、どうだったんですか？」など、公式の場では聞きにくいであろうことを尋ね、また、美濃山小の教師の方も、それに対して自分の言葉で答えるということが、それぞれのグループで行われていました。

このように、その学校の教師と参加者とが小グループに分かれてざっくばらんに校内研究について話を聞くというのは、私が知る限り、他の学校ではあまり例がありません。おそらく、それは、研究主任や研究推進部の側には、「他の先生に任せて大丈夫なのだろうか」「研究のことをきちんと理解してくれているのだろうか」「否定的なことを言われないだろうか」といった不安が、また、他の教師らの側には、「私が答えてよいのだろうか」「間違ったことを言ってしまわないだろうか」といった不安があるからでしょう。

美濃山小でこうした小グループでの交流スタイルが取れたというのは、普段から研究主任や研究推進部が、上意下達で他の教師らを率いるのではなく、共に並び立つ関係で校内研究を進めてきたことの証しです。そうした美濃山小の姿そのものを参加者に見

小グループに分かれて美濃山小の教師らへのインタビュータイム

てもらう機会になったといえます。

また、それだけではなく、こうした交流そのものが美濃山小の教師らに影響を与えることにもなります。この交流を行って全体会（と中間発表会そのもの）を終えた後、職員室に戻ってきた美濃山小の教師らは、口々に「私はこんなこと聞かれた！」などと、小グループで話題になったことを言い合ったそうです。自らが校内研究について説明する立場になることで、校内研究がより「わがこと」になり、取り組む姿勢がさらに積極的になるという面もあったと考えられます。

こうした、参加者と美濃山小教師とが入り混じっての小グループでの交流スタイルは、参加者数が増えた、2年目の研究発表会の時にも引き続き行いました。

徐々に意味が浮かび上がってきた取り組み

以上、美濃山小の取り組みにおける、同型性の拡張、つまり、授業改善と校内研修で大事にしてきた原理を公開研まで貫徹させた様子について見てきました。

美濃山小では、状況の中に飛び込んで自分の感覚を働かせながら学ぶような学び方を子どもたちに求めていますし、教師らも、授業について考える際にそうしたやり方を取ってきました。そのため、公開研でも同様に、参加者らが活動を体験して感じてもらえるような形にすることを目指しました。また、美濃山小では、動いてみて感じたことを交流して互いに気付きを得ることを大事にしているため、校内研修において、ベテラン教師が経験の浅い教師に、あるいは研究主任や研究推進部が他の教師たちに、一方向的に「これはこうするもの」と教示するような図式は取っていません。そのため、公開研でも同様に、美濃山小教師らと参加者ら（さらに言えば、外部講師の私も）のいずれか一方が他方に指導したり評価したりするような図式ではなく、共に並び立って考える図式になるよう、会の持ち方を工夫しました。

もちろん、美濃山小では、演劇的手法を切り口に授業改善に取り組むというところが出発点であったため、校内研修に関しても公開研に関しても、独特の表れ方（教員総出の劇仕立てでの研究発表など）をしている部分はあります。けれども、この、子どもたちに対して求めることを校内の教師集団も自ら実践し、さらに、他校の教師や関係者らとの学びの場である公開研においてもそれと同じ原理を貫くという発想は、演劇的手法以外の研究テーマで校内研究に取り組む場合にも、大事になるはずです。「お仕着せ」のものになっている場合が少なくない公開研を見直す上で、こうした同型性の考え方は鍵となるでしょう。

もっとも、美濃山小の場合でも、校内研究の開始当初から、こうした原理を意識できていたわけではありません。研究主任の藤原教諭を中心に校内でやりとりを重ねる中で、また、私もそこで相談に乗ったり実際に研修を担当したりして協力する中で、何を大事にしようとしているのかが徐々に明確になり、意味付けが行えるようになってきました。

さて、そうした中で、取り組みの途上であると同時に一つの集大成として、2年目の研究発表会が開催されました。その具体的な様子を、次の2節でお伝えします。

2. つくってみるプロセスとしての公開研のデザイン

「一幅の絵を見ているようでした」
「研究発表会をひとつの作品のようだなと感じていました」
「研究会のパッケージとしての提案性がある」

2018年11月30日に開催された2年次の公開研究発表会（公開研）に参加してくださった方々の言葉です。実は、2年次の公開研では、公開授業や実践発表のみならず、研究会全体のデザインについての感想をたくさん頂きました。自分たちの想定を超えた反応に、公開することの意味を改めて感じることになりました。

では、2年次の公開研はどのようなものだったのでしょうか。そして、参加者の感想から、公開研についてどんな意味が見えてきたのでしょうか。本節では、公開研のデザインについて、その意味や可能性を探っていきます。

それでは、まず当日の出来事を、プログラムの順に眺めていきましょう。

（1）2年次の公開研のデザイン

2年次の研究発表会では、美濃山小の研究コンセプトである「なってみる学び」と「学びの同型性」を反映させていきました。参加者は、「公開授業Ⅰ・Ⅱ」「（分科会での）追体験」「（全体会での）実践発表・ワークショップ」と、複数の場で繰り返し「なってみる学び」を体験します。美濃山小の児童や教職員が行っている「なってみる」学びを参加者も体験するデザインです。

こうすることで、研究内容や演劇的手法の具体が体感され、より深く理解してもらえるのではないかと考えました。「見るだけ」「聞くだけ」の研究発表会だと、「何となく分かった気」あるいは「よく分からなかった」まま、もやもやと帰路につくことがしばしば起こります。実際に体験してみることで理解を深めることの意味を信じる美濃山小ならではの内容にしたいと考えていました。

【全体会Ⅰ：研究の趣旨説明】

参加者は、受付を通り、まず全体会の会場となっている体育館

2年次の公開研究発表会のプログラム

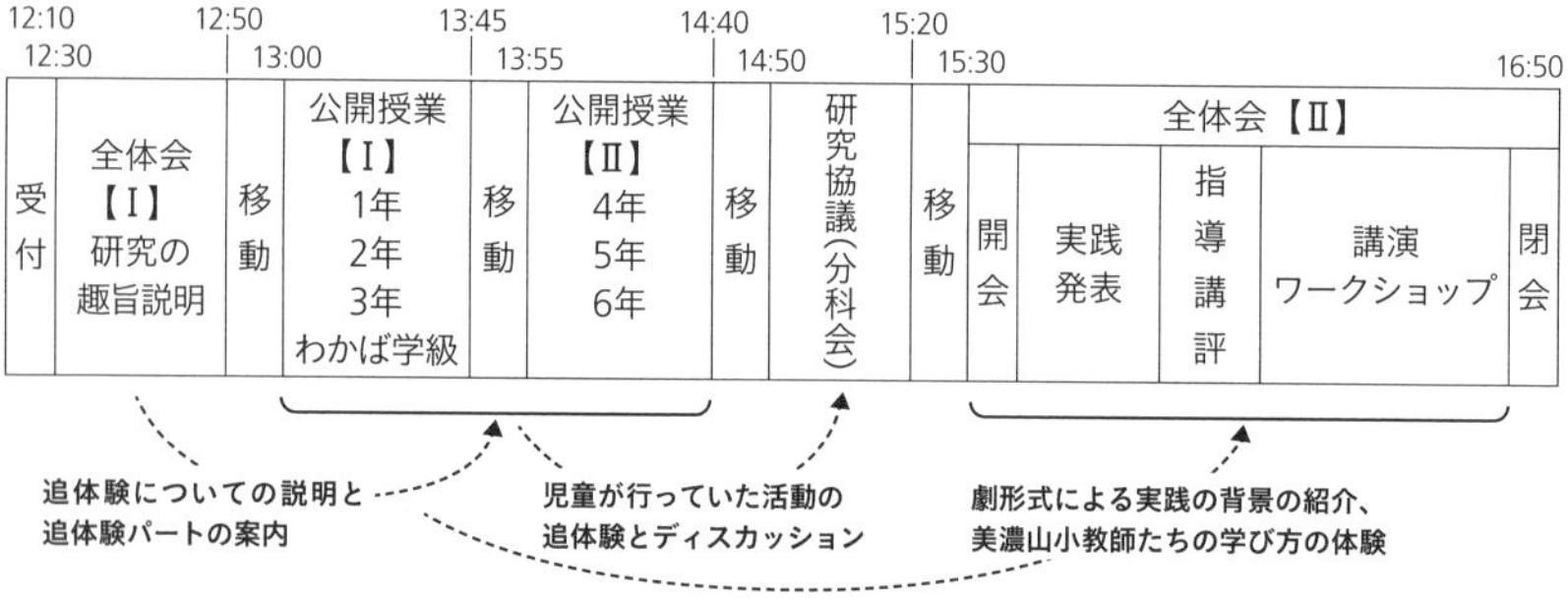

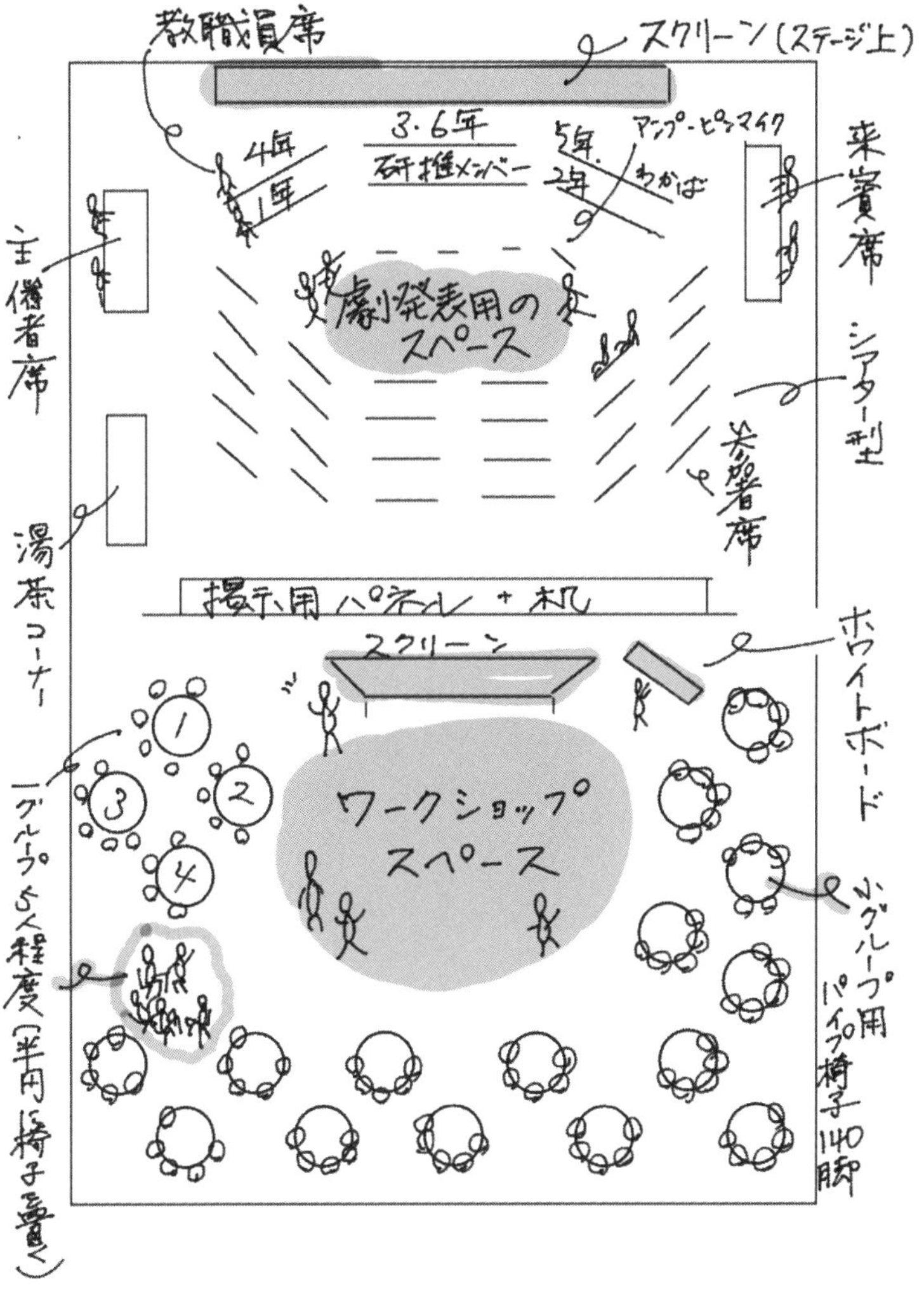

教職員席
スクリーン（ステージ上）
3・6年
研推メンバー
4年
1年
5年
2年
わかば
アンプ・ピンマイク
来賓席
主催者席
劇発表用のスペース
シアター型
参観者席
湯茶コーナー
掲示用パネル＋机
スクリーン
ホワイトボード
1
2
3
4
ワークショップスペース
一グループ5人程度（半円に椅子を置く）
小グループ用パイプ椅子140脚

【全体会】　会場図

に入ります。体育館のパネルには、研究に関わる掲示物や資料、児童の作品が展示されており、自由に閲覧することができます。体育館ステージ上のスクリーンには、演劇的手法を活用した授業や研修風景の写真が映し出されています。

定刻になり、全体会が開始。学校長の挨拶の後、研究主任からの趣旨説明。おおよそ、次のような趣旨を伝えました。

> 美濃山小の授業研究では、「教師が学習者になってみる」という経験を重視しています。今回の研究発表会では、初めての試みとして、参観いただいた先生方にも分科会で「追体験」、つまり、児童が授業で行った学習活動を、教師が学習者になって体験することを行います。
>
> そこで、ご参観いただく際には、分科会に参加される授業の中心となる活動はぜひご覧いただきたいと考えています。参観者として感じたことと、学習者になってみて感じたことの間には、きっと、違った感覚が得られると思います。この、学習者になってみて得た感覚を丁寧に語り合うことこそが、授業研究の第一歩になると考えています。
>
> 授業の良し悪しや反省・改善を検討する授業研究とは一味違う、教師自身の学習者感覚の活性化による創造的な授業研究の試みを、ぜひご体験いただきたいと思っております。ご協力、どうぞよろしくお願いいたします。

1年目の中間発表会の際は、公開授業の前の研究の趣旨説明の時間は設けませんでした。では、なぜ2年目は設定したのか。それは、公開授業を参観していただく前に、公開研全体を貫くコンセプトや、参加者に期待することをあらかじめ伝えておくことで、美濃山小の研究への理解を深めてほしいという願いがあったからです。

特に、分科会での追体験について、「なぜ参加者が児童と同じ体験をする必要があるのか」について、丁寧に伝える必要があると考えていました。分科会では、私以外の教員が司会・進行を行います。意図が伝わっていないまま参加された方との間で、理解の不足による行動や発言により、同僚を傷つけたくない。参加される方にも不安な思いをさせたくない。そのため、事前の説明により合意を得ておく、という意味合いがありました。

さらに、追体験に関わって、「授業のどの部分を見てほしいのか」を伝える必要もありました。同時に3、4クラスを公開するため、分科会に参加する教室以外の授業をのぞきたい気持ちもあるでしょう。しかし、全部の教室をまんべんなく見学するような見方で見てほしくない。そうした見学の仕方では、「追体験」をするパートを見逃す可能性があります。そうすると、児童の活動を参観した時と自分で追体験した時との比較ができなくなってしまい、追体験の意味合いが十分に感じられなくなってしまいます。

そこで、指導案上にも参観してほしいポイントを明示し、全体会の趣旨説明スライドの中で、どの箇所を重点的に見てほしいかを「見どころ」という形で伝えました。参加者の方は、指導案を見ながら趣旨説明を熱心に聴いてくださいました。

さあ、いよいよ公開授業開始。体育館を出て授業教室へと向かう皆さんを、教職員の集合写真（144ページ下段）に「Have a good time!」と入れたスライドと、「今日1日、楽しんでください」の挨拶で見送りました。

研究主任（藤原）が、イチオシの見どころを紹介する

研究主任イチオシの見どころ！

◎授業前半、児童一人ひとりがスーホになって白馬と触れ合う場面と、そこでの〈ティーチャー・イン・ロール〉

【公開授業Ⅰ】13:00-13:45

学年・組	教科	教材/単元名（出版社）	授業者	分科会
わかば学級	国語	「スーホの白い馬」（光村図書出版）	明尾美和 西川恵美子	A
1年4組	国語	「ずうっと、ずっと、大すきだよ」 （光村図書出版）	谷口純子 青杉真理	B
2年5組	国語	「お手紙」（光村図書出版）	橋本政志 二木貴子	C
3年1組	道徳	「ぼくのボールだ」（日本文教出版）	山田真也	D

【公開授業Ⅱ】13:55-14:40

学年・組	教科	教材/単元名（出版社）	授業者	分科会
4年2組	総合的な 学習の時間	身の回りの防災について考えよう ～みのやま防災ブックを作ろう～	杉本和也	E
5年4組	国語	「大造じいさんとガン」 （光村図書出版）	高橋　亮	F
6年1組	道徳	「わたしのせいじゃない」 （日本文教出版）	橋本彩花	G

【公開授業Ⅰ・Ⅱ】

【公開授業Ⅰ】では、わかば学級（特別支援学級）・1年・2年は国語科、3年生は道徳科の授業を公開。各学年で研究に研究を重ねた授業です。緊張しながらも、生き生きと学ぶ児童と教師。その姿を熱心に見守る参加者の方々の姿。どの教室も熱気であふれていました。

その後、10分間の移動時間を確保し、【公開授業Ⅱ】4年総合、5年国語科、6年道徳科の授業がスタート。この日の授業の内容については、1章2節（4年「みのやま防災ブックを作ろう」）や1章4節（わかば「スーホの白い馬」）をご参照ください。

【研究協議（分科会）】

2年次の研究発表会における新しい試み、最大の目玉であったのは、この七つの分科会と、そこで行う追体験でした。追体験実施のきっかけは、1年次の公開研後に教職員が感じた「参観していただくだけでは、演劇的手法で児童がどのように学んでいるかは、伝わりづらい」「廊下から授業を眺めている人も多く、教室の中で何が起こっていたか・演劇的手法で児童の思考がどのように揺さぶられていたかが十分に伝わっていない」というもどかし

笑顔あふれるアットホームな雰囲気

さでした。

演劇的手法は、多くの教職員にとって未体験の学習手法です。また、見ている時と体験した時では、得る感覚が大きく異なることを美濃山小の教職員は知っています。参加者にも演劇的手法を「体験」してもらい、より授業についての理解を深め、議論が深まるような協議をしたいという願いから、分科会での「追体験」を実施することが決まりました。

当日の分科会の様子を、少しのぞいてみましょう。

こちらは4年生の分科会。授業で児童が行っていたように、参加者にも「消防署」「市役所」「市民」の三つのチームに分かれ、地震が起きた際の行動について劇をつくり、演じていただきました。短い時間だったにもかかわらず、劇の出来栄えが素晴らしく「さすが!」という感想も上がっていました。

実際に参加者自身が劇をつくり演じたことにより、次のような感想が聞かれました。

・先を見通す力や全体のことを考える力が必要だなと思いました。授業を受ける側だったら、自分はすごく苦手なやり方なので、子どもたちは上手にやっててすごいなあ

児童と同じように三つのグループで劇づくり

と思いました。
・動作化すると、その時の言葉や行動、周りの環境まで自然と想像力が働き、やった後でも印象に強く残ると感じました。
・実際、演劇をやってみて、流れや先を見越した行動をしないといけないので、児童たちからすればすごく思考を働かせないとダメだということが分かった。

実際に自分自身が劇をつくり、演じてみることで、授業や子ども、そして自分自身についての再発見があったり、活動の意味が実感を持って理解されたりしている様子がうかがえます。

分科会では、「追体験」だけではなく、ウォームアップや振り返りも、各学年の授業内容のエッセンスを生かしたものとなるよう、各学年で工夫を凝らしました。

例えば、6年生の道徳科では、「人間ものさし」という活動を授業で用いていました。そこで、ウォームアップでも「人間ものさし」を使って、「職場からの帰宅時間順に並んでみましょう」といった活動を設定しました。

2年生は、国語科の物語文「お手紙」を扱った授業でしたので、

ウォームアップ「人間ものさし」

振り返りも、「今日の授業や分科会で心に残ったことを『お手紙』で書く」という活動を設定しました。こうした活動には、各学年の教師らの、「私たちが普段研修の中で親しみ、楽しんでいる活動を、来た方にもぜひ体験してほしい」という思いがありました。
さらに、分科会時、記録係の教師には、大判のシート（巨大ポストイット）に水性マーカーで記録をしてもらいました。終了後は、体育館に設置したパネルにそれを貼り付け、他の分科会参加者も見られるようにしました。

分科会の記録と参加者からの
コメントカード

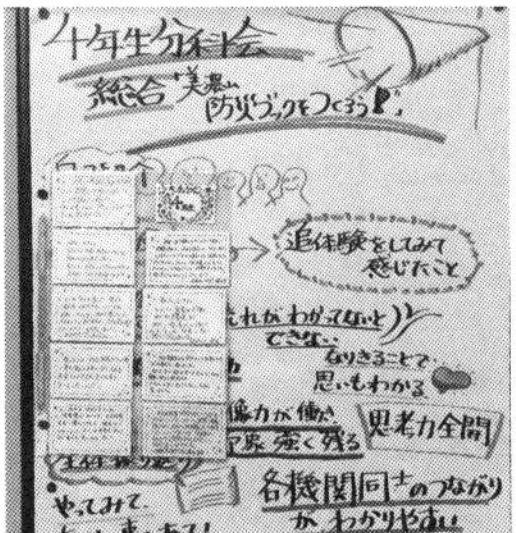

	分科会 進行表	・黒板は、授業時のまま、残しておいてください（研究発表会終了時まで消さない ・事前に、グループをつくり、そのグループごとに座っていただく ・座席は、基本的に、授業時の雰囲気を大事にしながら、追体験がしやすい形にしてください							
	クラス		**わかば**	**1年**	**2年**	**3年**	**4年**	**5年**	**6年**
	参加人数		9人	6人	11人	11人	16人	23人	21人
	グループ人数・座席		3人・アイランド	ペア・アイランド	ペア・スクール	3人・コの字	4人・コの字	3人・コの字	3人・椅子のみサークル
14:50	分科会開始（6校時終了後）								
	挨拶 ・趣旨説明 ・流れの説明	1分	追体験の趣旨（児童と同じ活動を体験することで、演劇的手法や授業、美濃山小の校内研修システム「学習者になってみる」についての理解を深める）						
	自己紹介orアイスブレイク ・感想を簡単に交流 ・小グループで自己紹介 ・授業の感想を交流	4分	全員で 自己紹介	全員で 自己紹介	3人組で 自己紹介	人間ものさし	4人組で 自己紹介	3人組で 自己紹介	人間ものさし （楽しいもの）
14:55	**授業者より** ・授業を終えての感想、子どもたちの様子、手応え等	1分	授業者より	授業者より	授業者より	授業者より	授業者より	授業者より	授業者より
14:56	**追体験開始**								
	・演劇的手法の部分を追体験してもらうことで、児童が授業で感じていたことを体感し、演劇的手法についての理解を深める	15分	・スーホと白馬のかかわりの動作化 ・心の声 ・TIR　全員がスーホ役を体験	・近所の人とのなるほどタイム ・階段を上がるロールプレイ ・ずうっとずっと大好きだよ＋一言	・音読＋ロールプレイ ・はげましタイム ・かえる会議 ・心の声	・人間ものさし ・解決タイム	・地震のロールプレイづくり （児童と同じ台本で）・発表	・残雪のモデルを使ってのロールプレイ＋心の声 ・いろりトーク	・ロールプレイ「わたしのせいじゃない」 ・人間ものさし ・ロールプレイ「友達関係」 ・人間ものさし
15:11	**追体験の振り返り** ・自分が学習者として感じたことを語り合う（グループ） ・全体交流	4分	・体験をしたペアやグループで振り返る ・授業の良し悪しではなく、学習者に「なってみて」感じたことを出し合う ・数名に実感を語ってもらう ・時間があれば、実感をもとに、さらに、今日の授業について感じたことを語り合う						
15:15	**振り返り** ・数名、読んでもいいよ、という方に読んでもらう	5分	アルバム＋一言 心に残った場面＋一言	コメントカード （1）今日の授業・分科会で一番心に残ったこと (2) フリー	お手紙 （1）今日の授業・分科会で一番心に残ったこと (2) フリー	道徳振り返り ・授業・分科会の前の自分/今の自分/自分自身の変化	コメントカード （1）今日の授業・分科会で一番心に残ったこと (2) フリー .	日記 ・今日の感想を日記風に	ビーイング ・中　授業でいいなと思ったこと ・外　質問・疑問
15:20	**分科会終了・体育館へ移動**	※15:30〜全体会【Ⅱ】開始							

準備物	アルバム	カード	カード	道徳ワークシート	カード	日記	模造紙・水性マーカー
			封筒				
			ポスト				
役割分担	司会 （　）	追体験 ※授業者	記録（ミニ模造紙に。写真撮影してください） （　）			サポート ※グループワークの補助等	

【分科会進行表】　これをもとに各分科会司会者と打ち合わせを行った。

【全体会Ⅱ：実践発表・指導講評・講演&ワークショップ】

各分科会が終わり、参加者の皆さんが体育館に集合します。体育館前方は、円形劇場のように長椅子が並べられています。真ん中はステージなのです。

来賓の挨拶に続き、実践発表。中間発表会に引き続き、教職員による劇形式で行います。劇の台本は研究主任の私が書きました（抜粋を189頁に掲載）。授業研究の過程での実際の出来事をセリフに書き起こした再現劇です。4月に行った研究授業の事後研でのエピソード、6月に行った活動試行での対話……。台本を書くというゴールがあったので、毎日の出来事を「これは素敵なシーンになるな」という目線で眺めたり、「あ、この会話を使おう」とメモしたりしていました。

教職員には、事前に台本を配布し、本番前々日の水曜日に一度きりのリハーサルを行いました。台本の中の「仮想対談」のパートなど、何をしゃべるか、出演する教師に任せていた箇所もありました。劇の最後は、夏の渡辺先生の校内研修で最後に読んだ「雲」（山村暮鳥）の詩を群読。参加者からは、「感動した」という声を頂きました。

その後の指導講評では、美濃山小の研修に何度も足を運んでくださり、楽しいひと時を共有した森環指導主事から、授業への丁寧であたたかいコメントを頂きました。

そしていよいよ、渡辺先生による講演&ワークショップ。参加者は、体育館後方のワークショップスペースに移動します。ここでは、小グループに分かれて座ります。中間発表会でも行った小さなグループでの対話。美濃山小の教職員と直接話せるこの時間は、「研究についてざっくばらんに本音の話ができる」「直接疑問を尋ねられる」と大変好評でした。今回も、短い時間ではありましたが、美濃山小の教職員にとって、直接参加者の声を聞くことができ、うれしく、手応えのある時間となりま

校長も劇に登場。名演に会場が沸く

シアター型の座席。真ん中はステージ

実際の授業研究のエピソードを演じる

研究推進部の会議の様子

講演内容を可視化し、記録に残す

小グループでざっくばらんに語り合う

した。

グループでの自己紹介を終え、渡辺先生による講演&ワークショップ。渡辺先生は、この日の授業や分科会の様子の写真スライドを見せながら、本日の研究発表会を振り返り、授業で起こった事実をもとに、演劇的手法で起こることやその意味を問いかけていかれます。

6年道徳科「わたしのせいじゃない」。道徳的に正しいとされることを口にするのではなく、ぽつりぽつりと自分の感覚に基づいて発言していく児童の姿を取り上げ、そこで演劇的手法が果たしていた役割について。2年国語科「お手紙」。子どもが架空の世界を経験していく上での、授業者の「がまくんに向かって言って」という児童への言葉かけが持つ意味について。渡辺先生の問いかけへの答えは、すっと言葉にはできません。参加者の頭の中に問いがぐるぐると渦巻き、体育館中が話に引き付けられていくのが分かります。

さらに、エア縄跳びのミニ体験を行うことによって、「実際にはそこにないものを人は経験できるということ」「そこに感情の動きが伴うこと」を、全員で体感。実際に各教室で起きていたことやその場で体験を共有したことと結び付けながらの講演は圧巻です。

私は、講演の内容をグラフィッカーとして記録していましたが、話を聞きながら、「なるほど、その場面を渡辺先生は、そんなふうに見ておられたんだ！」「授業の中で子どもたちが、自分の感覚を語ることは、教師たちが自分自身の学び手としての感覚を使っていることとつながっているのか！」と大興奮。グラフィックの筆致もおのずからダイナミックに！　美濃山小の取り組みを一番近くで面白がってくださる渡辺先生。渡辺先生ならではの視点で切り取られるエピソードは、教師側にはない視点ばかりで、私たちがつい自分たちのものさしで物事を見ようとしてしまっていることが分かり、

講演・ワークショップのグラフィック・レコーディング

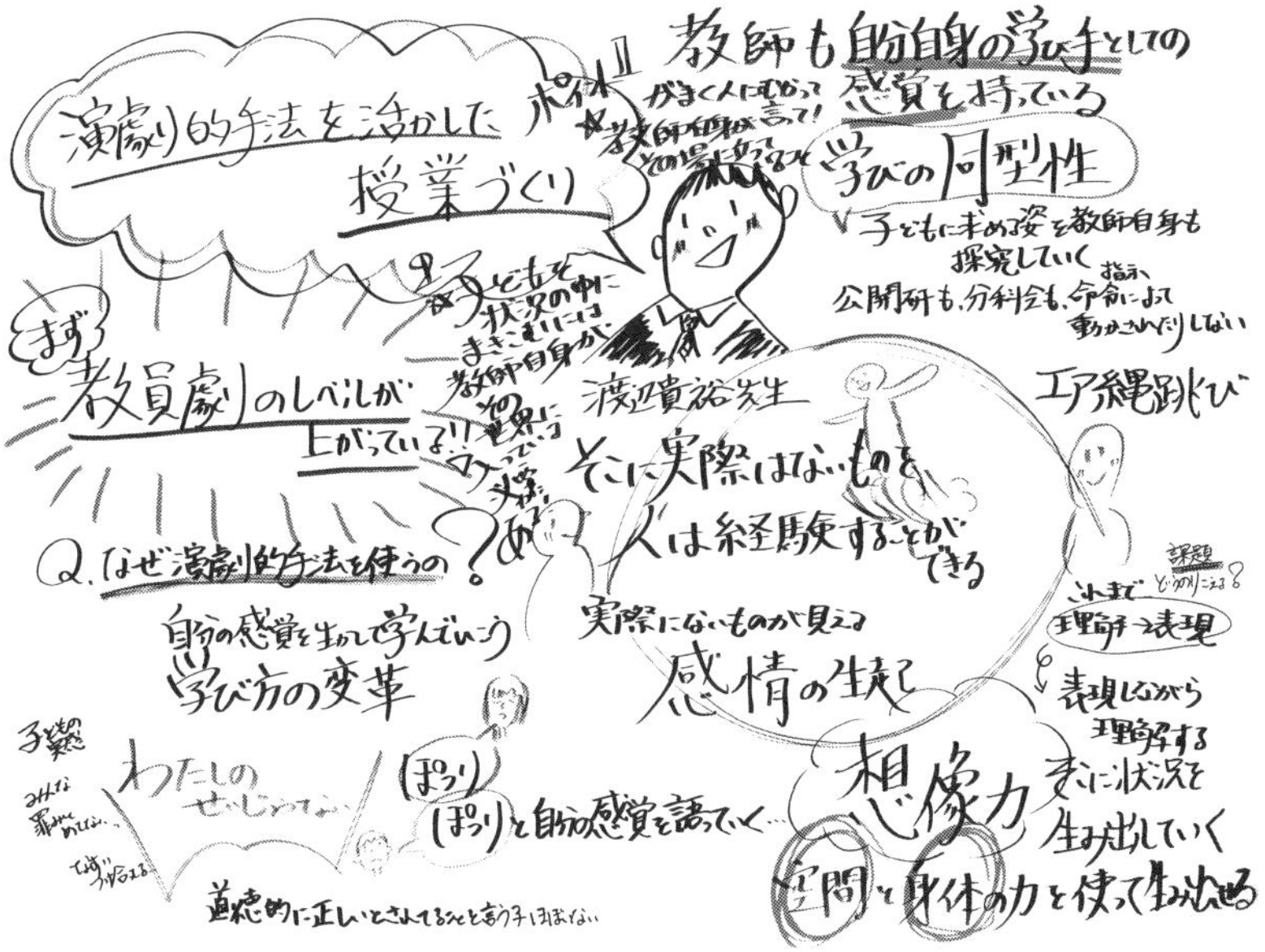

良い意味で裏切られます。こうして生じた興奮は教師たちの学ぶ楽しさ、授業研究への意欲にもつながります。

「もっと聞きたかった！」と名残惜しい雰囲気で講演・ワークショップは終了。参加者の方々の帰りを教職員で見送り、2年次の公開研は幕を閉じました。

(2) 公開研のデザイン・再考

さて、こうした公開研の内容に対して、参加者の皆さんからはどんな反響があったのでしょうか。

・こんなワクワクする楽しい研究会初めてでした！　研究主任が挨拶で「今日1日楽しんでください」と述べ、授業の見方のポイントを伝える。そのことにも衝撃でした。
・指導案に見どころを示し、それを授業前の全体会で示すことで、参観者それぞれが、自分の授業参観の導線をデザインしていた。
・わかば学級の分科会では、先生方お二人がアイスブレーキングをはじめ、演劇的手法をご自身の「手法」として何の力みもなく内在化させておられることにまず素晴ら

自分たちの学びの場を自分たちでつくる

しいと感じました。「追体験」では確かに、参観していただけでは分からなかった学習者の感覚を私自身も追体験できました。しろ（スーホの見つけた白い馬を、わかば学級では「しろちゃん」と名付けていた）をブラッシングすることで、馬の皮膚に触れた感覚になり、本当にしろに触れている感覚からおのずと「元気になれよ」の言葉が出てきました。全く予想しなかった自分でした。「言葉が生まれる」ことの意味を再発見・再認識させていただいた分科会でした。

・全職員参加の演劇的研究紹介も圧巻でした。今回の劇の質の向上は授業と手法への習熟と軌を一にしていました。

・噂に聞いていた、演劇仕立ての実践発表は、実にステキなものだった。まず、教職員の皆さんが、前方に集まって座っていること自体が、素晴らしい。研究の主役が、特定の先生ではなく、この学校の教職員全員であることがそれだけで伝わってくる。「楽しかった。チームの一員になれた」という、言葉も印象的だった。ああ、チームになるというのは、こういうことなんだなと実感した。美濃山小学校公開研は、全体の構成からスライドの１枚

劇のクライマックス「お〜い雲よ」

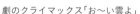

１枚に至るまで、実に考え抜かれたものだった。そこには、子どもたちの活躍を伝えたいという気持ちと同様、職員の皆さんの活躍も伝えたいという気持ちがあった。

これらの感想を通して、私たちは改めて公開研のデザインの意味について、次のようなことに気付くことができました。

1 公開研＝堅苦しいもの、というイメージを打破し、参観者が楽しみながら主体的に参加できるような仕組みになっていたということ。

最初に研究の趣旨説明を行ったことへの反響が大きく、驚きました。授業の見方・見どころの紹介により、参加者自ら、公開授業を存分に楽しめるような参観の動線を主体的に考えていたという声が複数ありました。

さらに、分科会での追体験で美濃山小の研修を体験できたことがうれしかったという声も多くありました。美濃山小の教職員からも、参加者の方が熱心に追体験に参加してくださったことへの喜びの声が多数聞かれました。公開研全体が「楽しみ」にあふれた場になったことは、望外の喜びでした。

2 教師の授業力だけでなく、分科会などでの場づくりの力も育つ仕組みになっていたということ。

私自身、それぞれの学年の教師に分科会の進行を任せ、それぞれの教師が楽しみながら進行している様子を見て、とても頼もしく感じ、「美濃山の先生たち、すごい！」と心の中で拍手しながら、各分科会の様子を参観していました。演劇的手法という方法を研究することで、手法への深い理解と同時に、教職員の授業や場づくりの熟達が自然に起こっていたのです。当たり前といえば当たり前かもしれませんが、これも、公開してみて初めて気付かされたことでありました。外部の方との触れ合いの中で、自分たちの変化や成長に気付けたというのも、大きな収穫でした。自分たちが演劇的手法を活用した体験的な学び方や研修を十分に経験し、その良さを実感することで、結果として、自分たちの学びの場を、自分たちで生み出せるようになっていたようです。

3 研究会全体に、幾重もの「なってみる」が働き、さまざまな「同型性」が見られた。そのことが、参加者の研究内容についての深い理解を促すことに寄与したということ。

「なってみる」という研究内容が公開授業だけでなく、研究協議のあり方、研修のあり方、そして、研究発表会のあり方に至るまで働き、全てが「同型性」によって貫かれたデザインになっていました。研究の過程で学んだ「同型性」のコンセプトを大切にしていたことで、全てが自然につながり、結果としてこのようなデザインになりましたが、参加者の方にとって、インパクトがあったようです。

こうして、研究の内容とあり方を一致させていったことで、研究会が一つのまとまりを持ったものとなり、参加者の方に深い理解や感動がもたらされたように思います。思いもよらず「新しい研究会パッケージ」としての価値が見いだされた2年目の研究会。今回の公開研のデザインは、美濃山小の教職員にとっても満足のいくものとなり、２０２０年1月の美濃山小学校での自主公開研究会にも受け継がれていくことになりました。

（3）公開研をやってみて何かが見えてくるということ自体が「表現と理解の相互循環」

こうして、結果的には公開研のデザインについての提案まで行えてしまったわけですが、その背後には、「表現と理解の相互循環」の考えがあったように思います。最初から完璧につくり込むのではなく、プロトタイプ（中間発表会）をつくり、実際に動きながら即興的に改良を続けていくという姿勢（最終調整は、直前まで続きました）は、演劇的手法を活用した授業づくりの「つくってみる」「やってみる」とも同型を成したデザインの生み出し方であったと言えるでしょう。

思い起こせば、渡辺貴裕先生が最初に美濃山小で教員研修をしてくださった時（２０１7年1月）「デザイナーにとってのスケッチ」の話がありました（渡辺注：諏訪正樹『「こつ」と「スランプ」の研究　身体知の認知科学』講談社、２０１6年に紹介されている例をもとにした話です）。「デザイナーはスケッチブックをどう使っているのでしょうか」と渡辺先生が尋ねられます。私が最初に思い浮かべたのは、思い付いたデザインを書き留めておくため、というものでした。しかし、それだけではなく、デザイナーは、スケッチブックの上に思い付いたアイデアを描きながら、そうして描かれたものにさらに触発されてデザインを生み出していくのだそうです。そして、そこから渡辺先生は、「表現しながら理解する」という、「表現と理解の相互循環」の話へとつなげていかれました。今回の公開研のデザインも、まさに、そうしたデザインの過程を経たものであったのです。

一方、一般的な公開研究会の型をなぞるわけではないので、公開研の前には最終的な像の見えない不安もありました。「運営面での混乱は起きないだろうか」「参加者の方に受け入れられるだろうか」「試みたデザインは功を奏すだろうか」「分科会は円滑に進むだろうか」等、当日までその不安を拭い去ることはできませんでした。しかし、なぜその不安に屈することなく新しい公開研の形を模索できたかといえば、それが普段の授業づくりや校内研修でやっていることと同型であり、「やってみれば、分かる」という経験と自信が美濃山小の教職員に共有されていたからだと思います。

職員会議で公開研のデザインについて提案した夏頃は教職員もイメージが湧きにくく、不安もあったでしょう。一方、公開研が近づくにつれて、最も不安を感じていたのは、研究主任の私でした。正直なところ、同僚の方が新しい公開研のやり方に前向きで、自信に満ちており、私はその前向きな姿勢に励まされていました。さらに、公開研のデザインや内容について、校長・教頭が全面的に信頼し、任せてくださったことも、デザインのプロセスに大きな影響を与えました。ここで、「公開研はこうするべき」というストップがかかってしまったり、すでにある型に縛られてしまったりしては、公開研のデザインの「つくってみる」プロセスは、つくり手の感覚が十分に生かされないものになってしまっていたでしょう。管理職のこうした研究に対する柔軟でポジティブな姿勢も、「なってみる」研修を通して、演劇的手法についての理解を共に深めたプロセスと深く結び付いていたのかもしれません。

2年間の研究の過程は、教員自身が、自分たちの学びの場を自分たちがより豊かに学べるようにつくっていく、つくり変えていく、そうした営みでした。そして、公開研のデザインも、ゴールではなく、プロセスの一つにすぎませんでした。「研究指定が終わっても自主公開研をしよう」という声が上がり、翌年度末の2020年1月には、3年次の公開研が開催されるに至ったのです。これは、美濃山小の教員が、公開研を通して自分たちの学びがより豊かになるという感覚を得たからに他なりません。「やらされる公開研ではなく、自分たちにとって意味が実感できる学びの場としての公開研へ。」……自分たちにこんなことができるんだ！という驚きや満足感、自信の循環が、デザインの原動力だったように思います。

教職員劇台本（2年次公開研）

※教職員に配布されていた台本より、一部抜粋

実践発表　教職員劇台本（案）

※シナリオを持ちながらの劇。対話ベースで進む。

※それぞれが持つ「口癖」や「イントネーション」を活かして、その人らしい表現・反応・相槌に書き換えてください。本当に、そこでやりとりが起こっているような、自然な劇を目指しています。

（藤原） 本日はお寒い中、また遠方より、お越しいただきありがとうございます。本校で研究主任をしております藤原と申します。本日の公開授業、そして分科会はいかがでしたでしょうか。十分でない点も多々あったかとは思いますが、児童も教職員も、新しい学び方を試行錯誤しながらも楽しんでいる様子が伝わっていると、うれしいです。

さて、ここからは、短い時間ですが、美濃山小学校の研究実践について発表させていただきます。

発表は「研究の背景」「演劇的手法を生かした授業づくり」そして、「演劇的手法を生かした校内研修システムの改革」の三つについてお伝えします。なお、発表は、本校教職員による劇をまじえながら行います。この劇は、実際の研究の過程で起こった出来事をもとにした「再現劇」です。どうぞ楽しみながらご覧ください。

では、早速ですが、まず、どのようにしてこの研究に取り組むことになったのか、背景を見てみましょう。約2年前の研究推進部の実際の会議の様子を劇で再現してみました。ご覧ください。

…研究推進部、ステージ上へ（ステージ上手から、上田・酒井・北・橋本あ・細田・吉本・竹田の順で並ぶ。）

シーン1　研究の背景（出演・研究推進部）7人

（竹田） 来年度の研究の方向性、どうしましょうか。

（酒井） 美濃山小の課題について先生たちにアンケートとったら、やっぱり、「主体性」や「意欲」についての課題を感じている人が多いですね。

（みんな） 「あー」「うーん」（口々に）

（北） じゃあさぁ、この前の研究授業で取り入れた〈ホット・シーティング〉みたいな演劇的手法を使った授業、っていうのをやってみてもいいんちゃう？

（橋本あ） そうですね！　美濃山小学校の子どもたちの課題の学習意欲や主体性を育てるという意味では、すごくいい気がします！

（酒井） たしかに、この前の授業で〈ホット・シーティング〉を取り入れたら、すごくたくさん「問い」が生まれて、どの子も意欲的に授業に参加できてましたね！

（細田） せやねえ、魅力ある授業をつくることが積極的な生徒指導にもつながりそうやしねえ。

（吉本） うちの学校が開校以来15年間やってきた「あたたかい人間関係づくり」や特別活動の研究も生かせそうですね。

（北） そうそう。表現活動をするためには、表現を受け入れてもらえるクラスづくりが重要だし。

（みんな） うんうん。

（上田） ぜひ、やってみたいです！

（竹田） いいですね！　じゃあ、この方向性で提案してみましょう！　校長先生、こうこうこんなプランで研究進めていきたいんですけど。

(校長) そういえば、学力向上システム開発校っていうのがあって、今なら申請できるで～。応募してみても、ええんちゃうかー。

(みんな) (顔見合わせて) いいかも～!

(藤原) こうして一つの研究授業がきっかけとなり、校内研究が始まることとなります。

研究主題は「表現活動を取り入れた主体的・対話的な授業の創造―表現しながら理解を深める学習者を育てる―」。演劇的手法を用いた授業改善を中心に据え、自ら問いを持ち、他者とやりとりしたり、表現をしたりする中で、思考を深められる児童を育てたいと考えています。

(藤原) では、いくつかの手法を用いた授業の様子をご覧ください。「葛藤のトンネル」という手法を活用した道徳の授業を行っている様子です。

シーン2 演劇的手法を活用した授業
その一、〈葛藤のトンネル〉(出演・研究推進部)

(酒井) 教師役「はーい、ではみなさん。あなたは、先輩警備員から、美術館の警備員として、安全に絵を守るよう、仕事を任されています。しかし、閉館した美術館に、遅れてお客さんがやってきました。昨日まで入院していて、やっと一時許可が出たというおばあちゃんです。亡くなったおじいさんとの大切な思い出の絵を見に、病院からはるばるやってきたおばあちゃん。さあ、あなたが警備員の立場ならどうしますか?」

(口々に) 「入れる～」「入れない～」

(酒井) では「葛藤のトンネル」を使って「入れる」「入れない」という二つの立場に分かれ、考えを深めましょう」「警備員やりたい人?」

(小野) はーい!

…〈葛藤のトンネル〉開始。小野、中央を歩く。

(北) おばあちゃんにとっては、ラストチャンスだから、入れてあげた方がいいよ。

(上田) でも、入れると、先輩を裏切ることになるよ。

(吉本) 正しいことより、親切なことを選べっていう格言もあるし、入れた方がいいよ。

(細田) 日本の社会はルールを重視する社会だから、守った方がいいと思うよ。

(橋本) でも、そもそもルールは人のためにあるよ。だから、おばあちゃんのためのルールにすればいいよ。

(竹田) 今回おばあちゃんを特別扱いしたら、ぼくも、わたしも、って、どんどん特別扱いしてほしい人が出てくるかもしれないよ。

(酒井) 小野さん、通ってみて、どんなこと感じた?

(小野) あ～、最初は絶対入れないって思ってたけど、すごい迷ってきました。

(みんな) うーん……。

(藤原) このように、「葛藤のトンネル」は、道徳のモラルジレンマ教材を活用した授業や、国語科の物語文で主人公が葛藤する場面での心情理解のために活用しています。

※台本のフルテキストは、こちらからダウンロードが可能です。

第3章を振り返って

藤原　渡辺先生は、今までいろいろな学校の公開研に参加したり講師として招かれたりしてこられたと思うのですが、今回美濃山小の公開研にかかわって、何か思われたことなどありますか？

渡辺　「公開研って変えられるんだ」というのが、何よりも大きかったです。授業研の方は、まだ、簡単な打ち合わせで、あるいは当日その場で、「ちょっとこんなやり方やってみましょうか」と変更を試みることができるのですが、公開研はそういうわけにいかないんですよね。特に、全体会講演者などとして呼ばれる時には、たいていすでにプログラムが固まっているわけで。

藤原　なるほど、どこの学校の公開研もたいてい同じような形ですよね。

渡辺　はい。ですので、劇形式の研究発表にせよ、参加者と美濃山小の教員が入り交じっての小グループでの交流にせよ、「なってみる」形式での協議会にせよ、「あぁ結構自由にいろんなことができるんだな」というのは、私自身、目からウロコだった部分でした。

藤原　形を変えたといっても、ビッチリ渡辺先生との間で打ち合わせをして、事前に詳細を決めて、というものでもありませんでしたね。ワークショップの部分は、最終的に渡辺先生にお任せでしたし、逆に、会場レイアウトなどは私の側で用意していたため、1年目の公開研では、当日、渡辺先生が会場を見て驚いておられたり。互いを信頼して任せることで面白いものが生まれてきた面もあったのかなと思います。単に時間の余裕がなくてギリギリだったから、というのもあるかもしれませんが（笑）。

渡辺　あと印象に残っているのが、3年目、研究指定終了後の自主公開研（2020年1月）です。

この時は、教育委員会の指導主事による「指導講評」さえ省略していたわけですが、それでも、指導主事さんが来てくださっていたんですよね。そして、なんだか、「指導講評」する人として来られている時より、かえってのびのびと楽しまれている様子だったという（笑）。

藤原　はい、お一人には、後日「アイスブレイクで使っていたゲーム、面白かったです。何ていうゲームですか？」と、電話で問い合わせまでいただきました。

渡辺　そういうのを考えると、今までの公開研フォーマットはいったい何だったんだろう、誰のためのものだったんだろう、という気がします。

藤原　というと？

渡辺　どうすれば学校の垣根を超えて教師みんなで学び合う場にできるか、といったことが意識されないまま、ただ、「そういう形だと決まっているからそうする」ことを繰り返してきたのではないかと。

藤原　うーん。教師たちも、「変えられない」現実を経験し、そういうものだと学習してしまっているのかも。美濃山小の場合は、自分たちの学びの場をよりよくつくり変える経験を校内研修を通して行ってきたので、それが自然に公開研の変革にもつながっていきました。変えようとしたわけではなく、結果として変わったのかな。

渡辺　なるほど。藤原さんが研究主任として、公開研はもちろんですが、校内研究全体をリードしてきて手応えを感じられた場面はありますか。

藤原　校内研修のゴールは、公開研が成功するとか授業力がつくとかいうことではなく、そこで学んだ教師の人生がより豊かになることだと思うようになりました。酒井先生は、学校外の研修会で、司会者として、一般的な会の進行をこなすのではなく、互いに学び合えるよう工夫を凝らされたそうです。異動された松葉先生は、新しい学校で研修をより良くしたいと、自ら研究主任に名乗りを上げ、奮闘されています。美濃山小の校内研修で学んだ先生方が、美濃山小の外でも自ら教師の学びに変化を起こす側になっているエピソードを聞くと、とても勇気づけられます。

美濃山小学校で感じたドラマの力

小口真澄　英語芸術学校MARBLES代表

2018年11月に行われた美濃山小学校「演劇的手法を活かした授業改善」の研究発表・公開授業・小学校5年生国語のクラス「大造じいさんとガン」を見学。教室の中は授業の前から児童たちのワクワク感で一杯だった。たくさんの先生たちに見てもらえるのが楽しみなのはもちろんのこと、授業そのものが児童たちにとって何より楽しみなのだろう。

授業が始まると、児童たちの頭の中は先生の問い掛けに対してクルクルと回転し、いろいろなことを想像しているのが分かった。「大造じいさんになってどんな気持ちだったのかを話し合ってみよう。」と言うと、さっと3人ぐらいのグループになり、話し合いが始まる（ココロ会議）。

グループの中の誰か一人が興奮して長々と話していたり、つまらなさそうな顔をして話し合いに参加しないことを決めてしまったような児童は一人もいない。みんなよく話すけれども人の意見もしっかりと聞いている。

先生お手製の残雪（ガンの名前）と大造じいさんが最後向き合った時、「大造じいさんは残雪になんと言いたかったのだろうか？」と先生が問い、残雪と何も言わず向き合う。自分の順番が来ると児童たちは残雪をぐっとにらむ、見つめる、優しいまなざしになるなど、いろいろな感情が湧き起こっているのが教室の緊迫した空気で分かる。

その後、「大造じいさんの残雪への気持ちを日記に書いてみよう」となると、先生お手製のワークブックが取り出され、みんなものすごい勢いで書き始めるからびっくりした。児童たちの頭も心もお話とともに動いているから書きたいことであふれていたのだろう。

最後、「大造じいさんの残雪への気持ちを若い狩人になって聞く囲炉裏トークをしよう」（ホット・シーティング）になると、先生お手製の囲炉裏が出てくる。児童たちは自然と囲炉裏を囲み、若い狩人たちになった児童たちが「じいさん、じいさん……」と、大造じいさんに語り掛け始める。教室はもはや教室ではなく、物語の世界になった。

授業の中で使われている手法はプロの役者が役作りの時に使っている手法だ。私自身も役作りのために手紙を書いたり、日記を書いたりする。囲炉裏トーク（ホット・シーティング）をして、他の役者からの質問に答えているうちに役に対してのひらめきが生まれる。役者として役作りに悩むのは一番楽しい。美濃山小学校の児童たちは毎日役者のようにいろいろな人物の人生を歩んでいるのだ。なんと豊かな人生だろう。

このような授業を受けているうちに「人間愛」が育つと思った。物語の中ではどんな登場人物も必死に生きている。誰もが必死に生きているのに、気が付けば悪人もその人そのものが悪いのではなく、時代や状況が悪く、この人はただただ必死に生きようと思っただけなのだということが見えてくる。

今、世の中では子どもがゲームに夢中で、「コミュニケーション能力低下、表現力がない」などと言われているが、美濃山小学校ではまったく逆のことを感じた。人の話をよく聞けるコミュニケーション能力の高い子どもたち。自分が今何を感じ、考えているのかをきちんと文章化できる子どもたち。ただただすごい!!

ドラマ、演劇教育というと、まず思い浮かぶのが、舞台の上でドラマチックに大きな声で台詞を言う、大きく演技をする。そして日本人の多くの人が次に思うのは、「恥ずかしくってやりたくない！」であろう。むやみやたらに大きな声で、自分の気持ちとはかけ離れたところで「ドラマチックに感情を込めて!!」「役になりきって!!」と言われても恥ずかしくってやっていられない。やる方もやらなければならない方も、どこかに違和感を覚え、嫌になる。よく意味も分からず誰かから感情を強要されたらいやになるのは当たり前だ。そして指導者の一方的な解釈で「ここではもっと怒れ！」とか、「もっと悲しそうに！」と指示されてもその気になれない。挙句の果てに、「この児童は表現力がない」とまで評される。わが子もそう評されたことがある。「きょんちゃんは声が大きいのですが、もっと表現力があるといいんですよね」と個人面談で先生から言われた。娘は学芸会の練習が始まると毎日のように「先生にもっと喜んでとか、ああしろ、こうしろと言われるけれども意味が分からないからやりたくない」と言っていた。そして、こうも言っていた。「劇が嫌いだとは思われたくないから、声だけは大きくするんだ！」と。こんな風に思いながら学芸会のリハーサルをしている児童は全国にたくさんいるに違いない。が、美濃山小学校ではこのような気持ちになる児童はいないだろう。

先生たちが「追体験」といって、その授業で子どもたちが体験したワークを体験する。「追体験」をすれば児童たちの広がる想像力にひたすら尊敬の気持ちにもなるだろうし、こんなふうに感情を押し付けられたらやれないなと感じるかもしれない。昔のわが子の担任の先生にもこの「追体験」をして欲しかったなあ(笑)。

毎年8月、児童たちが作ったゴーヤカーテンを右手に見ながら3年連続「劇づくりワークショップ」のため美濃山小学校の緩やかなスロープを汗をかきかき登った。校長先生も新人の先生も同じ空間で劇作りをする。どの先生も夢中になり、お互いが無防備の状態でぶつかり合う。ここの先生はみんなオープンだと感じた最初の年からその印象はそのままだ。

そして、誰よりもワクワクしながらこの取り組みを探求し続ける藤原由香里先生の笑顔と持久力に敬意と感謝を。

◆小口真澄（英語芸術学校MARBLES代表）

2017年より毎年夏に、美濃山小学校の校内研修・ミュージカル・ワークショップの講師を務めていただいています。パワフルで愛のあふれる真澄先生の指導から、演劇だけではなく、教師としてのあり方、感動ある学びの場の作り方についても、毎年大きな示唆を頂いています。

美濃山小が一つのチームになった瞬間とその真実?——カメラマンの独白

有限会社カヤ代表取締役　平井良信

藤原由香里さんとは古くからの知り合いでしたが、彼女の授業を一度も拝見したことはありませんでした。

2年前に美濃山小学校で研究発表会があることを知り、どうせ行くのなら写真を撮らせて頂こうと連絡すると、ご快諾頂きました。当日はスタッフの腕章もお借りして教室でもどんどん中に入って行って撮影させて頂きました。

そして、体育館での全体会で衝撃的な場面に出合いました。それはベテランの男性教師が寸劇の中で身を投げ出して床に寝転がるというシーンです。大の大人がそこまでするのかということが信じられませんでした。それだけ真剣に取り組んでおられたのでしょう。内発的な爆発が起こったのでしょうか。また、他の先生方も皆さん楽しそうに舞台の前で寸劇に興じておられました。

私の学校教育における最大の関心事は、学校全体が協調性・一体感を持ったチームになるにはどのように熟成し実現するのかです。みんなの実践を見て意見を聞いて自らも発信する、先生達が自ら共同学習することの大切さ。しかし、先生達の多くは個人プレーが多く、学校はその集団だと感じていました。

しかし、昨年の美濃山小の研究発表会で目撃したのは、楽しそうに授業をする先生、一体感を持って開催された全体会でした。皆さんがどうすればこういう姿になるのか、それを知りたい一心で何度か足を運んで写真を撮り、授業の映像を撮り、多くの先生方にもインタビューしました。

インタビューを終えて一番感じたことは、やはり「人」なんだということでした。つまり「藤原由香里」という人間性が実現せしめたんだということです（もちろん渡辺貴裕准教授をはじめ、外部の先生方の協力も見逃すことは出来ませんが）。ほとんどの先生方から何度も藤原さんのお名前が出てきました。

キーワードのもう一つは、やはり「演劇的手法を用いた表現活動」です。この手法が圧倒的に先生方に納得感を与えたことは間違いないでしょう。人はなかなか他人の主張を聞き入れませんが、授業にその手法を用いることで、子ども達の姿が確実に変容した実感があり、受け入れられたんだと思います。曰く、子ども達が嬉々として勝手に動き出す、曰く、全員に届いている等々、今までの子ども達の様子と確実に違って見えていたのです。

話を戻しますと、藤原由香里さんの人間性とともに、この校内研究のデザインと進め方も素晴らしいと思いました。最初から全てが決まっていたことではなく、進めながら考えられたと思いますが、その時々の判断と修正力にも感心させられます。ここに渡辺貴裕准教授をはじめ、外部の先生方のアドバイスなり協力が確実にあったことでしょう。

最後に、ある先生がインタビューでこの2年間の取り組みを経て、その成果をあらゆることに応用していきたいとおっしゃっていたことが印象に残りました。この校内研究は2年間で終わり、先生方も異動されて美濃山小のチームは一旦解散になるでしょう。しかし、みんなの心に形作られた小さなエンジンは行く先々でいつまでも動き続けていくことでしょう。これが今回の最大の成果ではないでしょうか。

これらの奇跡の瞬間を、カメラに記録する事が出来たことを光栄に思います。

◆平井良信（有限会社カヤ代表取締役）

２０１７年度より、研究発表会、研究授業、校内研修、児童や教職員へのインタビューを撮影していただきました。平井さんの写真を見た教師たちからは「子どもたち、こんな表情をしてたんだ！」という驚きと感動の声が上がります。写真を通じて研究を励まし続けてくださり、大変勇気づけられました。

―カメラマンの選ぶ2枚―

今回の一連の撮影は私がシャッターを切ったというよりも、切らされたという実感がある。それだけ現場では子ども達、先生達のエネルギーというか情熱が満ち溢れていたのではないだろうか。

(上)光と影のコントラストが絶妙である。ポイントは逆光の中に踊る後ろ毛の美しさ。

(下)彼女の目線の先に見えているもの。彼女の目線の先、指差しているものは何か！ 微妙に揺れ動く彼女の心なのか??

美濃山小学校校内研修へ

石川　晋
NPO法人 授業づくりネットワーク理事長

ぼくは2017年3月で28年間勤務した北海道での中学校国語教員としての仕事を終えました。その年の4月から東京都内に居を構えて、全国の様々な学校（小中高等学校、大学、支援学校、幼保、専修学校やサポート校、予備校など、ありとあらゆる職域です）に入って、先生方との「伴走」を続けています。もっとも、現職の頃から、NPO授業づくりネットワークの理事長という立場を生かして、全国各地で研修講師を務めてきました。その具体的な内容説明のための紙幅はありません。興味のある方は『学校でしなやかに生きるということ』（フェミックス、2016）、『学校とゆるやかに伴走するということ』（フェミックス、2019）をお読みいただければと思います。

さて藤原由香里さんとは、そうしたぼくの活動の中で、様々な方を間に介する形で出会うことになりました。ぼくがフリーの立場になる前から既にいくつかの研修活動を通じてお互いをある程度知る間柄でもありました。

ぼくがフリーになる時期が、藤原さんが美濃山小学校で本格的に演劇的手法をベースに据えた校内研修に取り組もうとする時期と重なっていたこともあり、研究を進めていく上で、あれやこれやと相談を受けることになりました。といってもオフィシャルなものではなく、他の様々な研修会活動についての話し合いなどと合わせてという感じなのですが。ちょうど渡辺貴裕さんの活動に、岩瀬直樹さん（軽井沢風越学園校長）などを通じて、ぼくの関心が向いていく時期でもありました。渡辺さんが長く関わっておられるという川崎の研修会に、藤原さんとその同僚（酒井さんと橋本さん）と共に参加させていただいた辺りから、美濃山小学校の研修への関心もどんどん高くなりました。

そのうちに、研究指定に伴って中間発表（公開研究会）をしなくてはいけないのだがどうしようという相談があったわけです。藤原さんは、研究を進めて行く上で、大野睦仁さん（札幌市公立小学校教諭、教師力BRUSH-UPセミナー代表）とぼくの共著『笑顔と対話があふれる校内研修』（学事出版、2013）を精読してくださっていたこともあり、それをベースにしたやりとりの流れにもなっていました。2017年の夏前だったと思います。

藤原「中間発表会なんですけれど、セレモニーがあって、それがなんとももったいない感じだなと思うんですよね…」

石川「ああ、そうだよね。すんなり研究の内容に入ったり、提案の講演や講座の時間をたくさん確保したい…」

藤原「それに、研究紀要の研修部長の発表みたいなのがあるでしょう。あれも質疑なくしゃんしゃんという感じで、内容が届いている感じもなくて面白くなくて」

石川「あれは、パワーポイントとかで、なんか一方的だし、内容が全然伝わらないよね。そもそも後で紀要を見ると全部書いてあるから、そこを美しくただ説明されても…」

藤原「…何か良い方法はないかなと思ってるんですよね…」

石川「ぼくはそもそもそれが嫌で、公的な指定とかを受けないで、自主公開研修会の形にしてた。紀要自体もリーフレットみたいにしてしまって、研究内容はそちらをご覧くださいってやって、研究主任の発表は事実上なしにしていた」

藤原「うーん、うちの研究会はそういうわけにはいかないと思います」

石川「それじゃあ、演劇的手法にチャレンジしてるんだから、校内研究の内容を演劇で紹介したらいいんじゃない?」
藤原「えええ!! みんなやってくれるかな…」
石川「それはきっと大丈夫だよ」
藤原「そうかなあ…うーん、どうだろう…」

多分オンラインでのやりとりだったと思うのですが…。

その日は逡巡している風だった藤原さんが、その後、本格的に台本を作り始めたのには、少し驚きましたが、必然でもあるかなと感じていました。

先に紹介したぼくと大野さんとの共著の中には、ぼくが当時の学校で展開した道徳の公開研修会のことが収録されています。当時、ぼくは直感的に提案授業とその後の授業検討会とは、同じ形態で行われるのがいいと思っていました。例えばロールプレイがメインの授業なら検討会も参加者にロールプレイしていただこうという具合です。そうした取り組みが、多分渡辺さんがおっしゃるところの「同型性」という言葉で説明しうるなら、藤原さんの学校の研究紹介が演劇的に行われるということも、当然それしかない選択だったと今は思います。

その後ぼくは、美濃山小学校に「伴走者」として何度も足を運ぶことになります。様々な教室をお借りして実際に授業をしたり、研究授業の事前授業を拝見して、授業者や学年の先生と丁寧に対話をしたり。ある意味研修の下ごしらえと「伴走」するような仕事を積み重ねていく時間でもありました。日本ではおそらく他にはなかった演劇的手法を核に据えた校内研修です。その一番本丸に近く一番深いところで対話を積み重ねる経験をいただけたことは、ぼくにとってありがたいことでした。それが学校側とも互恵的な関係だったならうれしいのですが、さてどうだったでしょうかね。

何度も美濃山小学校に通ったわけですが、中でも最も鮮烈だったのは、支援学級の「スイミー」「スーホの白い馬」そして「ごんぎつね」の授業でした。彼らの「なってみる」姿には、授業をみるたびに衝撃を受けました。授業とは、子どもとは、学びとは、といった本質的な問いを突きつけられていると見せていただくたびに感じていました。すごかったです。

ありがとうございました。

◆石川　晋（ＮＰＯ法人 授業づくりネットワーク理事長）

北海道公立中学校教諭を長年勤め、２０１７年退職。その後、全国の学校現場に「伴走者」としてかかわり、飛び込み授業や研修の支援を行っておられます。美濃山小では、さまざまなクラスでの飛び込み授業や授業検討会での研修ファシリテーションを務めていただき、授業を練り上げる上での力強いサポートをしていただきました。

第4章

取り組みの軌跡

演劇的手法のように教師らにとってあまりなじみがないものに学校全体で取り組むのは、一筋縄ではいきません。校内研究が現在の形にたどり着くまでには紆余曲折がありました。学校の外とのつながりにも支えられてきました。

1. 研究主任に聞く　取り組みの経緯

美濃山小の校内研究が始まるまで、そして始まった後に、どのような経緯があったのか。研究主任の藤原由香里さんに聞きました。

日時：2019年2月25日
場所：美濃山小　学校図書館
話し手：藤原由香里
聞き手：渡辺貴裕
ビデオ撮影：平井良信

※右記のインタビューに加筆修正して構成

演劇的手法をテーマにした校内研究がスタートするまで　２０１６年度

渡辺　藤原さんは、今回、研究指定を受けて、演劇的手法をテーマにした校内研究を研究主任として引っ張ってこられたわけですが、それまでにも、演劇的手法を自分の授業で活用したりそれを広げていこうとしたりしたことはありましたか。

藤原　演劇的手法を授業で活用したいという思いはありました。私、長い間、校内では外国語活動の担当だったんですよ。ですから、自分が外国語の授業をする時には、インプロ（即興演劇）的な要素とかドラマの要素とかちょこちょこ取り入れてはいたんです。でも、それ以外の授業に本格的に演劇的手法を取り入れたことはほとんどなくて…。（演劇的手法を取り入れやすい）国語の授業の場合、美濃山小では２００２年の開校以来、長年国語科の授業研究をしてきた経緯もあり、学校独自のやり方もありましたし。だから、細々と個人的に外国語の授業でやっていた程度でした。まさか、こんなふうに学校全体で演劇的手法を研究主題に掲げて取り組むだなんて全く思ってなかったですね。

渡辺　研究指定を受けて取り組んだのは、藤原さんが研究主任として2年目のときになりますよね。研究主任の1年目のときはどんなことをやってましたか。

藤原　研究主任の1年目は、ひとまず今までの研究の流れを引き継ぎながら、教科を広げたり発展のさせ方を模索したりしていました。美濃山小で「楽しい国語」というコンセプトの下で行ってきた、子どもたちが意欲的に取り組める楽しい授業を、国語科以外にも広げてみようと。

それから、当時課題として感じていたのは、研究が空洞化してきているのではないかということ。例えば国語科にしても、ずっと継続してきた定番の授業や活動があったんですよ。詩集作りの授業とかピア・サポート活動とか。けれども、異動も多く新しい先生がたくさん入ってくる中で、当初のねらいが抜け落ちて、「毎年やるものだから」という感じでなんとなく続けている状態がありました。ベテランの先生からは、「なぜその授業や活動をするのか」「子どもたちにとってどんな意味があるのか」っていうことをもう一回問い直していく必要があるという指摘も頂いて。

そこで、これまで積み上げてきたものについて、過去の経緯を伝えたり、当時を知る教員に意味合いを語ってもらったりして、丁寧に共通理解を図ろうとしました。その年の研究授業では詩集作りやピア・サポート活動を改めて取り上げました。12月には表現活動を取り入れた音楽科の研究授業にも挑戦しました（281頁の出江英夫前校長のコラム参照）。そして、プラスアルファということで、最後の1月の研究授業では演劇的手法を自分なりに取り入れてみて……。

渡辺　あぁそれが、研究指定を受ける前年度の末の「わらぐつの中の神様」の授業（1章2節参照）。

藤原　はい。

渡辺　それで、翌年度には研究指定を受けて学校全体で取り組んでいったんですね。1年目、最初はどんな感じでスタートしたのでしょう。

藤原　その前に、研究指定に応募するときの話なのですが、美濃山小は長年にわたって、市や府から指定を受けて研究に取り組んできた学校でしたが、ここ数年は研究指定を受けていなかったんですね。そうなると、教師がみんなで一つのことをやる、共通理解を持って取り組むっていう機会がなかなか持ちにくかったんです。ただでさえ、1学年4～5クラスという大規模校で、教職員の人数も多いですし。そんなこんなで、授業や学級づくりについて、学校として大切にしたいことは何なのか、教師の意識がバラバラになっているところがありました。

ちょうどその頃、先輩の先生から、「研究指定を受けてみんなで一つのことをやってみるっていうのもいいんじゃない？」と提案していただいたんです。「じゃあ何か研究指定探しましょうか」って研究推進部の中で言っていたところ、出江校長（当時）が「こんなんあるで」と京都府教育委員会の「学力向上システム開発校」の要項を持ってきてくださって。やってみようかって盛り上がって、早速申請書を書いて、コンペに備えてプレゼンの練習をし、結果、ありがたく採用していただき、2年間予算がつくことになりました。これが一つの転換点になりました。

校内研究1年目が始まって　2017年度①

渡辺　なるほど。そうやって始まっていったのですね。そして研究指定を受けての初年度。研究主任として、最初、どう研究を進めていきましたか。

藤原　まず、4月にオリエンテーションをして、研究のねらいを伝えたり技法の紹介をしたりしました。けれども、教員はまだ授業での手法の活用事例として、(前年度末の「わらぐつの中の神様」で取り上げた)〈ホット・シーティング〉しか知らない状態。他にもどんなやり方があるのか知りたい、授業にどう組み込んだらいいのっていう声が出てきていて、そこで最初の研究授業を、私が信頼してずっと一緒に活動してきた北先生が担任していた4年生で、「一つの花」(今西祐行・作)という戦争児童文学教材を使って行うことになりました。

研究授業が6月だったんですが、それに向けて4年生の先生たちとあれやこれやとやりとりをして、一つの授業の中に〈ホット・シーティング〉〈心の声〉〈ロールプレイ〉〈ティーチャー・イン・ロール〉の四つの技法を組み合わせ、提案しました。

渡辺　技法を四つ！　どんなふうに使ったんですか。

藤原　授業の初め、前時の振り返りを〈ティーチャー・イン・ロール〉でしました。前時の場面で子どもから出た意見をもとに教師2人が母役と父役になって演じて。〈心の声〉は、授業の最後に、父が娘の「ゆみ子」を「高い高い」していたときの気持ちを想像して表現するのに使いました。

渡辺　先生方の反応は？

藤原　〈ティーチャー・イン・ロール〉で子どもたちが一気に物語の世界に引き込まれていくのを見て、先生方は「この技法は、世界をつくるのに効果的だから、最初にするのはいいね」とおっしゃっていました。〈心の声〉も、「自分たちがその時間で読んできたことを〈心の声〉に凝縮し、整理できるね」と。

このときの研究授業では、自分たちが今まで授業づくりで大事にしてきたこと―楽しみながら学べることとか、個から集団へと言語活動や対話を通して読みを深めていくこととか―を、演劇的手法を使う授業でどう改めて意味付けられるかということを確認できたのかなと思っています。これまでの国語科の授業と全くの別物とせず、美濃山小の実践史に位置付け直すというか……。

渡辺　なるほど。それでこの研究授業を経た後、何か変化はありましたか。

藤原　実際の授業を見てもらうことで、「面白そう」「やりたいな」と思ってもらえたかなと思います。子どもにモデルを示すのが大事であるのと同じように、先生たちの場合も、一つのモデルがあることで、「こんなふうにやったらいいんだ」となるので。研究のムードが高まっていく一つのきっかけになったのかなと思います。

渡辺　この「一つの花」のときは、私は行ってなかったんでしたっけ。

藤原　そうなんですよ、この時は来てもらってなくて。演劇的手法を活用した初めての研究授業でしたし、方向性としてこれでよいのか分からなくて、心細かったです。

あと、この時はまだ事後研で、今の「追体験」みたいな「なってみる」型のやり方は、取ってなかったんですよ。だから、授業をして普通に「よかった点」とか「改善点」とかを付箋に書いて出し合う形式でした。

〈ホット・シーティング〉については、実際に授業で〈ホット・シーティング〉を使ったから、事後研でも、授業者や同じ学年の先生がホットシート（※ホット・シーティングで質問を受ける人が座る椅子）に座って、授業について質問を受けて答える、みたいなことはやってたんですけどね。それでも、授業の検討の仕方の部分は、従来のマインドのままで、まだ全然手付かずだったというふうに思います。

渡辺　私が（指定を受けた研究の開始後に）最初に行ったのは、夏休みに入ってからの研修でしたね。

藤原　そうなんです。7月、夏休みに入った初日に来ていただきました。実技をたくさんまじえた初の校内研修を2時間たっぷりしてもらったんです。それがすごく良くて。教員全員への演劇的手法の体験型ワークショップは、それが実質的には初めてだったんですよね。「かまきりりゅうじ」になってみて（1章1節参照）、やりとりをすることで感情が動くし言葉も出てくるんだなっていうのを経験したり、実際の授業の映像を見せていただいたりして。みんなも本当に、身体で分かる感覚っていうのを味わえて。そこから後半の授業づくりがスタートしていったっていう感じでしたね。忘れられない1日です。

渡辺　「おれはかまきり」での盛り上がり、印象的でしたね。

さて、この1年目、終盤の1月に開いた研究中間発表会が一つの山になったのかなと思いますが、そこにいくまでは、夏休みからどんな流れでしたか。

藤原　そうですね。そこがいろいろ大変だったんですが……。まず、9月に5年生で道徳の研究授業に取り組んだんです。美濃山小では、研究授業で道徳を取り上げるのって初めてだったんですよ。それで先生たちが夏前に「この教材でやりたいんです」ってなった時に、「どういうねらい？」とか「どんな授業にしたいと思ってるの？」とか「ゴールは何？」とかいうことを話し合っていったんですが、話し始めると、すぐ行き詰まっちゃったんですよ。「何をゴールにしたらいいのかな」みたいな感じで。授業者だって、まだ自分たちの授業が見えてない、語れない。

ちょうどそんなときに、渡辺先生が夏の研修で来てくださって、「おばあちゃんもいます」の教材研究を一緒に行いました（2章2節参照）。渡辺先生は「じゃあとりあえず、この本文に書いてある通りに場面つくってみましょうか」「じゃあ、○○さんたちはこの家族、○○さんたちはこの家族」みたいに声を掛けてくださり、実際に教材文に描かれた状況をつくって教師たちで動いてみました。そしたら、状況設定への疑問が湧いてきたり、この教材で扱う道徳的価値について発見があったりしたんですね。それで、「いやあ、教材研究って、実際に自分たちの身体を動かしてやってみたら、授業のねらいとかに迫るのにすごくいいね」、「やってみたらすごく分かることがあるよね」ってなりました。今まで「ゴールどうしよう。うー（うめき声）」ってなってたことが嘘みたいになって。本当に、びっくりでした。

渡辺　そうでしたね。あの時の教材研究、面白かったですね。先生方、実際に場面をつくって動いてみたら、いっぱいアイデアも出てきて。

藤原　そう、それで、本番の授業は9月だったんですが、それまでの準備の過程で、何回も自分たちでやってみるっていうことが大事にされるようになりました。それまでは「言語モード」による話し合いばかりでしたが、明らかに「身体モード」というか、「やってみることファースト」の教材研究になっていきました。

実際に体を動かしてやってみると、見えてくるものが山ほどあって。「言語モード」は、やはり、論破しようというムードに陥ったり、経験や知識がある人の発言に流されたり、無用な対立を生みやすいです。一方、「身体モード」を駆使した場合、共感のムードが漂うんですよね。みんな素朴な学習者に戻れる。ごっこ遊びをしている子どものような。そうすると、経験差や知識の差に関係なく、ピュアな実感が語られて。くだらない発言もたくさん出てくるし、プレイフルな雰囲気が生まれます。

一つ印象に残っている出来事があるんです。この時の教材は、主人公の男の子が嘘をついたことで落ち込んでいるんですが、嘘をつくしかなかったという部分もあり、すごく揺れてるんですよね。その揺れてる気持ちを引き出す〈ホット・シーティング〉をしてみようかっていうアイデアが出ました。それで、自分たちでやってみたんですけど、主人公の立場になると、すごく責められてる感があったんです。「なんで嘘ついたんですか」みたいに詰問されてる感じで。「これきついよな」「よくないよね」「心情に迫る方法としてミスマッチだよね」ってなりました。

そんな時、「3人組で全員が当事者の『ぼく』になって、心の中にある「嘘仕方なかったよね」っていうのと「嘘よくなかったんじゃない」っていうのを語ってみる、心の中での会議みたいな形にしたらどうかな」っていうアイデアが出されて、実際にやってみたんです。そうすると、責められてる感もないし心情理解も深まるし、あ、このやり方いいな、っていうふうになりました。その時に《ココロ会議》っていうネーミングも生まれて。美濃山小オリジナルの技法が誕生しちゃった！という。これが本番でも子どもたちにすごく効果的でした。

こういう経験を経て、「手法って、もともとあるものをただ使い回すだけじゃなく、自分たちで感覚を使って、その授業の教材にあったものをつくりだすこともできるんだ」っていう自信も得られたのかなと思います。1年目の授業研究の中でのエポックでした。

渡辺　なるほど。そのあたりから、授業そのものと、授業の検討の仕方が連動していったんですね。

藤原　はい。ただ、そうはいってもすぐには難しくて…。1月の中間発表会に向けて、12月頃、1年国語「たぬきの糸車」、3年社会「昔の道具と人びとのくらし」、6年国語「海の命」の授業をつくっていく段階で、先生方に低中高学年それぞれのブロックに分かれてもらって、授業準備をする研修の時間を取ったんです。

「実際に動いて教材研究して活動つくってみてください」っていうふうにお願いして。私自身は6年生の授業者でしたが、5・6年の先生方に「ちょっと、教材研究やっといてくださいね」って言って、低学年ブロックの様子を見に行きました。そうしたら、全員が座り込んだままで、「どうしよう」という感じで、止まっちゃってるんですね。中学年ブロックの方に行ったら「もう終わった」と。「あれ、実際やってみました？」って聞いたら、しゃべってアイデア出して終わっちゃったと。「えっ、終わっちゃったんですか」という感じで。
　私としては、研修の方法として、立ち上がって実際に場面をつくってやってみてほしいという手引きは示していたのですが、実際に立ち上がり、動きながら考えるみたいなことは、その段階では先生方だけでは難しかったのだと思います。「じゃあ私、今から本文を読むので、みなさん『たぬき』役と『おかみさん』役になって、私の音読に合わせて動いてみてくださいね」っていうように、私がリードすると、「ああ、やってみたら、分かりました！」「このやり方いいですね」って、共感してくださり、そこからは意見がどんどん出てくるんですよ。ただ、私なしで活動試行をやるっていうのは、最初はすごく難しかった。それが1年目でしたね。

渡辺　そうですよね。授業を考えるときって座って話し合うものというのが先生方に染み付いてますから。そこで自分が違うやり方を率先して行うというのはハードルが高い。

他の教師らの受け止め方　２０１７年度②

渡辺　他の先生方、藤原さんがアシストして実際にやってみたなら、良さを実感するんだけど……、みたいな話でしたが、そもそものところでの戸惑いや反発はなかったんですか。演劇的手法について、特に、きっかけとなった前年度末の出来事を知らない、異動で入ってこられた先生もおられるんじゃないかと思いますが。

藤原　そうですね、反発というか、疑問で、「評価どうするの？」「演劇的手法は楽しいけど、深まらないのでは？」という意見を下さる先生はおられましたね。

渡辺　それとか、いわゆる流行りのテーマってあるわけじゃないですか。国に示された文書に出てくる言葉をちりばめたような。一方、演劇的手法っていうのは、特に文科省とか行政的な施策にも直接的には出てこないわけで…。

藤原　あぁ、その点では、最初に美濃山小の実態や研究の伝統についてお話ししたように、「主体的な学習者を育てる」というのが大きな研究主題で、そのための方法としての表現活動や演劇的手法があるという位置付けにしていました。「主体性」がうちの学校の児童の課題やなっていうのは、ずっと教師集団の中から挙げられていて……。

全国や府の学力テストでは、毎年平均よりも良い結果ですし、国語の活用問題の得点率も高いんです。しかし、「国語の授業は好きですか」という設問は、平均より低い。実際に授業をしていても、高学年になればなるほど、学習意欲や主体性に課題を感じます。「なんでこんな勉強しなあかんの」という無気力ムードを感じることもたびたび。「この場面について話し合ってみよう」って言っても、「話し合って何の意味があんの」「めんどくさー」という反応で、主体性や意欲の面での難しさが、高学年になると顕著に出ていて…。こういう雰囲気なので、授業の内容や方法が魅力的でないと、児童の心を捉えられず、児童と教師の信頼関係も揺らいでいきかねないという課題がありました。

演劇的手法を使うと、登場人物になって質問に答えてみるっていうだけで、子どもたちの参加度がすごく上がって意欲も高まるっていうのは教員も感じていたので、その点では、特に反対する人っていうのはいなかったですね。

ただ、「やったことがないから難しい」っていうのと、「今までやってきた動作化や劇化とは何が違うの」っていう疑問はずっとありました。正直、従来取り組んできた動作化と演劇的手法は違う部分があるってことは分かるけど、何が違うのかいまいちのみ込めないっていうもどかしさがあったかと思います。

あと、例えば、〈ホット・シーティング〉で登場人物になって答える時、読むのが苦手であったり、内容理解が浅かったりすると、ずれた発言をしたりするんですよ。そこで教師が介入するべきだという

話になると、今度は逆に、「それなら教師が中心に進めていけばいい」、「役になってみることに意味があるの」っていう議論になったり。そうした、活動の取り入れ方についての戸惑いみたいなことは、最初はもう、たくさん出てきました。また、全体で役になって動くといった場面で、それぞれの児童が思い思いに表現をし始め、面白いことから、物語から外れすぎていることまで同時多発的にいろいろ起こるから、それをどうやって評価したらいいの、とか。

授業をつくる上でのそうした戸惑いはたくさんあったと思います。他にこうしたことを行っている学校ってそうあるわけではないし、私自身もあまり見たことがなく、モデルを欲していました。

そこで、渡辺先生が指導助言に入っておられる川崎市の児童文化研究会の研究授業を、研究指定1年目の2017年9月に見に行かせてもらったんです。同僚2人と一緒に。演劇的手法の「迷いの回廊」を使った道徳の授業でした。事後研も、実際に自分たちで「やってみる」型の事後研でした。そこでの試みをヒントにさせていただいて、ちょっとずつ状況が変わってきましたね。

教師が得る手応え　2017年度③

渡辺　どの学年も、校内研や公開研での研究授業を年度のどこかでは経験するから、そのときは先生方も演劇的手法のことを意識するんだろうけど、それ以外に、先生方が自分で普段の授業で使ってみるようなことも行われてたんですか。

藤原　研究推進部のメンバーは、私の知らないところで、かなりいろいろ試している感じでした。1年生の漢字の学習で身体を動かしたり、説明文で出てくるものになってみたり、普段の授業のウォームアップとして演劇ゲームをしたり、5年生の社会科の農業や水産業の学習で、農家や水産業に従事する人になってみたり。そういう報告を聞くのはすごくうれしかったです。

ただ、研究推進部以外となると、消極的な先生もおられたと思います。国語は、4、5、6年の国語の授業に私が国語の加配教員として入って一緒にやっていたということもあって、それなりに実施していましたが、全体として見れば、1年目はそれほどでもなかったですね。自分だけで授業にふさわしい技法を選択・判断して活用するのは難しかったと思います。こういうのが得意だったり好きだったりする先生が、ちょっとずつ社会とかいろんな教科で使っていた、というくらいでしょうか。

渡辺　先生方が（演劇的手法の活用に）手応えを感じ始めてきたのはどのあたりなんでしょう。2年目に入ってから？

藤原　そうですね…。まず、1年目の中間発表会で、一つ形として作り上げられた、そしてそれが外からこられた人たちに評価されたということは、教員にとってすごく励みになったと思います。例えば、私は6年生の国語の研究授業に取り組みましたが、その時一緒に授業をつくっていった先生たちは、演劇的手法を使うことで、「海の命」での子どもたちの読みの深まりがすごいっていうのを本当に感じていました。そこでの感動、「子どもってすごいな」「こんなことができるんだ」っていうことが、自分たちの自信にもなりました。そうした授業での感動や一緒に授業をつくるときの充実感を、1年目のどこかでの段階で、みんな多かれ少なかれ持ったんじゃないかと思います。

渡辺　中間発表会のときに外からも評価されたということ？

藤原　1年目の中間発表会には、中学校区外からの一般参加が30人ぐらいあって。子どもたちの学ぶ姿に対して、「すごく楽しそう」、「演劇的手法を使うことによって読みを深め、学習内容に迫ることができている」っていう声を聞きました。

それから、そこがそんなに評価されるとは思っていなかったんですけど、全体会での実践発表を教職員の劇でやったことが、「こんな形の公開研見たことがない」とか、「声は聞こえにくかったけど先生たちが楽しそうに研究してるのが伝わってきて、そこが好感持てた」とか、「来年もぜひ見に来たいです」とか、反応が良かったんです、教職員の協同という点で。後半の渡辺先生の講演

&ワークショップの中でやった、小グループに分かれての「美濃山小の教員へのインタビュータイム」も、好評でした。「やりとりの中でいろんなことを聞けてすごい良かった」っていうふうに言っていただいて。

そんなふうに研究会自体への反応も上々で、「よし、来年度の本番はさらにいいものにしよう」「反省点はいろいろあるけれど2年目に向けて頑張っていこう」という雰囲気が生まれました。なかなか、教師自身が自分たちの学校や授業実践について認められ、エンパワーされる機会ってないんですが、研究発表会はそうした機会になったかと思います。

校内研究2年目に入って　2018年度①

渡辺　そんなこんなで1年目を終えて研究2年目に入っていくわけですが……。2年目に入るときに意識したポイントなどはありましたか。

藤原　そうですね、研究指定が、単なる授業改善ではなく「学力向上システム開発」だったので、システムをつくるというのは意識しました。学校全体として、人が変わっても学力向上のためのシステムは残っていくような研究、そのシステムを他校にも普及していけるような研究が目指されていたので。

前の年は、私や研究推進部が中心になって進めていた感じがあったので、「ラボ」という仕組みを新たにつくりました。例えば「環境整備ラボ」だったら、授業に関する掲示物を作るとか、「学級づくりラボ」だったら、表現しやすい学級をつくるための研修をするとかそうした方法のシェアを行うとか。

他には、月に1回研究日っていうのをつくって、子どもたちが早く帰って教材研究をじっくりできる日を設けたりもしました。

それから、どの時期に教材を決めて、どの時期には活動試行をして、どの時期に事前・事後研をして、誰々に見てもらって…みたいに、見通しを示して、先生たちが安心して授業づくりに取り組めるように心がけていました。授業づくりは、検討を重ねたり、時に行き詰まったりして、時間がかかるってことが分かっていたので。時間をかけすぎず、また、負担感が募らないよう短時間で成果が得られるようにして、先生たちがエンパワーされながら研究に取り組みやすい仕組みにするっていうことを、年度を通して意識したなって思います。

そして何より、モデルを見せるということです。4月のまだ学級始まって2週目ぐらいの時期に、いきなり公開授業をしたんです（5年国語科「なまえつけてよ」1章2節参照）。そんな時期に普通はしないいんですけど。

渡辺　私が行ったときのですね。

藤原　はい。一番最初に北先生に授業をしてもらって、モデルとなるものを先生方に見てもらう、まずそこを共通理解とするということから始めました。渡辺先生にも来ていただき、演劇的手法について話してもらって、一気に研究を加速させる、見通しを持って進めるような仕掛けにしたいなと思っていました。そのために、年度初めの早い時期に研究授業を設定しました。

それから、5月に1回、6月に2回、私と研究推進部の先生が授業者となって、研究授業をしました。実際に私自身が授業をし、子どもたちが学ぶ姿を見せることが、先生たちがゴールイメージを描き、「こんな授業やってみたい」という意欲を喚起するという点で、すごく意味あるなと感じました。

実際、授業後、「道徳の授業でのロールプレイ、すごくいいですね。やってみます！」、「ティーム・ティーチングで授業を進めるイメージが湧いたので、今度やってみたい！」というように、ポジティブな言葉をたくさん掛けられました。特別にいい授業ができたわけではありませんが、同僚が授業づくりへの意欲を喚起されるような授業をすることは、研究主任の大事な仕事だと感じました。やっぱり、「授業するって楽しいな」、「授業を工夫してみたいな」って思えるのって、教師として、一番大事なことだと思うので。

けれども、一方で、2年目の研究発表会では、私は授業をしない方がいいなとも思っていました。私が授業者になると他の学年の研究を見に行けなくなりますし。ということで、研究発表会までは、自分ができることはやって見せて、最後は自分は授業者にはならず、全体を見る側に行く、教師たちにやってもらうことを意識してました。

渡辺　4月のその「ブースト計画」は功を奏したんでしょうか。

藤原　功を奏したと思います。「この忙しいときになんで研究授業見に行かなあかんねん」って思ってる先生もいたとは思いますが。でも、これを6月に持っていくと、4、5月は忙しくて研究どころでなくなってしまいそうなので、意識を一気に持っていけた面はあるかな。今年度は11月に研究発表をするんだという見通しもありましたし、異動してこられた先生たちにとっても、モデルになる授業を一つ見てイメージを持てたというのは大きかったかと思います。

全校で取り組むことの面白さと難しさ

渡辺　授業で演劇的手法を活用するということに、藤原さんは、以前の立場だったら、一人で、自分の授業の中で取り組んでいたわけですよね。それを全校でやっていくということになって、そこには難しさと面白さの両方があったんじゃないかと思いますが、そのあたりはいかがでしょう。

藤原　難しさについては、演劇的手法を好きな人ばっかりじゃないだろうなっていうことですね。演劇が好きな人もいれば人前で表現するのが苦手な人もいるわけで、そんな中で演劇的手法という方法を、ある意味強制されるわけですから、苦手に思う先生にとっては、苦しいことを強いてるかなっていう、そういう申し訳なさみたいなものはありました。

また、研究授業前、授業を練り上げるのにすごく時間がかかったり、人に見られるプレッシャーもあったりで、あまり寝られなくなっている先生の姿を見ると心苦しい部分もありましたし、研究することだけが教師の成長につながるわけじゃないのに申し訳ないなっていう思いがありました。

渡辺　研究だけが教師の成長のもとじゃないっていてい

うことを他ならぬ研究主任が意識していたというのは興味深いですね。面白さの方は？

藤原　面白さの方は……。一人でやっていたときは、自分に力がなかったし、「できなくても仕方ない」「これくらいで仕方ない」みたいに、あきらめが早いというか、目指すところも低かったんだと思います。だから、とりあえず演劇的手法を使っただけで、「私すごい頑張った、チャレンジした」みたいな。「ちょっとうまくいかんかったところもあるけど」という感じで自己完結しちゃうとか。

　だから、一人のときは、本当に小さな実践を細々としかできなかったんですけど、みんなでつくると、「実際に（授業で）試してみましょう」みたいなことができるわけですよね。学年に4クラスや5クラスあるから、同じ授業を5回実践できる。それぞれの教師の得意分野を生かしながらやれるから、アイデアを出して1回やって、またアイデアを出して2回目は、「もっとよくなったね」「今度はこうしてみたら」となって、さらにいろいろ試してみたら、また新しいアイデアが出る、みたいな。本当に、先生たちのアイデアで、自分一人だと絶対に考え付かないようなものが出てくるのが面白かったです。

　それに、その過程で、教員同士の関係も変わってくるんですね。同僚に対するリスペクトと信頼がお互い、生まれてくるし。

　それから教師たちがみんなで子どもたちのことを考えながら授業づくりに取り組んでいるっていうことは、子どもにとっても何よりの良いメッセージだと思うんですよね。例えば、私が自分のクラスの子にだけ演劇的手法を活用した授業をしていたら、子どもたちからすると、「他のクラスはやってへんのに、うちらだけこんなことしてる」みたいになって、クラスや学年を超えての連続性やそれによる学びの深まりが

生まれにくいと思います。けれども、他のクラスでもやってるし、担任じゃない先生もやるし、3年生でも4年生でもやるし…となると、先生たちがみんなでやっているということが子どもたちにも伝わり、それが子どもの学びの深まりにつながります。自分のクラスの子どもだけをどうこうするのでなく、学校全体を巻き込むことで、本当の意味で子どもたちへの力になるというのは今回すごく感じましたね。自分一人では絶対にできない世界を見せてもらったと感じています。演劇的手法の本当の面白さは、私は同僚に教えてもらったと思っています。

また、子どもたちが教室の主役であるように、職員室の主役は教師なので、自分たちが働きやすく、学びやすい研修システムを自分たちの手で試行錯誤しながら作り上げていけたことも印象的でした。

２０１６年度末の大泣き事件

渡辺　あれ、でもどこかの時点で、藤原さんの「大泣き事件」っていうのがあったんじゃなかったですっけ。

藤原　（笑）。それはね、指定を受ける前の年度です。２０１７年1月ですね。

渡辺　ああ。

藤原　演劇的手法をみんながまだ知らない状態だったときの話で、年度末に「わらぐつの中の神様」の研究授業で演劇的手法を使った授業をして、その研究授業自体はうまくいったというか、評判良かったんですが（1章2節参照）、その前に高学年ブロックで事前授業を行った時に、事後研が荒れまして……。

「〈ホット・シーティング〉を使って役になってたけど、子どもたちあんま答えられてへんやん」とか、「この授業の主題は神様っていうことやのに神様のことが全然出てきてへんやん」みたいなのが事後研でワッと出てきて。

授業を行った私たちの願いは、子どもが楽しく意欲的に読み深められる、登場人物になってみることで想像力豊かに作品を味わえる授業ということだったのに、そうした授業者の思いとは全然違うところで、「この授業、こうすべきやのになってない」とか、「意見言えてないからダメ」という意見が飛び出し……。それでみんなの前でしゃくり上げて大泣き。演劇的手法の魅力や子どもたちの素敵さ、自分たちの思い、全てにおいて伝わらないむなしさをすごく感じて。

今振り返ったら、なんで伝わらなかったかっていうと、先生たちが演劇的手法をやったことがなかったからというのもあったかと思います。例えば事後研のときに、子どもたちが授業でやっていたように先生たちも実際に〈ホット・シーティング〉をやってみたら、「うーん、なんて答えたらええんやろ……」っていう沈黙こそが考える時間であったり、必ずしもこちらのねらい通りに持っていくことがその授業で目指すべきことじゃなかったり、そうしたいろいろな可能性が見えてきたんじゃないかと思うんですが、そこが伝わらなくて……。　ある若い先生は——その先生はこの活動をやったことがあったんですが——、「子どもたちは意見言えてなかったけど、あれすっごい考えてたんやと思います」とフォローしてくれたんですが……、停滞ムードで事後研は終わりました。

私としては、その授業での子どもの姿、素晴らしかったんですよ。「おばあちゃんの話を聞いて、結局、わらぐつ履いていきますか？」って質問が出て、子どもが一生懸命考えて、「いや、金具にはまらないから次の日はスキー靴で行くけど、おじいちゃんとおばあちゃんにわらぐつの作り方を教えてもらいたい。教えてもらって自分でわらぐつを編んで、自分で作ったわらぐつを履いていきたい」と答えて。物語の世界を本当に味わって、教師用指導書に書いてあるような読みを軽々と飛び越えるような読みが出てきて。私は授業中感激してたのに、事後研で結構ダメ出しされたから、すごいショックで…。新しいことをしようとしたらもちろんうまくいかない部分ってあると思うんですけど、こんなにも魅力が伝わらへんのやっていうので、私が大泣きして。一緒に授業をしてくれた酒井先生も大泣きして、後で授業をつくった5年の先生たちと私だけになってまた泣くみたいな。

渡辺　あれは一人で泣いてたわけじゃなかったんだ。

藤原　一人じゃないです。事後研の席の真ん中で泣きました。「こんな事後研、嫌や」って思ったし。

渡辺　まあ、授業を行った、あるいは準備してきた側の思いが踏まえられないまま、参観者がそれぞれ持論を展開しちゃうというのは、これまでの事後研の「あるある」ですよね……。それで、その後はどうなりましたか。

藤原　その時はもう年度末で、その年に何か解決したわけではありませんが、その後、演劇的手法に厳しいことを言っていた先生たちも協力してくれましたし。このときの事後研での発言も、授業を良くするために、良かれと思って言ってくださったことだったので、これはやはり事後研のデザインの問題だったと思いますね。

渡辺　事後研のデザイン？

藤原　はい、事後研の場が、授業者の思いをくみ取りにくく、子どもの学びを見取りにくく、もっぱら自分が持っている教育観や前提に基づいた語りに終始してしまうようなものになっていて。しかも、そうしたクリエイティブな対話が生まれにくい事後研の場を、（研究主任の）私自身がつくってしまっていたんですよね。どういう場をつくることでどういう質の対話が生まれるかにもっと自覚的であったなら、自分が泣くこともなかっただろうと思います。個人がどうこうではなく、場づくりやマインドの問題でしたね。

2年目の変化　2018年度②

渡辺　それで、研究指定2年目の展開の話に戻りますが、2年目は11月に研究発表会があったわけですが、先生方の様子に1年目との違いはありましたか。

藤原　やはり、11月30日に全学年が公開授業をするということが決まっていたため、みんなに明確なゴールがあったことが大きく違いましたね。そのため、気持ちも入っていたし、そこに向かって頑張っていこうっていうムードがすごく高かったかなと思います。

渡辺　研究発表会があることが分かっているといっても、そのために仕方なくやるというのもあれば、何らかの面白さを見いだして、直接研究授業につながらないことでも自分で何かやってみるというのもあるかなと思いますが、そのあたりは？

藤原　そうですね。特に、研究推進部のメンバーは、私の知らないところでも積極的に授業に取り入れていたようですし、私が国語専科として4、5、6年にかかわっていたので、意識して新しいやり方を入れて担任の先生と一緒に授業を開発したりしていました。「こんなのやってみた」と伝え合っていましたし、「やってみる」ことが楽しいっていう雰囲気はすごくあったかなと思います。4月、5月、6月、と毎月何かの授業公開をしていて、その時期めっちゃしんどかったですけど、やるたびに手応えもあったし、新しい可能性を発掘していっている面白さもあったし、それを共有できている仲間との絆も深まっていってたし、ムードとしてはすごいよかったです。

渡辺　「こんなのやった」という共有や交流は、研修の時間とか関係なく普段の会話でも？

藤原　この時にこの会話というのをはっきりと覚えてはいませんが、4、5、6年は日常的に授業に入っているから普通にやっていたし、通りすがりに「こんなんやりましたよ」って声を掛けられることもあるし、学年会で「あっじゃあこれ使おう」みたいなことが漏れ聞こえてくることもあるし、「こんなんしたらよかったよ」って職員室で聞こえてくることもある。「みんな意識してやってくれているんだな」というのは感じていました。

1年目の時には、「0から1」をつくる難しさみたいなものがあって、「研究発表があるので、演劇的手法を使ってみてください」って言わないといけなかったのが、2年目になると「1から2、3、4」をつくるみたいになって、みんなどんどんやってくれている感じがありました。道徳とかそんなにやり慣れてなかったのが、1回研究授業してみんなで共通

理解を図ると、どんどんやりだすというように。
研究授業を1回自分たちの学年でやるっていうのは大きな成長になって、そこまでやると一人でもできていく。「昨日誰かとできたことは今日一人でもできる」と言われますけど、そういうのは教師集団の中にもあって、研究授業でみんなで練ったことは、自分一人でも教室の中で実践できるようになっていくというのはあったかな。

渡辺 なるほど。教師版の「発達の最近接領域」（ヴィゴツキー）みたいなものですね。

藤原 そうですそうです！　あと、「やってみる」形の研修スタイルに先生方が慣れてきて、他校の研究発表会に行ってこられた先生方からは、たびたび「うちの事後研がいいです」、「美濃山を出ても、こういう研修のスタイルは絶対伝えていきたい」と言われるようになりました。学校の中でやっている時はそんなに言われないんですけど、外に出たときに、自分の学校の校内研修のことを誇りに思い始めるといったことは、2年目以降ちょこちょこありました。

渡辺 1年目の研修の時にあった、藤原さんが入らないとなかなか動けないという問題は、2年目は変化しましたか。

藤原 2年目になると、「やらないと分からへんよな」「やったら分かるよな」ということを、みんながすでに信じている感じがしました。だから、立ち上がることの意味や価値を私が語らなくても、それをやらないと先に進まないとみんな分かっているから、「こうしてみましょう」「ああしてみましょう」が、私発信でなくても出てきていましたね。

渡辺 その変化を感じたのはいつくらい？

藤原 6月の初めに3年生の先生方と「どんどん橋のできごと」の授業を練ってたときには、もう感じていましたね。会話の質がどんどん上がっていく感じがあったし、私もすごく楽しかったです。
私、最初のうちは、（演劇的手法を）やってもらっているという、引け目みたいなものがあったんですけど、先生方が、本当に自分が面白いと思って、やりたいと思ってやってくださっているような感じになっていて、とても心強かったです。

2年目の公開研　2018年度③

渡辺　2年目の研究発表会をやるときは、スムーズに進みましたか。そこに至るまでの困難などは？

藤原　そうですね……。（研究発表会の公開授業の）授業者が直前になって2人変わったんですよね。

渡辺　そうでした！

藤原　研究推進部のメンバーだった先生が、一人はけがで入院されて。他の授業者の方もご懐妊され、急遽授業者を交代することになって……。「どうする？」という話し合いを同僚としないといけない場面がたくさん出てきて、いろいろ不安でしたね。他にもいろいろなことが起きて、心配していると、「校長最後の年にはいろいろあるんや」って出江校長が言っておられて、「『いろいろある』ってなんやねん！」と思ったんですが（笑）。

渡辺　そのときの学校の雰囲気はどんな感じ？

藤原　もちろん、バタバタはしました。ただ、当日の授業を新たにやることになった先生方が、すごく前向きに取り組んでくださって。授業者であるということはやっぱり研究発表会の主役ですし、自分のクラスを見てもらいたいっていう思いもあると思いますし。

こうした変更や調整はありましたけれど、なんとかなると思って、みんなで支え合って乗り切りました。まあ、いろいろあるのは当然ですしね。

渡辺　実際に研究発表会をやってみての手応えはどうでしたか。

藤原　すごく充実していたと思います。空気が良かったし、高揚感もあったし、先生たちも満足して、「最高得点叩き出したね」って自分たちで言ってました（笑）。「もうこれ以上はないよね」みたいな感じで終わることができました。

渡辺　へーっ！　研究発表会って、疲労感が残るようなケースも残念ながら結構ある気がしますが…。

藤原　一番は、分科会が良かったと思うんですよ。分科会で、来てくれた人たちから「すごい楽しかった」とか「授業面白かった」とか言ってもらえて、一緒に追体験をしながら語り合うこともできて。

来てくれた人たちとの心の触れ合いがあったというのが一つ。それから、授業がどのクラスもうまくいったと思うんですよね。不安や心配もあったけど、自分たちが練り上げてきたものを、子どもたちも頑張って、一番良い形で見てもらえて、やりきった感というか。

渡辺　その充実感って1年目の中間発表会とは違うもの？

藤原　1年目も、授業を公開したメンバーにはあったと思います。だけど、授業公開学年とそうでない学年とでは、やっぱり温度差があるんですよ。だから今年度は、全学年授業公開にしようって言ったんです。学年間の温度差がない方がいいなということで。だから、本当にみんな苦楽を共にして――事前研とかで全員が授業やっているわけなので――本番の授業に向けて積み重ねてきました。

渡辺　藤原さん自身の役割は変わりましたか？

藤原　そうですね……。1年目は（当日の）授業もしていたので、自分もいっぱいいっぱいだったし、初めてのことだらけでゆとりもなかったし。2年目の方が、授業に入らない分、全体を見てサポートできたし、研究主任として、「自分がやらないと」という姿勢ではなく最終的に同僚を大事にすることが成功のポイントだと、ある意味覚悟を決められましたね。研究主任としての自分のあり方がはっきりしたんだと思います。

研究発表会の日の打ち上げで、寄せ書きを校内の先生たちからもらったんですけど、それに「（藤原）先生がいつもサポートして声を掛けてくれていたから、研究がここまで楽しくできました」みたいなことを書いてくださっていて、よかったなって思いました。

渡辺　藤原さんが苦労した点は？

藤原　手放すのが難しかったですね。ある学年の授業が心配で、自分もどうしたらよいか分からないから、「自分がもっとやらないと」と思って本を読みまくっていたんです。そうすると、「これもあるよ」「あれもあるよ」と口出ししたくなって、すごくヤキモキして……。石川晋先生に研究発表会の2週間前に事前研に入ってもらったときに、

「この学年団の人たちはもう大丈夫だから、あとは藤原さんが手放した方がいい」って言われて。それでもそこですっと引けなかったんですけど……。気になりすぎてるから、先生たちに、「もっと勉強してほしい」とか、「もっとこうしてほしい」とか思ってしまって。信じて任せるみたいなところができてませんでしたね。「自分がお膳立てしないと」と思っていました。

渡辺　それは、いつの段階で感じていた課題？

藤原　研究発表会の前ですね。手放すことが難しすぎて、「手放す」っていう絵を描いたことがあるくらい（笑）。でも、いずれにせよ手放さないといけなかったんです、全学年のことを抱えるなんて無理なので。だから、それまでは不安すぎてあれこれしちゃったんですが、研究発表会当日には、「先生たち、すごいな」って感動しながら授業を見てまわっていました。

渡辺や外部の人とのかかわり

渡辺　今回私は2年間にわたって美濃山小の校内研究にかかわらせてもらいましたが、一緒に演劇的手法を用いた授業づくりにチャレンジするということ自体は、藤原さんは今までも、私が主宰する「学びの空間研究会」（空間研）などでやってきたわけですよね。それが今回は、個人でなく、藤原さんを介して学校全体とのかかわりになったわけですが、何か変化はありましたか？

藤原　うーん、以前は「演劇的手法のプロフェッショナル」の渡辺先生という印象だったんですけど、それに「教師や職場を育てるプロフェッショナル」の渡辺先生というのが加わりました。しかも、そこにもなんと演劇的手法がつながっているという。

空間研のときには、演劇的手法をどうするかみたいなことが中心でしたが、美濃山小では、教師の学びや成長、そのための研究授業のデザインや検討会での語りのあり方みたいなことまで含めて、渡辺先生が実際に場づくりをしてくださる中で、教えてもらった気がします。

渡辺　私自身、演劇的手法と教師の学びとのつながりというのは、美濃山小にかかわらせてもらう中ではっきり見えてきたというか、自分の手応えとして得ていった部分ですね。

藤原　え、そうだったんですね！　最初の衝撃は、2017年1月の「わらぐつの中の神様」の研究授業のときの事後研ですよね。その時の「表現と理解の相互循環」（1章1節参照）の話―デザイナーのスケッチブックが、覚えておくためだけではなくて、描きながらアイデアが湧いてくるという性質のもので、演劇的手法もそれと同じ―が印象に残っています。それから、授業の見方の話もしてくださったんですよね。授業を見るときに、教師はつい自分の前提で見てしまう、子どもにはいろいろ要求するのに教師自身は変わろうとしない、みたいなことを確か言ってくださって、「同型性」の話もそのときにしてもらったと思うんですよね。

渡辺　あ、その話も、研究指定を受けての研究が始まる前の段階でしていたんですね。

藤原　はい。私が事前授業の時のこと（前出の「大泣き事件」）を話していたから、場づくりのことも意識してくださったんだと思います。ガツンと「教師の学び方自体を変えないとだめなんですよ」みたいなことも言ってくださったんですよ。

渡辺　（笑）。そうか。そこにつながってたんですね。

藤原　そう。渡辺先生にはいろいろ相談していて、それも踏まえて、教師の学習観とか授業を見る目みたいなことについても、校内研修ではたくさんお話ししてもらいました。

渡辺　確かに。私も、教職大学院でやってる取り組みとかいろんな学校現場の校内研修へのかかわりとか、そういうところで見えてきた、教師教育に関わる事柄っていろいろあって、演劇的手法のこととは自分の中ではつながってるけど、その両面を同時に打ち出す機会ってそれまでなかったんですよね。

藤原　そうなんですね。教師が自分の感覚を使って学ぶ、子どもと同じことをやってみる、その意味みたいなところから、「こうすべきだ」「ああすべきだ」みたいなことを言いがちな事後研に一石を投じるような話まで、毎回ちょっとずつしていただきました。そこで、「子どもがどうこう言う前に、まず教師自身が自分たちの学びを見直さないとあかんよね」という雰囲気もできてきたから、よかったなあと思います。

渡辺　私自身、こうした発展の仕方をするとは予想していませんでした。

「おかげさま」としか言いようのない2年間

藤原　こんなことになるんだっていうのは、私もびっくりでしたね。演劇の力ってすごいということ、そして外から渡辺先生が来てくださったからだと思います。外から信頼できる人に来てもらうということの力。

渡辺　いろんな人に来てもらいましたね。しんさん（石川晋さん）もふうみん（武田富美子さん）も。

藤原　本当に。平井さん（※この場でビデオ撮影中）も。

渡辺　いろんなネットワークを駆使して。

藤原　自分に力がないのは分かってるし、自分一人だったらできない。限界があるんです。だから外から来てもらって……。

平井　そういう意味でいうと、藤原さんの吸引力っていうのはあると思うで。

藤原　そうですかね。そういうことを考えると、本当に奇跡的で、「おかげさま」としか言いようのない2年間だったなって思います。

一方で、ここでやったことは全部、他の学校でもできることだろうとも思うんです。自分たちの感覚を使って協同的に授業研究を行うこと、子どもに要求する前に自分たちがやってみること、同僚一人ひとりを大事にすること、外の力を上手に借りること、研究主任自身がモデルを見せること……。もし仮に私が「研究授業やってください」とか他人には頼んで自分が全然やらなかったら、こうはならなかっただろうと思うし。こういう一つひとつは、きっとどこでも通じる普遍的な要素なのだろうと思います。

あとは、教師って本当にクリエイティブな職業だと思います。子どもたちの様子が日々違い、「こうすれば絶対うまくいく」という正解もない中で、豊かな学びを生み出そうとするわけなので。そして、教師は、自分たちがクリエイティブであるっていうことを自覚できたときに、わずかながら自信が出てきます。そういうことを感じられる時間が、演劇的手法を使った授業の中にはあったのかなって思います。

渡辺　はい、本当に。どうせ仕事するなら、クリエイティブに仕事ができる方が楽しいですし、それが子どもが教室でクリエイティブに学べることにもつながりますからね。

では、そろそろいったん締めにしましょうか。ありがとうございました。

藤原　はい、こちらこそありがとうございました。

【年　表】

年度	月	出来事	授業者・講師等	頁	ひとことメモ
2016年度	1月	研究授業　5年国語 「わらぐつの中の神様」 (25日)	授業者 酒井結花・藤原由香里	19	初めて演劇的手法を活用した授業を実施。この研究授業がきっかけとなり、校内研究がスタートすることとなる。
		事後研修会	講師　渡辺貴裕		
	3月	京都府教育委員会「学力向上システム開発校」への指定が決まる。			
2017年度	6月	研究授業 4年国語「一つの花」(14日)	授業者 高橋亮・藤原由香里		複数の手法のコンビネーションにチャレンジした。研究主題について、全教職員で共通理解を図ることができた。
		事後研修会			
	7月	校内研修 「演劇的手法を活かした授業づくり」(21日)	講師　渡辺貴裕	13	渡辺によるワークショップ。「表現しながら理解する」ってこういうことね!ということを教師らが体感。
	8月	校内研修 英語ミュージカル・ワークショップ 「美女と野獣」(24日)	講師　小口真澄		外国語活動部の研修も兼ねて、英語ミュージカルのワークショップ。表現することの楽しさを全身で実感する。ウォームアップのゲームも多数体験。
	9月	研究授業　5年道徳 「おばあちゃんもいます」(13日)	授業者　古海菜津子		模擬授業と対話の中から《ココロ会議》という手法が生まれる。また、事後研での追体験により、授業への印象が変化するという体験をする。
		事後研修会	講師　渡辺貴裕	117	
	9月	川崎市立小学校児童文化研究会「授業研究・研修会」(於:東生田小学校、講師:渡辺貴裕)を藤原・酒井・橋本で訪問(20日)			「演劇的手法を活用した授業」や「追体験を用いた事後検討会」を視察できるということで、研究推進部の3名で訪問(石川晋さんも同行)。「迷いの回廊」(〈葛藤のトンネル〉に相当)を用いた、森公洋教諭による3年道徳の授業。
	10月	研究授業　2年国語 「あったらいいな、こんなもの」(25日)	授業者　川岸美香	98	教師が「研究所の博士」として登場し、言語活動のやりとりをモデルとして見せたり、児童を架空の世界に招き入れたりしながら、授業を行った。
		事後研修会			
	12月	活動試行・ 模擬授業ワークショップ			低中高学年のブロックに分かれて、中間発表会に向けての活動試行・模擬授業ワークショップを行う。
	1月	研究中間発表会(31日)	指導助言 神村美貴子指導主事 講師　渡辺貴裕	158	研究指定を受けてから初めての公開研究会。参加者約70名(うち、中学校区の悉皆研修としての参加者や教育委員会関係者が約40名)。関西を中心に、宮城・福岡・東京・愛知からの参加者も。演劇的手法を活用した授業、教職員の劇による実践発表、教職員と参加者の対話やワークショップ型の研修等、研究発表会のスタイルの原型ができあがる。
		1年国語「たぬきの糸車」	授業者 二木貴子・中江玲子		
		3年社会 「昔の道具と人びとのくらし」	授業者　植木優太		
		6年国語「海の命」	授業者　谷口純子・藤原由香里		

		出来事	授業者・講師等	頁	ひとことメモ
2017年度	2月	評価会議			各学年へのアンケートをもとに研究推進部で来年度の方向性を検討。
	3月	公開授業 6年道徳「おくれてきた客」 （1日）	授業者 酒井結花・藤原由香里		武田緑さんによる授業参観。平井良信さんによる授業の様子の撮影が行われる。その後、児童インタビューや教職員インタビューも行い、参観者や記録者にも意見を頂くことで、演劇的手法を活用した授業づくりの効果や今後の展望について語り合うことができた。
		児童インタビュー・ 教職員インタビュー	協力者 平井良信・武田緑		
		「お試し版カリキュラム」 を作成（27日）			春休み中に、研究推進部のメンバーで2017年度の授業をもとに作成。
		紀要作成			リングファイルを使用し、挟み込みたい資料を自分で挟んでオリジナルファイルができるように工夫。
2018年度	4月	研究授業 5年国語「なまえつけてよ」 （18日）	授業者 北一美・藤原由香里	24	教職員の研究へのイメージ（目的・方法・ゴール）を共有するため、モデルを提示すべく研究推進部による「提案型研究授業」を実施した。講師の先生にも来ていただくことで、新年度の好スタートが切れた。
		事後研修会	講師　渡辺貴裕	99	
	5月	研究授業 5年道徳「サッカー大会」 （16日）	授業者 北一美・藤原由香里		武田富美子先生（立命館大学）による取材。村井尚子先生（京都女子大学）と村井ゼミの学生らが参観。その一人・田中茉弥さんは、次年度美濃山小で学生ボランティアをしながら、「演劇的手法を活用した授業づくり」について卒業研究を行った。
	6月	研究授業3年道徳 「どんどん橋のできごと」 （15日）	授業者 酒井結花・藤原由香里	29 109 255	研究推進部による研究授業。道徳科の学習に演劇的手法を取り入れた。価値項目への理解が深まるような授業展開の工夫について提案することができた。児童が「自分ごと」として課題を捉える上で演劇的手法が有効であることが実感・共有された。
		事後研究会	講師　渡辺貴裕		
		研究授業 わかば学級国語「スイミー」 (22日)	授業者 明尾美和・西川恵美子		特別支援学級の国語科の学習における演劇的手法を活用した授業を公開した。異年齢児童6名が演劇的手法を自分たちの学び方として身体や想像力を使って感じたことをのびのびと表現する姿に、演劇的手法の新たな可能性を見いだすことができた。

		出来事	授業者・講師等	頁	ひとことメモ
2018年度	6月	研究授業 1年国語「おおきなかぶ」 (27日)	授業者 吉川千賀子・藤原由香里		研究推進部による授業を公開。低学年の国語科における音読と身体表現のつながりや、TTのやりとりを効果的に活用した授業展開について提案した。
		事後研修会	助言　武田富美子		
	7月	校内研修 「演劇的手法を活かした授業づくり」(25日)	講師　渡辺貴裕		前半は「活動試行」として、2年国語「お手紙」と6年道徳「わたしのせいじゃない」を、実際に身体を動かしながら教材分析・活動の考案を行った。実際に演劇的手法を使いながら作品を読むことで新たな気付きがもたらされ、作品解釈の意味でも有意義だった。後半は「演劇的手法を活かした授業づくり」と題して、渡辺の講演・ワークショップを行った。実際に国語の教材を取り上げながら、授業のどの場面でどのように演劇的手法を活用することが深い学びや理解につながるかについて、体験的に学ぶことができた。
	8月	校内研修 ミュージカル・ワークショップ 「レ・ミゼラブル」(23日)	講師　小口真澄	134	「レ・ミゼラブル」の幾つかの場面や歌を取り上げて、実際に教職員でミュージカルを演じるワークショップを実施。今回は日本語で。歌詞の意味、セリフの意味を考えることで、表現が変わっていったり、自分自身への気付きが促されたりして、演じることがもたらす学びの豊かさを実感することができた。
	9月	渡辺来校・6年道徳 模擬授業ワークショップに参加(10日)			大雨警報で急遽休校に。6年学年団や藤原と「わたしのせいじゃない」の活動を考える。
		研究授業 6年道徳「わたしのせいじゃない」(12日)	授業者　古海菜津子		研究発表会に向けた事前研を公開し、検討するとともに、道徳科の授業づくりについての研修を実施した。演劇的手法を用いることで児童の学びが深まったかについて、専門家の意見を仰ぎながら検討することができた。
		事後研修会	講師　荒木寿友		
	10月	渡辺来校・授業参観(3日)		54	1年国語「くじらぐも」(授業者:吉川千賀子)、4年国語「ごんぎつね」(授業者:杉本和也)を参観。
		模擬授業ワークショップ (22日) ウォームアップゲーム・ ワークショップ			研究発表会での授業に向けた模擬授業ワークショップを実施した。各学年で考えた授業を実際に低中高学年のブロックの教師に実施しながら、その場で感じたことやアイデアを出し合い、授業を練り上げていった。

		出来事	授業者・講師等	頁	ひとことメモ
2018年度	11月	事前研究授業・事後研 石川来校・授業参観・助言（16日） 4年・6年	講師　石川晋		上旬～中旬にかけて、事前研・事後研を行った。ブロックごとに授業を参観し、放課後、事後研にて検討を行った（石川・渡辺が来校した回もあり）。事後研の方法も、研究発表会当日の分科会と似た形式で行い、当日の進行についてのイメージの共有も行った。
		渡辺来校・授業参観・助言（19日） 1年・2年・4年・5年	講師　渡辺貴裕		
		研究発表会（30日）	指導助言　森環指導主事 講師　渡辺貴裕	168	参加者約110名（うち、中学校区の悉皆研修としての参加者や教育委員会関係者約40名を含む）。関西を中心に、北海道、東京、千葉、福岡、岐阜からの参加者も。 授業改善のみならず、校内研修のシステムや研究発表会のあり方についても新しい提案だったという感想を多く頂いた。
		わかば学級 「スーホの白い馬」	授業者 明尾美和・西川恵美子	65	
		1年国語 「ずうっと、ずっと、大すきだよ」	授業者 谷口純子・青杉真理		
		2年国語 「お手紙」	授業者 二木貴子・橋本政志		
		3年道徳 「ぼくのボールだ」	授業者　山田真也		
		4年総合 「みのやま防災ブックを作ろう」	授業者　杉本和也	35 113	
		5年国語 「大造じいさんとガン」	授業者　高橋亮		
		6年道徳 「わたしのせいじゃない」	授業者　橋本彩花		
	1月	研究授業 5年国語「仮想対談をしよう」（23日）	授業者 植木優太・北一美・杉山ふみか・高橋亮・酒井結花		武田緑さん・京都女子大学の学生2名が参観。武田緑さんには、放課後、人権教育部の研修として、「なってみる」ワークを取り入れた研修をしていただいた。
	2月	渡辺来校・授業参観、 平井良信さんによる インタビュー（25日）		52 59	4年国語「初雪のふる日」（授業者：藤原由香里）、5年国語「見るなのざしき」（授業者：北一美）を参観。
	3月	研究のまとめ			来年度は、3年次として引き続き演劇的手法を活用した授業について研究することが決まる。

2. 教師のアンケートとインタビューから見る2年間の変化

校内研究の1年目および2年目の12月に、教員を対象に同じ項目でアンケートを実施しました。また、各年度末には、カメラマンの平井良信さんが数名ずつの教師を対象にインタビューをしてくださいました。それらの内容をもとに、ここでは、校内研究で教師が得てきた手応えや変化について見ていきます。

アンケート　実施時期：1回目　2017年12月
　　　　　　　　　　　2回目　2018年12月
　　　　　　対象：美濃山小教員（藤原除く）　37名（入れ替わりあり）
　　　　　　調査方法：アンケート用紙を配布
　　　　　　回収数：1回目　28
　　　　　　　　　　2回目　35

※1回目は学級担任中心だったのが、2回目は校長・教頭・養護教諭などからも提出があり、増加している。

美濃山小教員の意識調査

（2017年n=28 ／ 2018年n=35）

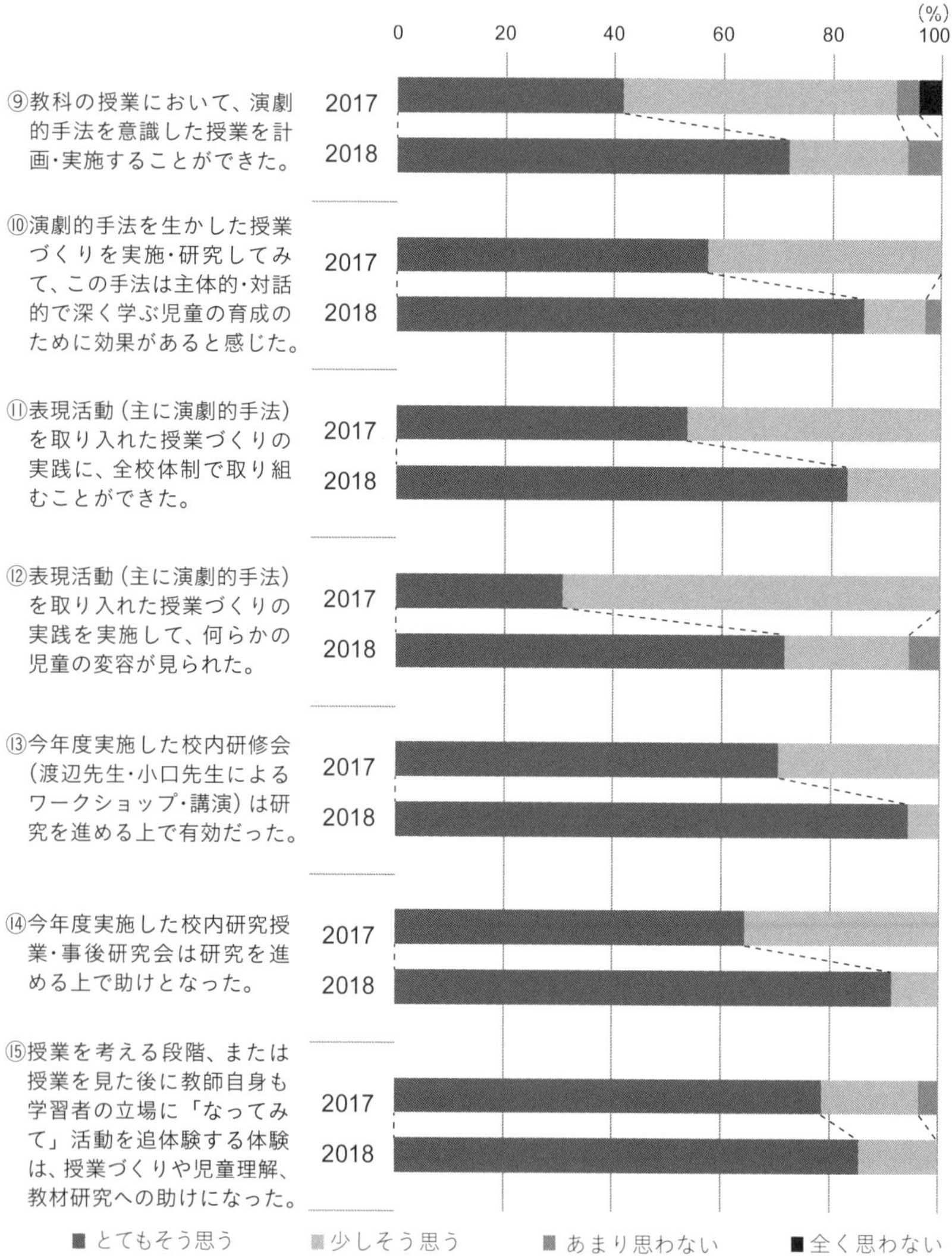
(%)
0
20
40
60
80
100
⑨教科の授業において、演劇的手法を意識した授業を計画・実施することができた。
2017
2018
⑩演劇的手法を生かした授業づくりを実施・研究してみて、この手法は主体的・対話的で深く学ぶ児童の育成のために効果があると感じた。
2017
2018
⑪表現活動（主に演劇的手法）を取り入れた授業づくりの実践に、全校体制で取り組むことができた。
2017
2018
⑫表現活動（主に演劇的手法）を取り入れた授業づくりの実践を実施して、何らかの児童の変容が見られた。
2017
2018
⑬今年度実施した校内研修会（渡辺先生・小口先生によるワークショップ・講演）は研究を進める上で有効だった。
2017
2018
⑭今年度実施した校内研究授業・事後研究会は研究を進める上で助けとなった。
2017
2018
⑮授業を考える段階、または授業を見た後に教師自身も学習者の立場に「なってみて」活動を追体験する体験は、授業づくりや児童理解、教材研究への助けになった。
2017
2018
■とてもそう思う
■少しそう思う
■あまり思わない
■全く思わない

校内研究についての

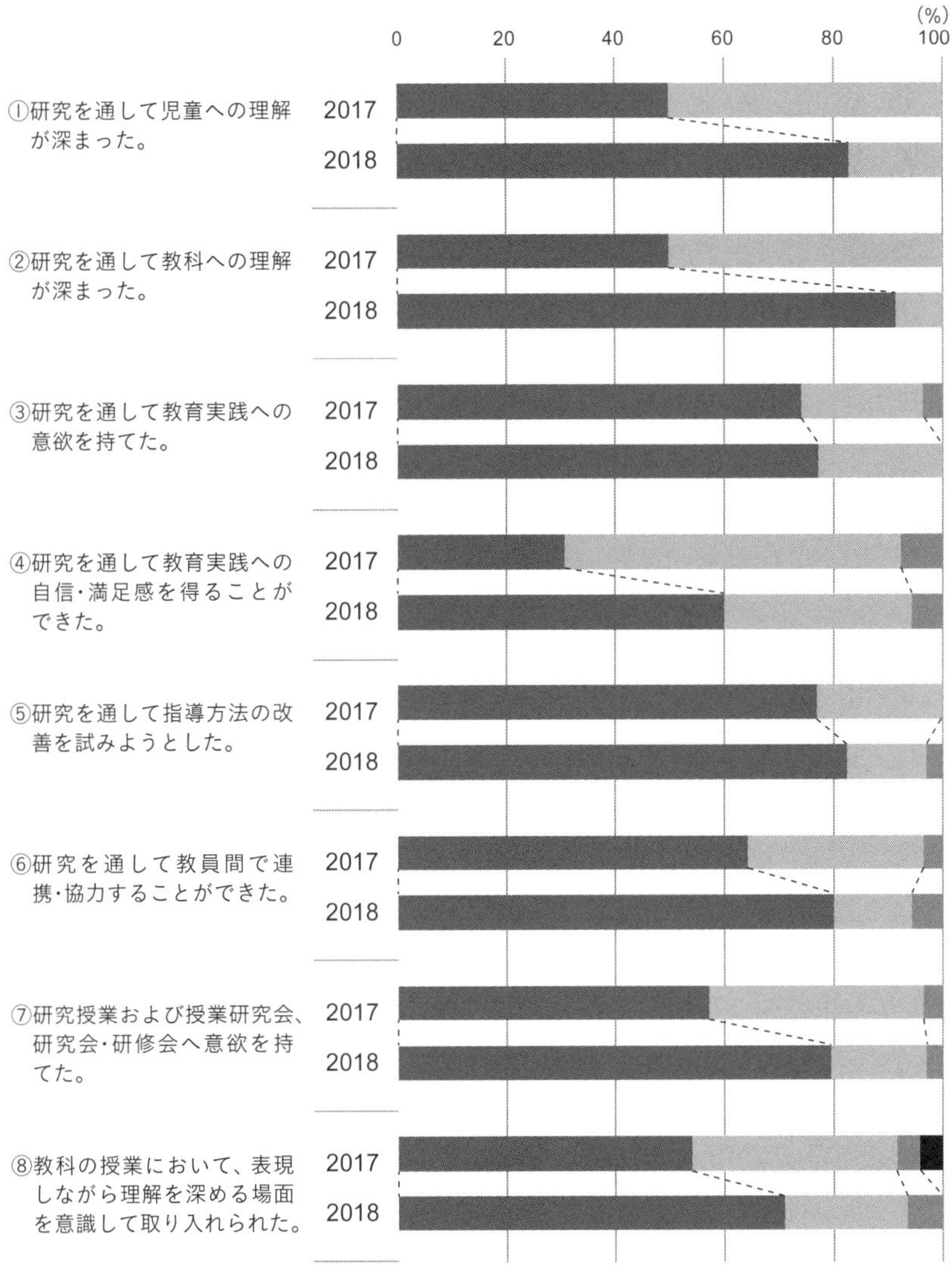
(%)
0
20
40
60
80
100
①研究を通して児童への理解が深まった。
2017
2018
②研究を通して教科への理解が深まった。
2017
2018
③研究を通して教育実践への意欲を持てた。
2017
2018
④研究を通して教育実践への自信・満足感を得ることができた。
2017
2018
⑤研究を通して指導方法の改善を試みようとした。
2017
2018
⑥研究を通して教員間で連携・協力することができた。
2017
2018
⑦研究授業および授業研究会、研究会・研修会へ意欲を持てた。
2017
2018
⑧教科の授業において、表現しながら理解を深める場面を意識して取り入れられた。
2017
2018

児童の変容に関する手応え

4段階での回答を求めた15個の項目に関して、1回目と2回目の変化が分かるようにグラフにまとめたものを、236~237頁に掲げました(教科の授業での活用に関する項目などにおいて、回答者によって対象外となるため回答がなかったものについては、集計に含めていません)。

大きな変化が見られるのが、⑫「表現活動(主に演劇的手法)を取り入れた授業づくりの実践を実施して、何らかの児童の変容が見られた」です。「とてもそう思う」が31%から71%と、2倍以上に増加しています。

実は、1年目に調査を行ったとき、私が一番気になったのがこの項目でした。まだ始めたばかりということもあったのでしょうが、「何をもって変容と捉えたらよいか分からない」といった戸惑いや、実践が単発になりがちだったための難しさなどが、教師の間にあったのではないかと思います。2年目になり、さまざまな授業で取り入れて、年間を通じて継続できるようになったため、児童の変容を捉えやすくなったのだろうと思います。

児童につく力や変容について、自由記述欄では、次のような回答がありました(2年目のものより)。

「表現活動に対して抵抗感が少なくなった」
「これまでなかなか発言できなかった児童も、少しずつ発言できるようになってきた(普段の授業や生活の中で)」
「相手の気持ちを想像する力、人前で自由に発言したり表現したりする力がついた」
「子どもが国語の授業を楽しみにするようになった。『~になってみる』『心のつぶやき』をどんどん前向きにするようになった」
「表現することで分かる心情に気付いていました」
「授業中必要な立ち歩きをしてもよいと子どもが理解し、自ら学ぼうとするようになった」
「他の友達と意見や思いが違っていても進んで言えるようになった」

子どもの意欲の向上や表現力・想像力などの伸長を教師が感じていたことがうかがえます。

⑩「演劇的手法を生かした授業づくりを実施・研究してみて、この手法は主体的・対話的で深く学ぶ児童の育成のために効果があると感じた」が、57%から86%へと大幅に伸びているのも、これとつながっているものと考えられます。

教師が得た自信と手応え

私が研究主任として特にうれしかったのが、④「研究を通して教育実践への自信・満足感を得ることができた」で、「とてもそう思う」が31%から60%に伸びたことでした。③「研究を通して教育実践への意欲を持てた」については、1年目からすでに70%を超えていたのですが、そうした「意欲」が1年目にはまだ必ずしも「自信・満足感」につながっていませんでした。まだまだ手探りの状態で、教師たちの間に演劇的手法への不安があったのだろうと思います。

これと連動するように、研修に関する設問も軒並み肯定的な回答が増えています。⑦「研究授業および授業研究会、研究会・研修会へ意欲を持てた」(「とてもそう思う」が57%→79%、以下同様)、⑬「今年度実施した校内研修会は研究を進める上で有効だった」(70%→94%)、⑭「今年度実施した校内研究授業・事後研究会は研究を進める上で助けとなった」（64％→91％）などです。

また、⑮「授業を考える段階、または授業を見た後に教師自身も学習者の立場に『なってみて』活動を追体験する体験は、授業づくりや児童理解、教材研究への助けになった」は、1年目からすでに「とてもそう思う」が80％近くに上っていました。これは、多くの授業で実施されてきたであろう事前研や事後研のあり方に、多くの教師が、疑問やどうにかしたいという思いを持っていたことを表しているのだろうと思います。

私がもう一つうれしかったのは、②「研究を通して教科への理解が深まった」で、「とてもそう思う」が50％から91％へと大幅に伸びていたことです。というのも、これは、演劇的手法を切り口にした授業づくりの取り組みが、単に手法の習熟に終始するのではなく、教師自身の教科内容への理解につながるものであったことを表していると思われるからです。実際、例えば、2018年度より必修となった道徳科の授業については、当初多くの教師が戸惑いを感じていたと思いますが、年度を終える頃には、「演劇的手法を使ったら、毎回の授業が組み立てやすくなって、道徳の授業が楽しくなった！」という声が出ていました。

次に、校内研究に対する思いについての、「よかった」「難しい」という項目について、2年目の自由記述欄より紹介します。

研究をしてみて「よかった」と思うこと

「子どもたちの意欲的で楽しそうな様子がたくさん見られた」

「恥ずかしがる子が多いかなと思っていたが、正反対で、経験を重ねるごとに意欲的に取り組むようになった」

「子どもたちが『楽しい！』と言っていた」

「子どもたちが物語に入り込み、生き生きと活動に取り組む姿が見られました」

「授業が楽しくなった」

「児童と一体となって授業を楽しむことができた」

「道徳がキライじゃなくなった！」

「自分自身が演じられるようになった」

「とっても楽しく研究できました！　楽しみながらできたことが何よりよかったと思います！　それが子どもたちにも伝わったかなと思います」

「教職員が一つの目標に向かって、取り組む姿勢がよかった」

「とても楽しく学べたことです！　まずは自分が楽しくないと!!　研修の時間が楽しいなんて初めてでした!!」

「若い先生方が積極的に研究に参加し、理解を深めることができた」

「難しい」と思うこと

「いろんなところで手法は使えると思うけれど、どのタイミングでどの手法が適切なのかは分からないので難しいなと思った」

「授業の『めあて』にそった手法の活用」

「どの場面でどの手法を使うのか、迷う！」

「『なりきる』こと、正解をさがすのではなく考え感じさせること」

「遊びと学習の境界線」

「毎日の中で時間が割けない」

「実践するには、教師・児童双方にエネルギーが必要」

「読み取りの時間（国語）をじっくり取ることが難しかった。演劇的手法と読み取りのバランス」


続いて、インタビューの方も見ていきましょう。

インタビュー　実施時期・対象：1年目　2018年3月1日
研究推進部の教師3名に個別に
酒井結花（6年生、6年）
杉山ふみか（1年生、4年）
北一美（4年生、38年）
2年目　2019年2月25日
3年担任2名、わかば学級担任2名にペア単位で
松葉晴香（3年生、4年）
山田真也（3年生、8年）
西川恵美子（わかば学級、38年）
明尾美和（わかば学級、16年）

※カッコ内は当時の担任学年と教員経験年数

聞き手兼撮影者：平井良信・武田緑（1年目のみ）

児童の変容に関する手応え

アンケート結果に表れていた、児童の姿への手応えや校内研究の受け止め方の変化は、平井良信さんが行ったインタビューにおいても語られています。それらの部分を見ていきましょう。まず前者に関して。北教諭は、1年目の終わりに、児童の変容について次のように語っています。

北　今年については、（担任学級が）4年生ということで、あまり恥ずかしがるという気持ちも少ないのかね、どんどんのってきて。私は、全員が参加できる授業を目指しているのですが、そこでこの手法を取り入れることで、みんなが発言できるっていうのがすごく役立ったなと思います。「言ってもいいんだ、言えるんだ」っていう気持ちが、次の意欲にもつながっていくし、学級自体が演劇的手法を通してすごく明るくなっていったなっていうのは実感としてあるんです。今、学級としては最終の時期に入っていますけど、男の子女の子

ベテランならではの豊かな発想で演劇的手法を取り入れた北教諭

関係なくキャーキャー言いながら、活動を進めるっていう。それも、授業のねらいから外れたことではない、目的に向かいながらみんなが声を上げられるっていうふうに。そういう意味では大きく、育つ材料として提供してもらえたんじゃないかなと思います。

酒井教諭は、同じく1年目末に、「子どもたちの印象が変わったか？」という質問に次のように答えています。

酒井　そうですね、例えば今日見てもらった〈葛藤のトンネル〉を使う授業では、全員発表、全員発言をするんです。そうすると普段、なかなか手を挙げて発表できない子も、〈葛藤のトンネル〉の場では、「何か自分も語らないといけない」って一生懸命考えて、結構いい言葉をぽつりと言ったりするんですよ。普段大人しい子も。そういう部分を見ると、「ああ、この子って表面には出さなくても、内にはいろんな思いや考えを持っているんだな」って子どもの見方が変わりました。〈葛藤のトンネル〉を使うことで、今まで見えてこなかった子どもの思いが見えてきたんです。「実はみんないろんなこ

酒井教諭は演劇的手法を研究していく上での藤原の一番の相談相手

とを考えているんだな」と。授業の中で子どもの思いをたくさん出していけたと思います。

児童の姿の変容は、教師にとって何よりの励みになります。2年目末に、松葉教諭は、「演劇的手法を取り入れて一番よかったことは？」という質問にこう答えています。

松葉　全員が参加できる。学力に課題がある子もすっとその授業に入れてる。最後に振り返りを書くと、全員が、教師がねらった到達目標に関する言葉を入れて振り返りが書けてる。ということは全員ゴールしてるわけなんやなあと思って……。事後研で、参加してる子が一部やったという意見が出たときに、「演技するだけじゃなく、演技を見ることも学びになっている」と聞いたんですけど、そういう見て学んだことも含めて、最後に、ちゃんと振り返りを書いてる。全員が教師が意図したゴールに到達する授業って、なかなか難しかったんで、それがすごい成果やったなあって感じました。

校内研究に対する教師の思い

続いて、後者、校内研究に対する思いの方も見てみましょう。杉山教諭は、1年目末にこう語っています。

――この1年間楽しかったですか？

杉山　はい、楽しかったです。自分自身がめっちゃ変わったんです。正直、今まで、他の先生たちと事後研のような場で授業のことを話す時、先輩の先生の授業を見て、自分のような若者が意見を言っていいんだろうか、という思いもあり、「えーっ」て聞くしかなかったんです。授業について、「いいと思うところ」、「課題と思うところ」を尋ねられても、ちょっと難しかったり、「合っているのかな」って自信がなかったりして言えなくて。でも、追体験などを通して、自分が体験して思ったこととかなら言えるんですよね、感想だから。そうしたら、ちゃんと交流できているという感じがして、ちゃんと自分も一員になっているみたいな、自己有用感じゃないですけど……。先生たちの前で何かを言うとか、自分の考えを言ってみるとかいうことに抵抗がなくなって、なんとなく居心地が変わってくる。それがすごい、この1年自分の中で、一番の変化かなと思って。結局、学級経営も同じことなんやろうなと思って、安心して自分が出せるようになったのが大きいかな。

——若手の先生が意見を言えるということは、演劇的手法を経験したことがきっかけなんでしょうか？

杉山　そうですね、そうやと思います。なんか前より、いろんな会議とかでガッと集まった時も、雰囲気がやわらかく感じ

若くみずみずしい感性で授業づくりに励む杉山教諭

ていますそういう先生方の雰囲気っていうか、それこそ、「じゃあもうやってみよう」ってなった時のみなさんのフットワークの軽さとか見てても、気持ちが重たくならなくて、軽く「あ、会議や」「話し合いや」っていうところに向かえる自分がいるっていうのがありがたいなって思っています。

当時、まだ教師として働き始めて数年だった杉山教諭。最初は発言に臆していたのが、「安心して自分が出せるようになった」といいます。このように、特に、経験が浅い教師にとって、研修方法の改善は大きな意味を持ったのだと私自身気付かされました。

もちろん、若手だけでなく、ベテラン教師にも、「なってみる」タイプの研修がもたらした影響はあるようです。1年目末、北教諭は語ります。

――子どもたちはクラス仲間との関係に変化があったようなのですが、先生方も関係性に変化はありましたか?

北　やはり自分をさらけ出さないと、表現ってできないじゃないですか。藤原先生がリーダーシップを取ってくださって、私たちも演じたりとか、演劇的手法をやるときに澄ました顔ではできないので、その辺は取っ払うという意味で、お互いにいい意味でさらけ出せるようになる。そうすると、親近感も湧くし、繕わなくても、関係を持って話ができるっていうふうな。私、正直、すごく人見知りなんです。すごい距離を置くタイプで……、なじむまではなんですけど、そのへんの時間が短くなったのかなというのは思いますね。

このように、教師同士の関係が変わり、研修に向かう姿勢やマインドが変わり、教師が、学ぶこと・働くことを楽しむようになる。これこそが、学校を変えていく力になったように思います。

2年目終了時、山田教諭は、2年間の研究を振り返り、次のように語りました。

山田　僕自身は、自分視点なんですけど、完全に、今までにない考え方を学べたなっていう。僕自身が。授業を考える時の組み立てでもそうですし、演劇的手法を知る前と後ではほんとに全然違いますね。これ、藤原先生に対するお世辞でもなんでもなくて、ほんとに…、便利と言ったらすごい語弊があるんですけど、ほんと何でも使えるんですよね。教科問わず。

——何に使われました？

山田　今年は道徳を主にやってたんですけど、社会もそうですし、国語……。

——社会？

山田　社会はそんなガッツリはできないんですけど、歴史の中の時代の動きの中で、例えば関ヶ原の戦いでも、「徳川家康派と石田三成の方になってみてちょっと考えてくれる？」といった。一応、状況としては知識は与えるんですけど、そうすると、ほんとにこう三成の気分になって、「なんで裏切るの、ありえへん」みたいなこと言ってくれたりして……。それってきっと教科書読んでるだけでは到達できないところやと思うんです。

そんなふうにも使えますし、他には、道徳、国語、社会……。体育とかはないですけどね。あと、考えを深めるツールとして、理科とかでも……。やったことはないですけど。

ほんとに、考えさせられるというか、「これもいけんちゃう」とか「これいけそうやな」とか「やってみようかな」とかいう気にさせられるものを得たっていう感じが僕自身一番大きいですね。

同じく2年目終了時、わかば学級の西川教諭・明尾教諭は、美濃山小の校内研究体制について、次のように語っています。

西川　研究授業をするに当たって、いろんな先生が助けにきてくれました。模擬授業として、私たちが考えた授業をやってみる時、他の先生が児童役になってくださって。そこで、アイデアをたくさんもらいました。

明尾　こうやってみたいんだけど、どういう反応するかなってよく悩みます。だから、先生相手の授業をやってみるんです。大人の反応ですけど。

西川　他の学年と違って、（複数クラスがあるわけではないので）他のクラスで授業ができないじゃないですか。だから、先生たちに児童役になってもらって、たくさん意見もらったのは大きかったですね。心強いしね。「これがあった方がい

息の合ったティーム・ティーチングで特別支援学級でのドラマ授業をつくってきた西川教諭（左）・明尾教諭（右）

いんじゃない」「ああそうか」って、2人だけでは気付かないところもたくさんあって、助けられました。

明尾　研修も模擬授業も（研究主任が）「やりましょう〜」みたいに引っぱってくれました。はじめは、緊張しながらだったけど、何回か重ねるうちに、「なってみる」「やってみる」ことができるようにしてもらったのかなって思いますね。

演劇的手法を活用した授業づくりでは、模擬授業ワークショップで授業を「やってみる」という段階が欠かせません。そして、それは、一人ですることはできず、たくさんの人の「実際にやってみる」という貢献が必要になります。こうした演劇的手法の持つ特性により、自然に校内の教職員が「一緒にやってみる」ことを大切にし、そこから協働的に授業を生み出していく文化が育まれていきました。お互いがお互いの授業づくりに貢献し、それに感謝し合うことで、同僚性が高まっていく。組織文化を構築する上で演劇的手法は大きな意味を持っていたようです。

美濃山小教員の率直な思い

カメラマンであると同時に、インタビューの名手でもある平井さん。平井さんは、長年「教員同士の学び合い」に関心を抱いてこられました。今回も、美濃山小の職員のチームワークや研究会での楽しそうに学び合う雰囲気に魅せられ、教員の生の声を聞きたいとインタビューをしてくださいました。平井さんによって引き出された教員の率直な思いを、幾つかご紹介しましょう。

――演劇的手法を使った授業を最初どう思われましたか？

山田　演劇的手法を使った授業というのを初めて聞いた時は、もちろん想像できなかったですね。「演劇」なんで、演じる……。僕自身、人前で演じるとかっていうのがすっごい苦手で、ちょっと、「演劇的手法」と言われた時に身構えるのは、正直ありました。

松葉　「演劇的」やから演じるんやろうな……。自分がすごい苦手なんで、先生たちが主導でなんかやっていかないと始まらへんと思うと、できんのかな～、劇みたいなことをしなあかんのかな～って最初は思ってました。

――演劇的手法を使った授業を実際に始めてみて感じたことは？

松葉　やっている2年の間に自分が慣れていった。だんだん、「こういうことか」と分かっていって、理解していなくても「慣れる」というのが、自分の実感としてありました。で、子どももそうなんかな、年度当初と年度終わり、半ばで違う。〈ロールプレイ〉も、「やってみよう」って言った時に、すぐパッとできるようになっているので、慣れってすごく大事だと思

平井さんによるインタビューに自然体の語りで答える
山田教諭、松葉教諭

いました。

〈ロールプレイ〉とかをしながら理解を深めていくというのを、藤原先生が言ってくれてはって、それまでは、「理解してから演じる」というのが、自分がやってきたことで……。国語とかで「その気持ち分かったね。じゃあその気持ちでやってみよう」というように。ただ、「その気持ちでやってみる」ということが理解できない子も中にはいました。だから、やってみて理解が深まる、とか、考えて理解したつもりでやってみたらまた理解が違ったとか、それが変化にもなるし深まりにもなるんだなあって。1回、考える前にやってみよう、そこから考えてみようという、理解と演じるというサイクル。よく藤原先生が言ってくれてはったことが、やるにつれて、分かっていくようになっていきました。最初は、「理解せずにやったって、その演技自体に何の価値があるんだろう」と、2年前はそう思っていて、先輩の先生もそう言ってはって、「そうなんか～」って思ってたけど、今は、「やってみることから始まる」ということが、理解を深める手立てになるんやなと感じています。

——今後どうなるのか、転勤であちこちに行った時にどうなっていくのかなあというのが気になります。

山田　今後、じゃあ、異動された先生が他校に広めていくかどうかは、正直、それは、その先生が広めようとするかによって違いはあると思うんですけど、ただ、間違いなく僕自身思うのは、美濃山で2年やらはった先生は、僕が感じたように、一つの授業を組み立てていく一つの視点としては、（演劇的手法は）間違いなく、血となり肉となりになっているんとちゃうかなあ、ということです。それほど、斬新でしたし、インパクトがありました。がっつりそれでやっていくとかというわけではなくて、ふっと、この単元難しいな、教え方どうしようかな、という時に、ぽっと、あれでやってみようかな、演劇的手法でやってみよかなというのは、どの先生も、あるんちゃうかな、と僕は思います。

3. 外部講師として校内研究にかかわる

私は、研究指定を受けて行われた今回の美濃山小の校内研究に、外部講師として（いわゆる「指導助言者」として）継続的に2年間かかわってきました。訪問回数は、1年目の2017年度は3回、2年目の2018年度は8回に及びます。指定を受ける前年度の末にも校内研修の講師として呼んでいただき、また、研究指定を終えた後の2019年度も引き続きかかわっています。

学校の校内研究に外部講師としてどのようにかかわるかは、実践への寄与を目指す教育方法学研究者にとって、大事な問題です。

私自身、美濃山小にかかわり始める前からも、校種や教科を問わず、さまざまな学校に校内研修や公開研の外部講師としてかかわってきました。その中には、納得がいくかかわりができた学校もあれば、そうでない学校もあります。

そんな中、美濃山小とのかかわりは、私にとって、外部講師と学校とのかかわりを見つめ直すきっかけとなりました。本節では、それについて見ていきます。

授業から学ぶことの楽しさ

私が学校現場での授業検討会にかかわる時、最も願っているのは、その授業検討会を、実施された授業からみんなが学び合える場にしたい、また、そのように授業から学ぶ楽しさをみんなが感じられる場にしたいということです。

そのように私が考えるのは、一つには、私自身、行われた授業から学ぶことの楽しさと意義を感じているためです。いわゆる「素晴らしい授業」からしか学べないということではなく、どんな授業であっても、そこでの出来事から刺激を受け、授業や教材、学習者などに対する考えを深めることができます。

美濃山小でも、さまざまな授業を参観する中で、そのように自身の考えが更新されていく経験を繰り返してきました。

例えば、1章2節にも登場した、3年道徳「どんどん橋のできごと」の授業。周りに流されて自分も傘を川の渦の中に投げ込んだら、自分の傘は壊れて出てきて涙が出た、という読み物教材を用いた授業です。

もともと私は、この教材文に対しては疑問だらけでした。「このかさを入れたらどうなるのかな」という子どもたちのある種の探究心に寄り添うことなく（もちろん、川に傘を投げ入れるのはよくない行為ですが）、「ぼくはだまって、ボロボロのかさをじいっと見ていた」、「なんとも言えない気持ちで家に帰った」などと、こんなことをしたらみじめな気持ちになりますよ～と情緒的にあおっているような点が好きになれなかったためです。こんな教材文で、子どもたちが自分の頭で考える道徳の授業が可能なのだろうかと思っていました。

けれども、実際に美濃山小で行われた授業、そこで出てきた子どもの考えは、面白いものでした。この授業は、1章2節で述べられている通り、「『よく考えて行動する』ってどういうこと？」という大枠の中に、読み物資料を使った活動が入れ込まれたものでしたが、この最初の問いに戻ってきた時の子どもの発言の中に、こんなものがありました。

「『みんなの傘は丈夫でも自分の傘は丈夫ではないかもしれない』と考える」。

なるほどなあと思います。「周りに流されて悪いことをしてしまわないようにしたいと思います」といった、一般的な道徳の授業でありそうな「決意表明」と比べて、なんと具体的でよく考えられていることか！（この子どもの発言を、より普遍的な言い方に改めるならば、「周りに流されて何かをしそうになったときでも、本当に周りと自分とでは条件が同じなのかを考えてみる」ということになるでしょう）。

また、振り返りのワークシートにはこんなものがありました。

「ペットボトルを入れる」。

「自分の傘を入れる／入れない」の二者択一しか想定していない元の教材文と比べて、なんと現実的な思考かと思います。もちろん、ペットボトルを川に投げ入れる行為も、決して推奨されるものではありませんが…。

このように、実際の授業を見て、子どもたちの発言やふるまいに感嘆したり、そこから思考が刺激されたりすること。さらに、それらを通して、従来の授業が抱えてきた問題がクリアに見えてくること。自身の考えが更新されていくこうした楽しさを、先生方にも味わってほしい。それによって、授業検討会が先生方にとって、自分たちの力量を高めていくための場になってほしい。そうした考えが、私が学校現場の授業検討会にかかわる時の土台にあります。

外部講師と学校との関係の持ち方に関する問題

けれども、実際には、授業検討会は必ずしもそうした場にはなっていません。教師が何をしていたかばかりが問題にされて、子どもがどうふるまい、何を考えたり感じたりしていたかが、ないがしろにされている場合があります。また、個々の教師の中で「○○の授業はかくあるべし」といった規範が強く、それと照らし合わせての「今日の授業は□□だった」という捉え方になってしまうため、自分たちの考えを更新していくような話し合いにならない場合もあります。複数名の教師がいることは、多様な視点から授業を捉え、授業から新たな気付きを得ていく助けとなるはずであるにもかかわらず、そうした可能性が発揮されないのです。

そして、ここで指摘しておかなければならないのは、外部講師による授業検討会へのかかわりが、こうした授業検討会のあり方を変えるどころか、むしろ、それを増長させたり原因となったりしてしまっている例が少なくないということです。

外部講師は、しばしば、授業のやり方について「答え」を示してくれる存在として学校現場から期待されています。

私自身、さまざまな学校とかかわってくる中で、たびたび、先生方から、「それでどうすればいいんですか？」「これで合ってますか？」などと求められてきました。また、多くの学校で見られる、協議会の最後に外部講師による「指導助言」の時間が置かれ、「ご高評をお願いします」と求められる構成自体、「答え」を示してくれる存在としての外部講師を期待しているものだといえます。

こうした期待に外部講師がただ乗っかってふるまってしまうと、「答え」をよそに求める教師の傾向は強まり、授業における出来事をキャッチして交流し、そこから自分たちの考えを更新していくような話し合いからは遠ざかってしまいます。

一方、外部講師による学校へのかかわりに関して、さまざまな学校の先生から、「大学の先生が自分が研究したり取り組んできたりした内容を押し付けるだけ。学校側の思いに即していない」、「国や行政の方針などの受け売りで、その日の授業との結び付きが分からない」といった不満の声も聞きます。これらは、その外部講師自身が、自分の役割を、授業について「答え」を提供することと考えてしまっているのかもしれません。その思い込みのために、外部講師による「押し付け」や「受け売り」が横行し、逆に、学校側からは、外部講師への過大な期待やその裏返しとしてのあきらめが発生しているのかもしれません。

教師による学び方へのアプローチも含む外部講師によるかかわり

授業検討会を、教師が授業での出来事をもとに自身の考えが更新されていく楽しさを味わえるようなものにするためには、外部講師とのかかわりのあり方についても変えていく必要があります。もちろん、その点に関して、すでにさまざまな試みがなされてきました。授業研究にかかわる大学教員らが、授業について「答え」を示すのではない外部講師のかかわり方を模索してきています。

私が今回、美濃山小とのかかわりを通して明確に意識することになったのは、外部講師が、研究テーマに直結する内容（美濃山小の場合であれば演劇的手法）について扱うだけでなく、同時に教師の学び方についてもアプローチすることの必要性です。

美濃山小で、私は、学習者に「なってみる」ことによって教材研究を進めていくやり方を持ち込んだり、事後研において子どもたちの学習活動の追体験を取り入れて、そこでの経験を手がかりにして授業における出来事について考えていくやり方を始めたりなどしました。つまり、校内研修における教師の学び方そのものへのアプローチを行ってきました。

それを行ったのは、一面では、演劇的手法という校内研究のテーマ上、必要に迫られてのものでもありました。演劇的手法を用いた活動を経験したことがある教師がほとんどいなかったため、教師自身がそうした活動をやってみないことには、イメージのつかみようがなかったからです。けれども、それによって、2章1節で述べたように、教師の学び手感覚が活性化されて授業の捉え方が変わったり、教師同士の関係性が変わったりすることを目の当たりにして、校内研修における教師の学び方の変革としての意味を意識し始めました。そして、その際に外部講師が果たしうる役割に関しても、より意識するようになりました。

4章1節での藤原さんとのやりとりにも出てくるように、美濃山小とのかかわりにおいて、最初私に求められていたのは、主に、演劇的手法の専門家としての役割でした。けれども、その後のかかわりの中で、教師の学びの場をつくる教師教育者としての役割が前面に出てくるようになったのだといえます。

こうした美濃山小での経験をもとに、私は、演劇的手法を校内研究のテーマにするわけではない他の学校に外部講師としてかかわるときにも、教師の学びの場をどうつくるかという視点を明確に意識するようになりました。その学校の先生方が授業からより多くの学びを引き出せるようにするためには自分は何をすればよいかということを、より考えるようになりました。それは単に、一定の手順（検討会におけるグループワークの活用であれ、「なってみる」活動の導入であれ）を持ち込むということにとどまりません。例えば、次のようなことを含みます。

・先生方に行ってほしいような発言、例えば、授業を見ていて自分の心が動いた場面を挙げるような素朴な発言を、自分が率先して行う。

例：「○○さんが○○を見て『○○』とつぶやいていたのが、すごいなと思いました」

・授業そのものではなく検討会での先生方のやりとりの様子へのフィードバックを行う。

例：「○○先生や○○先生が、○○の場面での子どもの姿を出してくださったことで、授業者の○○先生がそこで何を大事にしたかったのかが引き出されていきましたね～」

・先生方の中から出てきた発言に言及しながら、そこから一歩深めるための問いを発する。

例：「多くの先生が、今日の授業は○○だったと振り返っておられましたが、それは単に□□なだけのものとは何が違うのでしょう」

・自分が果たしたい役割やかかわり方を明示的に説明する。

例：「『答え』を示すのが私の役割ではありません」）

外部講師は、その学校のそれまでの慣行や人間関係から自由でいられる分、新しい提案を行いやすかったり、（誰が言ったかではなく）内容だけに注目して先生方の発言を取り上げやすかったりする面があります。そうした自分のポジションも意識的に活用するようになりました。

もちろん、教師の学び方という点では、例えば、授業検討会の形式自体をテーマとして取り上げるような研修も考えられます。さまざまな種類のワークショップ型授業検討会の進め方を、それに詳しい外部講師を呼んで、体験したり学んだりする研修です。

もちろん、そうしたものも有益です。けれども、だからといって、学校に継続的にかかわる他の外部講師（授業や教材、カリキュラムなどに関わる外部講師）が、校内研修での教師の学び方に無頓着であってよいことにはならないはずです。

これは、子どもの学び（授業）の場合になぞらえてみれば分かりやすいでしょう。子どもが学校で学習を進める際、学び方（ノートの取り方であれ話し合いの仕方であれ）のみを取り上げて指導する役割の教師というのも、それはそれで意義があるでしょう。けれども、だからといって、教科を教える他の教師らが、子どもの学び方に無関心であってよいことにはなりません。むしろ、どのようにその教科を学んでいくかということまで含めて、その教科の指導でしょう。それと同様に、校内研究にかかわる外部講師が、授業や教材、カリキュラムなどに関して教師に何かしら新たなことをもたらそうとするのなら、教師がそれをどう学んでいくかにも意識を向ける必要がありますし、自身が行う研修についても、教師がそうした学び方をできているかを問う必要があります。

美濃山小とのかかわりを通して、このようなことを考えるようになりました。

私が行っている、外部講師としてのかかわり方は、あくまでも一つの例にしかすぎません。いろいろな試みが出てきてほしいと思います。ただ、これまで、外部講師に学校でどんな役割を求めるかを顧みることがないまま、「そういうものだから」という理由で慣例通り外部講師を招くということがしばしば行われてきたように思います。その結果、外部講師が単なる「お飾り」になり、呼ばれた側もそこでの「お勤め」を果たすだけといった、もったいない事態もしばしば生じてきました。外部講師としてどんな役割を果たすか、外部講師にどんな役割を求めるかにそれぞれの側が自覚的になって、双方にとってより有意義なものとなるかかわり方を模索してほしいなと考えています。

4. 学校の外とつながりながら実践に取り組む

美濃山小では、校内研修を外に開き、学校外部の方にたくさんかかわっていただくこと、また、美濃山小の取り組みを外部へと発信することで、学校の中と外の人々が触発し合うクリエイティブな関係性が生まれました。そのことが短期間での学校変革に重要な役目を果たしました。

教師が外に出向く研修から、学校を学ぶ場として開く研修へ

「今日の校内研修には、6名、学校外部の方が参加されています。ご紹介します。○○学校の△△先生、□□大学の◇◇先生、……」。こんな紹介を研修冒頭に行うことがあります。日常の校内研修に、学校外部の方が学びに来られているのです。学生、NPO関係者、他府県の教員、研究者、指導主事……。講師の立場をされているような方も、一参加者として参加されます。

美濃山小では、主に2年次の研究授業や研修の日程を学校ホームページ等で公開し、外部からの参加を呼びかけていました。「演劇的手法を活用した授業づくり」について、「一緒に学びたい方はどう

ぞ」という感じです。そうすると、毎回、日本全国から、教師や学生、NPOやアート関係の方が参加されることになりました。例えば、2018年4月の公開授業と事後研修会には、大学や教育NPOから計5名、2018年8月の校内研修には、演劇教育の関係者、演劇的手法を研究する大学生・大学院生など計4名といった具合です。

学校の校内研修を外に開く。そうすることによって、何が起こったのでしょうか。

まず、教職員の言葉が、外部の方を意識したものへと変化していきました。

学校内の者だけの研修だと、現状を分かり合っている間柄である故に馴れ合いになったり、「〜できないのは、仕方ないね」と、あきらめが多くなったりすることもあります。一方、外部参加者が多い場合、様子が変わってきます。まず、美濃山小の研究内容に興味を持って来てもらえること自体に励まされます。また、当たり前だと思っていることを評価していただけることも多く、意欲が喚起されます。新たな視点からのアイデアや意見はとても刺激的です。それと響き合うように、もっと美濃山小の良い取り組みを知ってもらいたい、課題についても、外部の方の意見も聞いて、現状を捉え直したいという前向きな意見が多くなります。同時に、学校の文脈を共有していない方にも伝わる言葉で丁寧にコミュニケーションを取ろうという態度が生まれます。

毎回の研修では、外部の参加者から、「美濃山の先生たちはとてもオープンで、びっくりしました。また学びに来てもいいですか？」「教員がこんなに楽しそうに学ぶ研修があるんですね！」という反応を頂きました。校内の教員からも、「学校外の方が普段の私たちの研修に参加してくれると、刺激になるね」という声が多数聞かれました。

このように、校内研修に学校外からの参加者がいることで、互いに励まし合い、刺激し合える場が生まれたのです。

学校外からの参加者には、教師以外の方も多く含まれます。NPO関係者や俳優、大学生・大学院生など、演劇的手法を活用した授業やコミュニティづくりに関心のある方が幅広く、日々の公開授業や校内研修、そして公開研究会にも来てくださっています。「演劇的手法」は、学校教育に関わるものだけのものではありません。演劇人、まちづくり関係者、企業研修に関わる方、さまざまなフィールドの方が、それぞれの現場での活用の可能性を探究しておられます。そうした方々にとっても、演劇的手法を活用した授業についての公開授業や研修は、格好の学びの場となったのです。

内から外へ——学びの場の変革を試みる教師たち——

美濃山小の教師たちと学び合うことは学校外部の方の実践を豊かにしていきます。同時に、美濃山小の教師たちも学校の外での学びの場の変革を試みるようになります。

美濃山小のある教師は、学校外の研修会で司会を任された際、美濃山小の研修で取り入れているウォームアップをすることで、場の雰囲気が変わり、その後の議論が円滑に行われたことを報告してくれました。また、ある教師は、学校外の授業研究会に参加した際、研修の持ち方や場の設定に課題があったことを踏まえ、自分ならこう変えたいということを伝えてくれました。

このように、自分たちのつくる場や学び方に自信を持つことで、学校の外に出た時にも、その学び方を生かそう、他の場にも還元しようという姿勢が生まれてきたのです。

現在に至るまで、教師の力量形成のためには、教師自身が学校の外の社会での経験を積むことが重要だという立場の意見が根強くあります。教師には実社会での経験がないから体験を積ませる、という趣旨なのでしょう。もちろん、それが役に立つ方もおられるのでしょうが、教師の尊厳を傷つける可能性もあるのでは、と感じます。

一方、今回の美濃山小の取り組みのように、学校外部の社会で活躍しておられる方にどんどん学校に入ってきていただき、互いの現場の課題を共有しながら共に学ぶことには、教師の成長において、大きな意義があるのではという手応えを感じています。

教師の力量形成は喫緊の課題ですが、家庭があったり、日々の業務があったりで、なかなか学校の外に学びに行くことが難しい状況があります。もし、学校の中にいながら普段の研修の中で、さまざまな業種の方と出会い、教育の話ができたとすれば？　学校外部との連携が生まれ、授業実践の幅も広がるのではないでしょうか。

ある夏の日。校内研修の中で道徳の教材「手品師」という作品の分析を行った時のことです。その日は、出版社の方が研修に参加されていました。その方は、教材を読み、「もっといろんな選択肢を考えることができ、それが社会では大切なのに、主人公はどうして二択で悩んでいるのだろう」という意見を述べられました。その意見をきっかけにして、「授業は二つの選択肢を設定してとことん考える方が考えが深まる」と暗黙の了解で考えていた前提が取り払われ、「二つの選択肢についても考えた上で、子どもたちそれぞれが、最も〝誠実だ〟と思う続きの物語を書いてはどうか」という新たな授業展開が生まれ、実践されることとなりました。学校外部の方と共に教材研究をすることで、新たな授業づくりの視点や発想を頂く。そんな可能性がおおいにあるのでは、と感じるのです。

フラットに学び合い、互恵的な関係を築くこと

美濃山小にかかわってくださった方々の中には、こちらから依頼して来てくださった方以外に、「楽しそうだから行ってもいい？」「興味があるので、行かせてください」と、向こうからお声がけくださった方がたくさんおられます。

教員研修などですでに講師を務められているような方々から「(参加者として) 校内研修に来たい」と言われることに、当初、私は困惑しました。正直、とても不安でした。まだまだ道半ば、試行錯誤の取り組みを、すごい先生たちが見に来てくださって、何か持ち帰ってもらえるのだろうか。がっかりされるんじゃないかな。

しかし、何度か研修を重ねた後、掛けていただいたのは、このような言葉でした。

「学校の外から美濃山小に入る人たちは、一方的に小学校側へ何かを置いていくのではなく、自分たちもそれに上回るインスピレーションを頂いているわけですよね。そういう好循環が、この場に、人を引き付けてきたということだと思いますよ」

気が付けば、学校に来てくださった講師の方々は、それぞれに得るものがあったと語ってくださっています（詳しくは、それぞれの方のコラムをご参照ください）。私自身が、講師の先生に「何かしてもらう」「何か立派なものを見せないと」という考えを手放せていなかったのだと感じました。そうした「してあげる―してもらう」という一方通行の関係性を超えた互恵的な関係こそが、校内研究を活性化させ、継続させていくために、必要なものであるのかもしれません。

学校の課題の共有と外部の方の専門教科・領域のコーディネート

私自身、研究主任として特に、教科の専門知識には圧倒的な不足を感じていました。そうした中、外部の専門家に来ていただき、道徳の授業づくり、国語科の授業づくりというそれぞれのプロフェッショナルからの視点で助言を頂けたことは、大変ありがたかったです。なぜなら、私たちがしているのは、単なる手法の追究ではなく、授業改善だからです。演劇的手法は思考の道具です。優れた教材分析や授業のゴールの明確な設定のないところで道具を使っても、期待するような効果は得られません。教科の目標や内容について理解を深めていくことができたおかげで、演劇的手法も自信を持って取り入れられるようになったと感じます。教員アンケートの結果でも、教科についての理解が深まったという項目への肯定的回答が多く得られました。

荒木寿友先生には、演劇的手法を活用した道徳の研究授業を参観していただき、それを踏まえて道徳教育の専門家として、授業のねらいや板書の構造化、振り返りの方法、道徳の授業で大切にすることを教えていただきました。道徳の教科化が始まったばかりで、授業に戸惑いや悩みが尽きなかった時期に来ていただき、授業そのものの進め方はもちろん、演劇的手法を道徳に取り入れることの意義についても丁寧に解説してくださり、背中を押してくださいました。そのことで大変自信が付き、その後の「道徳科×演劇的手法」の授業に、自信を持って取り組めるようになりました。

石川晋先生は、自らを「伴走者」と名付け、全国の学校現場を回って授業参観、飛び込み授業、教員研修をしておられます。教師一人ひとりを大切にする校内研修のあり方を発信されており、私自身、長く石川先生の実践から学ばせていただいていました。文学作品を構造的に読むこと、道徳の授業における演劇的手法や絵本を活用した数々の師範授業、授業者の思いや気付きを引き出していく対話的な研修アプローチ、授業研の最後に行う鉛筆対談の実践、公開研前に不安を抱える教員へのメンタル面でのサポート……多くのことを教えていただきました。また、美濃山小に来られた時は、たくさん授業を参観し、美濃山小の教師たちが授業づくりや学級づくりのどこに課題を感じているかを、事後研で丁寧にすくい上げ、次の一手につながる助言をしていただきました。

カメラマン・平井良信さんは、公開研究会や研修に参加し、そのたびに子どもたちや教師たちの姿を写真に収めてくださいました。写真のおかげで、私たちが見ているようで見えていない子どもたちの素晴らしい表情、自分たちの笑顔を目の当たりにし、「ああ、子どもたちは授業でこんな表情をしているんだ」とうれしくなったり、「こんな笑顔が生まれる研修を続けていきたい」と自信が持てたりしました。もちろん、直接授業改善につながるわけではないかもしれません。しかし、こうした教職に対する「誇り」は、日々の中で、なかなか得難いものです。写真という形で残してくださったことで、普段見過ごしがちな、子どもたちの表情の愛おしさ、教師という仕事の素晴らしさ、共に学ぶことの尊さに気付くことができました。

社会とつながる研究主題の設定

研究主題を学校内に閉じたものにしないということも、外部とつながった研究を進めていく上で重要です。美濃山小の研究は、「演劇的手法」というさまざまなフィールドで応用可能なものにしたからこそ、学校内で完結するものとは異なる、外部とつながる形が自然に生まれてきました。今後、学校の研究主題を考える際、学校外部の方とどのように連携できそうか、社会的な関心や現代の課題とつながった研究内容になっているか、ということを考えながら研究の可能性を模索できるとよいかもしれません。今回の学習指導要領改訂では、「社会に開かれた教育課程」がうたわれています。研究主題を社会に開かれたものにしていくという視点は必須のものといえそうです。

最後に……研究主任をする方へ

ここまでは、学校外部の方が学校の中へ入ることによる学校改革の可能性について述べてきました。最後は、研究主任をする方、あるいは学校改革をリードしていく方へのメッセージです。

初任の頃、一緒に学年を組んでいた糸井登さんは、たくさんの方と協働して授業実践を行っておられました。名のある方が、次から次へと糸井クラスにやって来られるのです。

ある時、私は「どうして、こんなにたくさんの人と協働して授業をつくることができるんですか」と尋ねました。すると、糸井さんは、ぼそっと、次のように答えてくださいました。

「まずは、藤原さんが、いろいろな人と出会わないとね」

その後、今回の研究指定を受けるまで、10年の歳月が流れました。学校外の仕事の延長あるいは趣味の世界の中で、たくさんの方と出会うことができました。そして、それらの出会いが、教師としての学びや実践を豊かに彩ってくれたように思います。もし私が、土日に趣味の学びの世界に行かず、研究会やセミナーに参加していなかったとしたら、このような形の外部連携は生まれにくかったかもしれません。私の学び方・外部の方との出会い方がベストだとは思いませんし、特異なケースだとは思います。また、本章での提案は、学校内に、外部の方に来ていただくことの可能性を述べたものであるので、少々逆説的な話になってしまうのかもしれません。しかし、同志・仲間といえる方に、学校の外で出会い、互いの実践を交流して刺激し合い、信頼関係を築いてきたこと、そして、研究主任という立場になった際、これまで学校の外で出会ってきた尊敬する同志・仲間と手を取り合えたことは、とても幸せなことでした。研究主任を務めるみなさん、一歩外へ踏み出す学びに挑戦してみてはいかがですか。

ここまで来たか！演劇的な手法を用いた教育

武田富美子　元立命館大学生命科学部准教授

美濃山小学校の先生方の２０１８年度研修ふりかえりアンケートより

・良かったのは、とても楽しく学べたことです。まずは自分が楽しくないと！　研修の時間が楽しいなんて初めてでした！

・「楽しい」だけで終わらず、美濃山の過去の積み上げを生かしつつ取り組めたこと。

・一つの目標に向って研究を進めていく体制ができたのは、とてもすばらしいことだと感じています。

・道徳がキライじゃなくなった！

美濃山小学校の教員研修や授業に何度か参加させていただいて、「演劇的な手法を用いた教育」がここまで来たのか！と感慨深いものがありました。時には、授業が思い通りにいかず、担当の先生の悔し涙を見ることも。それを温かく見守る同僚の先生方。その場に居合わせた私自身も励まされました。

研修会でアイデアを出し合いながら作り上げた授業案を、自分のものとして授業にかける。うまくいくこともあればいかないこともあるけれど、結果を評定するのではなく、起こったことを次のステップとして捉えていく。こういう授業づくりにおいては、教員は孤立して一人で悩む必要がありません。美濃山小学校の研修会は、いつ行っても和気あいあいとした雰囲気と真剣なまなざしがありました。

私がドラマ（演劇的な手法）を教育に取り入れようと思ったのは、２０００年頃。当時、インターネットで「ドラマ教育」を検索しても、学園もののテレビドラマなどがヒットして、私の求めているようなサイトになかなか到達できませんでした。沖縄国際大学で良き学生たちに恵まれたこともあって、演劇的な手法を用いた授業に関して本当にラッキーなスタートをきることができた私は、「演劇を用いることで、こんなに楽しく、しかも学生たちが真剣に語り合う授業ができるのだ。これを世間に知らしめなければ」と使命感にあふれていた一方で、「井の中の蛙」でもありました（『学びの即興劇』晩成書房、２００７年）。少ない情報をたどりつつ、大阪教育大学附属池田中学校のドラマ科の授業に行きつき、田中龍三先生を訪問したのが２００５年。その後渡部淳先生と出会いました。２００８年の国際児童・青少年演劇フェスティバルおきなわでは、イギリスからニーランズ先生を招いてワークショップが行われ、そこで獲得型教育研究会の会員同士として渡辺貴裕先生を紹介していただきました。淳先生の影響力は計り知れず、突然のご逝去は残念でなりません。

　徐々にドラマ教育の世界の広さを知るとともに、日本ではドラマ教育がなかなか広がらないことも感じていました。大学の授業で演劇的な手法を楽しみ気に入ってくれた学生が、教員になって実践していないという現実。そういう卒業生の話を聞くと、小学校では学年で足並みそろえた授業が実施され、新任教員が授業方法を自由に提案したり試したりできる環境にないということ。中学校、高等学校では「受験に対応する」ために授業のあり方が教授型から抜け出せず、ドラマ教育だけなく、生徒中心のアクティブ・ラーニング型の授業さえままならない。あるいはアクティブ・ラーニング導入と言われながら、形だけのグループ討論に悩む若い教員たちの姿がありました。ベテランとなって素晴らしい実践をされているのに、その学校では評価されず同僚に共有されないという教員の話も聞きます。

　また、学習指導要領に見られる「動作化」「役割演技」に沿って実践に取り組んでこられた授業では、教員のコントロールの範囲内で「頭でわかっていることを形にしてみる」だけの演技から抜け出せずにいるケースも見聞し、単純に「演劇的な手法を教育に広げたい」と考えていたノー天気な私も、「演劇的な手法を経験する」というだけでは広がりも深まりもしないと気づくようになりました。

そんな中で、貴裕先生の著述や情報発信にとても助けられました。彼の視野は広く、課題を見つける目は鋭く、その一方で分かりやすく、研究者にありがちな取っつきにくさがありません。自身も実践家であり、教育現場に依拠した研究をされていることとも関係して、学生や現場の教員と研究成果を共有しようという気概が感じられます。論文は学生にも読みやすく、大学の授業でも活用させていただきました。

藤原由香里先生は、貪欲な学び手です。教員になると学校と自宅の往復で世界が狭くなってしまう人も多いですが、学校外での活動にも積極的で、そういった活動の一環で知り合うことができました。その行動力もさることながら、誰に対しても柔らかくオープンに接するその人柄で、人を繋ぐことができる人です。努力してそうしているのか天性のものなのか、人をあたりまえのように大事にできる人。そんな彼女から頼まれたり提案されたりすると、断るのは難しい。しかも、提案する前にちゃんとおぜん立てもされていて、丸投げということはありません。

この二人が出会うことで、新しい形の教員研修が生まれました。それにゴーサインを出し教員のやる気を支える校長の存在も大きかったと思います。「ドラマ教育」や「学習における演劇的手法」は輸入もので、日本の教育に定着するにはいろいろなハードルがあります。しかし、全校挙げての「表現しながら理解を深める学習者を育てる」美濃山小学校の取り組みは、演劇的な手法を用いながら、学校現場における授業研究の良さを生かした日本独自の取り組みとなりました。そして心強いのは、冒頭のアンケートのことばから、この取り組みを通して先生方が得たものは、美濃山小学校にとどまらず、先生方の身体を通して広がっていくと予想されることです。

本書を通して、演劇的な手法を取り入れながら「子どもの学びと教師の学びの同型性」と「表現と理解の相互循環」を基礎とした教員研修が、全国に、そして全世界に広まっていくことを願っています。

◆**武田富美子（元立命館大学生命科学部准教授）**

応用ドラマ教育論を担当し、学生と共に演劇的手法を活用した授業の可能性を追究。数々の骨太の実践を生み出し、日本のドラマ教育をリードしてこられました。２０１８年には、『授業づくりネットワーク』誌に美濃山小での道徳の授業実践を取材・執筆していただきました。

美濃山小の実践をパフォーマンス心理学の視点から読み解く

太田礼穂　青山学院大学社会情報学部助教

知っている物語に新しい命を吹き込む
―藤原先生との出会い―

何度も読んでよく知っている物語も、演じ遊んでみることを通すと、新鮮な気持ちで読んだり幾通りもの読み方で体験したりできる。そう考えたのは、2012年のアメリカで開催されたPTW（Performing the World）という学会で『桃太郎』を用いた小学校の英語の授業デザインについて藤原先生が発表されているのを聞いたときでした。

その研究発表は、報告をただ聴くだけでなくオーディエンスも体験しながら研究成果を理解する手法を採用しており、その一環で私も他の国の参加者とペアになり『桃太郎』を演じてみることになりました。一通りの説明を聞き、さぁ演じてみようとなったとき、「鬼退治って何だろう」と相手の方が困ったように小声で尋ねてきました。あいにく『桃太郎』は決して世界的に知名度が高い童話ではないため、鬼退治の絵を見ても何が起こっているのかあまり飲み込めていない様子です。私なりに説明はしたものの、相手の方は演じることができるか不安そうでした。しかし一転、演じてみると、互いの動きや表情が呼応しあって、『桃太郎』ができてしまいました。

私にとってこの経験は2つの点で印象に残るものでした。ひとつは、私たちはたとえ完全にはわからないことであっても、誰かと一緒に演じ遊びながらであれば「できる」可能性に開かれているという点であり、もうひとつは、たとえ知っている物語であっても何度でも新しい命を吹き込むことが可能であるという点です。

　わからないのに「できる」ことが印象に残ったのは、私自身が心理学に慣れ親しんでいることが影響しています。発達心理学、特に子どもの認知発達を対象にする研究では、子どもの知的ないし身体的な成熟は次の発達段階に進むための条件だと考えられています。しかし『桃太郎』をペアで演じた先の経験は、子どもの学習や発達をこうした考え方とは異なる視点から捉える可能性をほのめかします。登場人物の意図やその場面の出来事を十分に理解できないまま、登場人物として演じることができるというのは、言い換えると、やり方を知らないままできるという興味深い「矛盾」の存在を示しているのです。私にとって、学習と発達の複雑な関係性を体感した経験だったことは言うまでもありません。

　また、慣れ親しんだ物語、この場合なら私にとっての『桃太郎』が私が知っている物語と異なるものに変化した点も印象的でした。ペアで演じる際には、刀を振りかぶる動きひとつとっても、2人で息をあわせながら刀の移動や切れ味を「それらしいもの」につくりあげようとするやりとりが発生します。『桃太郎』ってこんなに面白い話だったかしらと思ったのを今でも覚えています。決して海外の人に『桃太郎』を教えたことへの優越感ではなく、演じ遊びそして「なること」で物語に新しい命を一緒に吹き込めた、そういった愉しさだったように思います。

　この研究発表は、私の関心領域のひとつである「パフォーマンス心理学」と関係するものでした。パフォーマンス心理学（e.g.,Holzman,2009）は、子どもだけでなく大人も誰かと一緒に演じ遊ぶ中で、いまの自分であると同時に異なる自分になること、つまり頭一つ背伸びした存在に「なる」ということに注目し、それが行われる場、対話のあり方、人と人同士のつながり方などを研究対象とします。学習と発達の関係を、私たちが生きる世界とのつながりから考えようとする研究領域です。このパフォーマンス心理学の国際学会であるＰＴＷでの藤原先生との出会いが、演劇的手法を介した授業実践と私の出会いとなりました。

実践の場で演じ遊ぶこと

――美濃山小学校の公開研究会より――

この出会いは、美濃山小学校で２０１８年11月に開催された公開研究発表会に足を運ぶきっかけにもなりました。演劇的手法を取り入れた美濃山小学校の学校づくりは、これまでの授業実践や職場のあり方に新しい物語のエッセンスを加えるものです。そこでは、学級内の多様性がひとつの物語を学び解釈するための資源として互いに提供されていました。

たとえば特別支援学級のわかば学級が公開していた国語の授業では、『スーホの白い馬』を題材に、スーホとおばあさんを子どもと先生とで演じる取り組みが行われていました。この取り組みは、演じる子どもとそれを見守るクラスメイトという「演者」と「観客」の形で場が構成され、スーホ役を希望した子どもが順々に観客の前に出て、先生と一緒に演じて理解を深めていくというものでした。これは繰り返しの上演が行われる訳ですが、ともすると観客も演者も飽きてしまいそうなやり方に見えます。ですが、実際には全くそんなことはありませんでした。スーホの目に何が映り、どのようにことばを発するかは、演者ごとに僅かに、しかし確かにそこに子どもの個性が宿るものでした。おばあさんもまた、スーホに応えるように変化します。さらに、こういったシーンのバリエーションは次の演者を触発しているようでした。結果的に、一人ひとりが理解する『スーホの白い馬』というのではなく、子どもや先生との間で起こるアンサンブルとしての理解を伴った『スーホの白い馬』が生まれていました。

パフォーマンス心理学の立場から考えると、同じシナリオでも多様で創造的な『スーホの白い馬』が現れたことは、「完成」という概念から理解できます。ここでいう「完成」とは、子どもたちがものごとを個々の能力で達成することではなく、子どもたちが頭一つ背伸びした存在として周りに働きかけ、周りもそれに応えていくプロセスを意味します。たとえば、赤ちゃんは自分の意図を伝えることばを持つ前から指差しや短いことばで周りに働きかけ、周りの大人も赤ちゃんが会話できているように応え「おしゃべり」を赤ちゃんと一緒に「完成」させます。

スーホを演じ遊ぶプロセスを振り返ってみても、子どもも先生もスーホのセリフや発話の意味を「こういうものだ」と固定化せず、むしろ相手のパフォーマンス、つまりセリフの間や動きに応えあいながら、スーホが見ている景色や情景を一緒に完成させていました。その場にいる子どもと先生の多様性に紐づいた新しい物語との「出会い方」だともいえるでしょう。紙幅の関係で詳しく言及しませんが、このような「出会い方」の仕掛けは授業の場だけでなく先生同士の議論の場で、児童や他の先生になりながら授業計画を一緒に作り上げたり、検討会で抱いた思いを手紙形式で伝えあったりする営みにも反映されていたように感じました。

届けあうこと

駆け足ではありましたが、藤原先生との出会いから美濃山小学校の実践との出会いまでを見ていくと、私の中で次第に「届けあう」というキーワードが浮かび上がってきます。美濃山小学校の実践では、自分であると同時に別の存在に「なる」ことを、先生と子どもとの間で、クラスの中で、職員の関係性の中で、互いが届けあい、その場が即興的なものになるような仕掛けに満ちていました。

こういった仕掛けは時に困難も伴います。なぜなら子どもたちならこうするはずだ、先生ならこうしなければならないといった、想定や慣習に基づくやり方を時には手放すことも必要になるからです。だからこそこの実践は、いつもと異なる自分が相手に届くように演じ遊びかけ、相手もまたいつもと異なる自分になりながら応えてそれを届けようとする、そういった営みと不断に結びついているのだと私は思うのです。

その営みは、新しい教育的実践の試みやそれに付与される意味を「届けあう」パフォーマンスだとも言い換えられるものではないでしょうか。そして、「完成」し続けることに開かれた美濃山小学校の実践は、新しい物語の紡ぎ方を見せてくれたのかもしれません。私はそういった児童と教師の、また教師同士の相互達成的な営みを目撃したのだと思っています。

参考文献
Holzman, L. (2018). *The overweight brain: How our obsession with knowing keeps us from getting smart enough to make a better world*. New York: East side institute press.（ホルツマン、L. 岸 磨貴子、石田 喜美、茂呂雄二（編訳）（近刊）. 知識偏重社会への警鐘―「知らない」のパフォーマンスが未来を創る― ナカニシヤ出版）

引用文献
Holzman, L. (2009). *Vygotsky at work and play*. New York: Routledge.（ホルツマン、L. 茂呂 雄二（訳）（二〇一四）. 遊ぶヴィゴツキー―生成の心理学へ― 新曜社）

◆**太田礼穂（青山学院大学社会情報学部助教）**

２０１２年、藤原による美濃山小での即興演劇を活用した外国語活動の授業の発表に参加され、そこから交流が生まれました。パフォーマンスを通した成長や学びについて実践的研究を続けておられます。２０１８年の研究発表会にも来ていただきました。

2年間の研究を振り返って

出江英夫　八幡市立美濃山小学校　前校長

私が初めて「演劇的手法」を用いた授業に出会ったのは、研究指定を受ける前年の校内研究授業で行われた3年生の音楽鑑賞の授業でした。題名を知らされずにクラシックの曲を聴き、子どもたちが感じたことを、好きな方法で発表するというものでした。これまで経験してきた鑑賞の授業は、○○という曲を聴いて、感想を述べ（又は書き）意見を交流するといったものがほとんどでしたから、子どもたちの様々な表現に、豊かな感性と表現力を感じさせられました。研究指定により学んだことから考えると、この研究授業を「演劇的手法」を活用したものというには少し不十分さを感じるものの、新たな形の授業研究に取り組みたいと考えていた私にとっては、非常にインパクトがあったと記憶しています。

本校は八幡市で一番新しい学校で、開校当時は150名あまりであった児童数も、平成30年度には800名を越え、教職員の数も非常勤職員を合わせると60名近くになっていました。以前から研究熱心な学校で、開校当初から「あたたかな人間関係づくり」に関わった研究指定を受け、長年「仲間づくり」に取り組んできた経緯があります。しかし、近年の団塊の世代の退職に伴う教師の入れ替わりや、若手の増加、さらには児童数の増加によって所帯の大きさから来る課題から、以前と同じような活動がしにくい状況が出てきていました。指定を受けて研究に取り組むという姿勢は弱く、過去の研究成果を生かすことも難しい状況になってきていました。

私は、停滞し始めている学校をなんとか活性化し、教職員も児童も楽しい学校づくりをするためには、教職員が一つになって何かに取り組む時期に来ているなと感じていました。そんな時、新たに研究主任となった藤原教諭から、「演劇的手法」を取り入れた授業の研究について提案があり、私は、彼女に全面的にまかせてみようと考えました。授業研究に対して私と同様に不十分さを感じていたであろう彼女は、以前から自主的に研究会等に熱心に参加し、自身の教師力に磨きをかけていることを知っていました。校内研修もなんとなく、「やらなければいけないからする」というような義務感と負担感を多くの先生方から感じられるようになっていたことに気付いていたのではないでしょうか。それらの思いが京都府の「学力向上システム開発校」の研究指定を受けるきっかけとなり、「教師も児童も楽しい授業づくり」が始まったのだと思います。

研究指定を受けると、研究主任の負担が増えることは明白でしたが、彼女は意に介せずという姿勢で研究に取り組んでくれました。彼女が研究主任になってからは、その人脈の広さに驚かされることが多々ありました。まず、研究の助言者として、「演劇的手法」の第一人者である渡辺貴裕准教授を東京学芸大学教職大学院から招聘することができました。また、協力者として他の大学の教授や研究者、俳優さんやカメラマンの方々が遠方から集まってきてくださり、時には校内研修に参加いただいたり、研究会の運営に関わっていただいたりしました。夏の校内研修会で、演劇の専門家を招いて表現活動のワークショップを開いた時には、京都府山城教育局の担当指導主事の先生にも参加いただき、一緒に「美女と野獣」の一部分を演じてみたり、「レ・ミゼラブル」の一場面を歌ったりしました。私自身、それまでの、眠気をこらえる研修とは違い、次は何をするんだろうとわくわくしながら研修に参加することができました。校内授業研究会では、授業担当教師だけでなく、学年や研究推進部の先生方が協力して、事前研究から当日、事後の研究まで行われ、なによりも若い先生方が楽しく研究を進めている様子が伝わってきましたし、子どもたちも楽しそうに生き生きと活動していました。普段は授業にあまり積極的でなかった児童も、演劇的手法を使う場面では様子が違っていたように思いました。

2年間という短い期間ではありましたが、本校独自の手法展開も開発することができましたし、2年目には、九州の大学生がホームページを見て自費で研究会に参加しに来てくれたりもしました。本発表では、北は北海道から南は九州、福岡県からの参加者もあり、演劇の専門家や研究者の方も多数来られており大変うれしく思いました。研究発表会の当日、開会式で「(研究発表を)どうぞお楽しみください」と気持ちを込めて挨拶をしたのですが、後ほど、来賓の方から「研究発表会を楽しんでくださいと挨拶したのは初めて聞いた」と言われました。また、「学校あげて演劇的手法に取り組んでいるところは他に知らない」といわれることも多く、研究主任を中心に教職員全員で全国でも珍しい取り組みをしていることが私の自慢でもありました。

この後は、この手法を現場で活かすために、どのような場面でどのような手法(演劇的手法に限らず)を使うのが適切かを各教師自身が考え、実践する力をつけるにはどうするか。楽しい校内研修、魅力ある校内研修をいかに作り出していくのか。また、授業の準備をいかに勤務時間の中におさめられるかなど、多くの課題が残っています。これらの課題の解決は、今後の研究に期待したいと思っています。

最後に、私は、この2年間とても楽しく研究に参加することができました。御協力いただいた、全ての皆様に心から感謝するとともに、この研究が、単なる研究に終わらず、少しでも多くの先生方の参考となり、子どもたちが楽しく主体的に学ぶ力を身に付け、ひいては児童の学力向上につながることを心から願っています。

◆**出江英夫(八幡市立美濃山小学校　前校長)**

2015~2018年度の4年間にわたり、美濃山小の校長を務められました。藤原が研究主任を務めたり、府の研究指定を受けたりするきっかけを与えてくださいました。演劇的手法を活用した研修にいつも楽しそうに参加してくださった姿が印象的です。

Q&A

美濃山小の取り組みに関連してよく尋ねられる質問に、藤原や渡辺が答えます。これが「正しい」答えということではなく、考えたり実践を行ったりするための一つの手がかりとして活用していただければと思います。

Q1：人前で表現するのが恥ずかしいと感じたり苦手だったりする子どももいると思うのですが、どうしていますか？

藤原：継続と慣れを大切にしています。さらに、継続によって、表現することが得意な児童の層を分厚くすることが、苦手な児童のモデルとなって、助けになると考えています。運動の苦手な児童や算数の苦手な児童も、授業で継続して取り組むことで好きになったりできるようになったりしますよね。表現することも同じだと考えています。

渡辺：教師がこれをどう捉えているかが大きいように思います。「恥ずかしいと感じたり苦手だったりする子ども」がいるから、こうした活動は行わなくてよい（あるいは、行わない方がよい）と考えるのか、表現することを学習において本源的なものと捉え、子どもたちの恥ずかしさや苦手さに寄り添いながらも、やり方を考えていこうとするのか。具体的なレベルでは、他の子の視線を意識しないで済むよう、教師と向き合って行う形から入るなど、いろいろな工夫があります。

Q2：こうした授業は確かに楽しそうなんですが、楽しいだけでいいんでしょうか？ 学力はつきますか？

藤原：授業は楽しい方がいいです。もちろん、楽しいだけでなく、授業のねらいが達成されているかどうか、児童に身につけてほしい力がついているかどうかが大切になります。学力については、「学力」の捉え方にもよります。例えば、最近では「非認知能力」が注目を浴びていますが、その育成には、身体や感情を動かし、他者とかかわる体験が重要だとされています。演劇的手法を活用した授業はそうした力も伸ばすことができるのではと考えています。

Q3：評価はどうしていますか？

藤原：演劇的手法のやりとりの部分を評価することはありません。児童のやりとりを見取ることで、次の授業展開に必要なことを見極めることはあります（例えば、やりとりが深まっていないペアを発見した際に、どのような補助発問を加えるか等）。ではどこで評価するかというと、授業のまとめの記述や日記です。「表現しながら理解する」というのが演劇的手法のモットーですので、演劇的手法を活用している場面は、間違ったり修正したりしながら理解を深めている真っ最中であり、過程にすぎません。例えば、〈ホット・シーティング〉などで、読みに誤りのある発言をしている児童もいます。それに対して周りの子が、「それは違うんじゃない」とつっこんでいます。まさに、児童らが中心となり読みを深める過程です。そうしたやりとりを経た後、再び考えたことをまとめ、記述する活動を、評価に役立てるようにしています。

Q4：演技の上手下手は重要ですか？

渡辺：プロの役者のような演技の上手さを求めるのか、という意味では、その必要はありません。けれども、「演技はどんなものでもよい」と言ってしまうのは違うと考えています。例えば、演技が、「大きな山」という言葉を言う時に手で大きな山の形をつくって示すような「説明的」なものにとどまっているのか、想像の世界で自身の感覚が働いていてその表れとして出てくるものになっているのかといった違いは、重要です。ちょうど、話し合い活動の場合に、全員が雄弁家である必要はないけれども、例えば、互いの発言をよく聞いてそれにつなげてしゃべることができているかは大事になるといったことと同様であると捉えています。

Q5：美濃山小の小道具がすごいのですが、小道具がないとできないものなんでしょうか？

藤原：小道具は、作らなくても大丈夫です。「見立て」や想像力でカバーができます。もちろん、雰囲気づくりや、児童の意欲や想像力をかき立てる点で小道具の果たす役割は大きいです。美濃山小では、学年で教材研究をしたり、小道具作成をしたりするので、結構立派なものができますが、なくても授業はできますので、安心してください！

渡辺：美濃山小の小道具、すごいですよね。凝りすぎではないかと時に思うほどです（先生方が楽しんでやっておられる分にはよいのですが）。大事なのは、その小道具によって想像力が喚起されるか、だと考えています。そのためには、必ずしも、見た目を実物に似せたり、全てをそろえたりすることが必要になるわけではありません。重みがあるフカフカの白いクッションが「白馬」になったり（1章4節）、タクシー運転手の「帽子」が一つあるだけで、「松井さん」の世界が現れたり（1章Tips Galleryその3）するわけです。

Q6：演劇的手法を取り入れたら、授業をやるのが大変になりますか？　楽になることは？

藤原：準備や展開がシンプルになりました。演劇的手法は、身体一つでさまざまな授業が可能です。これまで、児童の「分かった！」を引き出すためにICT機器を使ったりプリントを用意したりしていたのが、演劇的手法を活用することで、よりスムーズに進められるようになった場合もありました。また、授業にパターンができていくと、児童も慣れて活動がやりやすくなります。例えば、道徳の授業だと、教材文を読む→〈ロールプレイ〉→人間ものさし→〈ホット・シーティング〉、のように基本的な流れをつくることによって、授業がやりやすくなったと感じた教師もいます。また、表現活動を繰り返すことで、児童相互の関係が深まったり、自分たちで表現活動に取り組みだしたりすると、学級経営がやりやすくなったという面もありますね。

Q7：配慮を要する子どもの場合は？

藤原：表現が苦手などで過度のプレッシャーになる児童に、無理に表現を強いることはしません。その場にいること、参加しないと表明することも、大切な表現です。一方、演劇的手法を活用することが、その子にとって配慮になる児童も多いです。例えば、文章を読むだけでは理解がしづらい児童が、動いてみたり、動いている様子を見たりすることで、理解が深まるということは、頻繁に起こります。学力的に課題のある児童、思いを言葉にすることが難しい児童、言葉だけで想像することが難しい児童にとっては、表現活動をすること・見ることが、理解の助けになり、配慮になるのでは、と考えています。

Q8：演劇的手法を取り入れてみたけれど、何をすればよいか分からない子どもが出てきたりして、収拾がつかなくなってしまいました。

渡辺：今までこうした活動になじみがなかったならなおさら、子どもたちが安心して取り組めるように、ステップを踏んでチャレンジできるようにすることは大切です。例えば、いきなり、「グループで3分間のセリフ付きのシーンをつくってください」と言われるとハードルが高いですが、まず、その場面の最も印象的な瞬間をグループごとに静止画でつくる、それを、「3、2、1、ストップ」で全グループ一斉にリハーサルする、半分ずつに分かれて発表し互いのを見合う、一人一言ずつその静止画の中でのセリフを考える、……といったようにステップを踏むことで、取り組みやすくなります。

また、学び方そのものを育てていくという視点も重要です。話し合い活動も、最初からうまく話し合えるわけではなく、話し合い方をトレーニングしていきますよね。同様に、演劇的手法の場合も、身体を使った学び方がどんなもので何を意識する必要があるか、徐々に身につけられるようにすることが必要です。

Q９：演劇的手法を教師一人でやるのは難しくないですか？

藤原：難しいです。できれば、ティーム・ティーチングが行えるとやりやすいです。授業の進行役と、演劇をリードする役に分かれて実施できるからです。注意喚起をしないといけない場面でも、役割分担がしやすいです。役になったままだと、指導がしづらかったり、せっかくの雰囲気を壊す恐れがあったりします。一人で授業を行う場合は、児童の中で見本になってくれるような児童を育てていくと、やりやすくなります。

Q10：このように演劇的手法に全校で取り組んでいる学校は他にもあるのでしょうか？

渡辺：兵庫県豊岡市では、平田オリザ氏のリードの下、市内全ての小中学校で演劇教育に取り組んでいます。私が直接外部講師としてかかわってきた範囲では、東京都世田谷区や大阪市に、演劇的手法をテーマに掲げて校内研究に取り組んだ公立小学校があります。また、私立では、教科として「劇」を設けている成城学園初等学校のように、伝統的に演劇教育に力を入れてきた学校もあります。

ブックガイド

美濃山小で校内研究を進める上で役立ててきた書籍や、本書からさらに発展させていくための手がかりになるような書籍を紹介します。

★傍線は本書コラム寄稿者

1. 演劇的手法の活用の手がかりに

小林由利子編、アレン・オーエンズ、ナオミ・グリーン著**『やってみよう！　アプライドドラマ　自他理解を深めるドラマ教育のすすめ』**図書文化社、2010年

ストーリーに沿ってさまざまな技法を使って架空の世界を経験し、話し合ったり決断したりする。美濃山小で〈葛藤のトンネル〉の活動を行うに当たって、この書籍からヒントを得た。

キャリー・ロブマン、マシュー・ルンドクウィスト著、ジャパン・オールスターズ訳**『インプロをすべての教室へ　―学びを革新する即興ゲーム・ガイド』**新曜社、2016年

さまざまな学年や教科で行えるインプロゲーム（即興ゲーム）を掲載。演じることで明日の自分をつくりだしていくものとしてのインプロゲーム。

渡部淳、獲得型教育研究会編**『学びを変えるドラマの手法』**旬報社、2010年

渡部淳、獲得型教育研究会編**『学びへのウォーミングアップ70の技法』**旬報社、2011年

渡部淳、獲得型教育研究会編**『教育におけるドラマ技法の探究　―「学びの体系化」にむけて』**明石書店、2014年

渡部淳、獲得型教育研究会編**『参加型アクティビティ入門』**学事出版、2018年

渡部氏と氏が主宰する獲得型教育研究会は、日本の学校での、ドラマの技法を用いた授業実践を切り拓いてきた。これらの書籍はいずれも、美濃山小で、技法を役立てたり、表現活動を行える雰囲気を生み出したりする上で、おおいに活用されてきた。

渡部淳『**アクティブ・ラーニングとは何か**』岩波書店、2020年

演劇的手法をアクティブ・ラーニングの観点から位置付け直したもの。民主主義の担い手の育成に結び付ける。実践研究のコミュニティという点から教師同士のつながりへの言及も。

★武田富美子・吉田真理子『**〈トム・ソーヤ〉を遊ぶ　楽しく創造的な学びをめざして**』晩成書房、2019年

ドラマ教育の専門家と英文学の専門家がコラボして、演劇的手法を用いた「トム・ソーヤ」のワークショップの開発と実践に取り組んだ。ワークショップそのものおよび二人の探究の記録。

鳥山敏子『**イメージをさぐる　―からだ・ことば・イメージの授業**』太郎次郎社エディタス、1985年

「スイミー」や「カマキリ」に「なってみる」。いまだ色褪せない、生き生きとした実践。わかば学級での「スーホの白い馬」の実践は本書から手がかりを得ている。

福田三津夫『**いちねんせい　―ドラマの教室**』晩成書房、2005年

福田三津夫『**ぎゃんぐえいじ　―ドラマの教室**』晩成書房、2009年

日本演劇教育連盟で長く活躍されてきた福田氏による小学校での実践。日々の授業に劇や遊びがあふれるさまが描かれる。

蓮行、平田オリザ『**演劇コミュニケーション学**』日本文教出版、2016年

演劇人による学校でのワークショップ。演劇で学校教育をどう変えていきうるかというマクロな視点も同時に持っている。

平田オリザ『**わかりあえないことから　コミュニケーション能力とは何か**』講談社、2012年

私たちが行っているコミュニケーションを見つめ直し別の可能性を探っていく手がかりとしての、教育の中での演劇。なお、本書に掲載された写真に、藤原が写っているものがある。

高尾隆、中原淳『**Learning×Performance　インプロする組織　―予定調和を超え、日常をゆさぶる**』三省堂、2012年

大人向けに行われたワークショップを元に書かれているが、インプロ（即興演劇）の各種の活動とその意義、高尾氏が唱える「パフォーマティブ・ラーニング」の考え方は、学校教育でも示唆的。

2. 校内研修・公開研改革の手がかりに

★石川晋、大野睦仁『**笑顔と対話があふれる校内研修**』学事出版、2013年

校内研修を変えるためのアイデアを具体例と共に提示。藤原が研究主任として美濃山小でどう進めていくかを考えるときの手引きとなった。

★石川晋『**学校とゆるやかに伴走するということ**』フェミックス、2019年

学校を離れて外から学校をサポートする立場となった著者が、校内研修や外部からのかかわり方を考え直す。美濃山小の校内研究にも触れている。

吉田新一郎、岩瀬直樹『**シンプルな方法で学校は変わる**』みくに出版、2019年

PHP新書で出ていた『効果10倍の〈学び〉の技法　シンプルな方法で学校が変わる！』（2007年）の増補改訂版。学校での学びを変えるためにはまず教師の学びの変革をと訴えたものとして先駆的。

村上聡恵、岩瀬直樹『**「校内研究・研修」で職員室が変わった！**』学事出版、2020年

美濃山小の校内研究と同時期に進められた小金井市立小金井第三小学校の取り組みに関する、研究主任の立場からの記録。演劇的手法という切り口でなくても、「学び手になってみる」や「同型性」などの点が美濃山小と重なる。

青木将幸『**深い学びを促進する　ファシリテーションを学校に！**』ほんの森出版、2018年

美濃山小の研修でも大事な働きをした「ファシリテーション」。そのスキルとはどういうもので、それをどうやって身につけたり生かしたりすることができるかを具体的に解説する。

大瀬敏昭他『**学校を創る　―茅ヶ崎市浜之郷小学校の誕生と実践**』小学館、2000年

教育学者の佐藤学氏が唱える「学び合う共同

体」のコンセプトの下、授業だけでなく、校内の授業研究のあり方を見直していった試み。

加藤哲夫**『市民の日本語 ―NPOの可能性とコミュニケーション』**ひつじ書房、2002年

一方がもう一方に正解を示して導くのではない、物事の進め方、コミュニケーションのあり方とは。市民活動における事例が中心だが、学校でのコミュニケーションを考え直す手がかりになる。

渡辺貴裕**『小学校の模擬授業とリフレクションで学ぶ　授業づくりの考え方』**くろしお出版、2019年

架空の大学生5人が模擬授業と検討会を経験し、授業づくりについて学んでいく。「なってみる」ことを通して問いを浮かび上がらせる学び方の一つの例。

石井英真編著**『教師の資質・能力を高める！アクティブ・ラーニングを超えていく「研究する」教師へ』**日本標準、2017年

校内、大学や行政、自主的な研究会といったさまざまな方面での、教師たちの学びの場を取り上げる。オーソドックスなタイプのものから、新たな発想ややり方を試みるものまで。渡辺も、主宰する「学びの空間研究会」（空間研）について書いている。

『「授業研究」を真ん中において職場をつくる！（授業づくりネットワークNo.34）』学事出版、2020年

各地での事例を報告する第一特集もだが、書籍計18点を紹介する第二特集「『授業研究』と職場・学校づくりを考えるための本」が、さらに本を見つけるための手引きとして有用。

3. 美濃山小での実践を取り上げたもの

藤原由香里**「表現しながら理解を深める学び方 ―演劇的手法を活かした授業づくり」**『学び手中心の授業の始め方（授業づくりネットワークNo.32）』学事出版、2019年、58-65頁

演劇的手法を活用した国語科の授業を始めたい人に向けた記事。「わらぐつの中の神様」の1時間の授業の流れや、小学5年生の教室を想定した演劇的手法の年間計画や実践事例が示されている。

★武田富美子**「自分事として考える道徳授業　―演劇的手法が生み出す協働学習」**『授業記録を読もう！書こう！（授業づくりネットワークNo.30）』学事出版、2018年、68-73頁

5年道徳「サッカー大会」という資料を用いて、ジレンマ状況を演劇的手法を活用して行った授業の記録が掲載されている。2018年5月に美濃山小で実施した授業。

藤原由香里**「「なってみる」活動を通して体験的に理解を深める道徳授業」**★荒木寿友、藤澤文編『道徳教育はこうすれば〈もっと〉おもしろい　未来を拓く教育学と心理学のコラボレーション』北大路書房、2019年、200-204頁

6年道徳「銀のしょく台」の学習指導案と実践の紹介。〈ティーチャー・イン・ロール〉〈ロールプレイ〉〈手紙〉等の演劇的手法を活用した授業実践が紹介されている。

藤原由香里**「「なってみる」ことで広がる学びの世界」**『演劇と教育』晩成書房、2020年7＋8月合併号、11-15頁

美濃山小で演劇的手法を取り入れるようになったきっかけや2020年度の授業の様子を紹介。

4. 演劇的手法やドラマ教育についてもっと深めたい人に

関連する渡辺の著作を、論文を中心に挙げておきます。★印のものはオンライン上で本文の閲覧が可能ですので、学術情報データベースのCiNiiにて検索してください。

――日本における教育実践の蓄積をもとに

「劇あそびによる文学作品への理解の深まり」全国大学国語教育学会編『国語科教育』第60集、2006年9月、21-28頁 ★

「〈なる〉活動はいかにして文学作品への理解の深まりをもたらすか　――鳥山敏子の実践記録を手がかりに――」全国大学国語教育学会編『国語科教育』第64集、2008年9月、19-26頁 ★

「鳥山敏子とイメージの世界――生き生きとしたからだをとりもどす――」田中耕治編著『時代を拓いた教師たちII　実践から教育を問

い直す』日本標準、2009年10月、39-50頁

——イギリスのドラマ教育の理論と実践より

「教育方法としてのティーチャー・イン・ロールの意義 ——ドロシー・ヘスカット(Dorothy Heathcote)のドラマ教育実践の分析を通して——」日本教育方法学会編『教育方法学研究』第33巻、2008年3月、61-72頁 ★

「文学作品の読みの授業における演劇的手法の活用」日本演劇学会 演劇と教育研究会『演劇教育研究』第2号、2009年3月、13-23頁。

「ドラマによる物語体験を通しての学習への国語教育学的考察 ——イギリスのドラマ教育の理論と実践を手がかりに——」全国大学国語教育学会編『国語科教育』第70集、2011年9月、100-107頁 ★

「イギリスのドラマ教育における「専門家のマント」の展開」 日本教育方法学会編『教育方法学研究』第40巻、2015年3月、15-26頁 ★

「文学作品を用いた演劇的手法を通しての話すこと・聞くことの学習の可能性 —イギリスのドラマ教育における例を手がかりに—」日本読書学会『読書科学』第58巻1号(通巻227号)、2016年3月、49-59頁 ★

「演劇的手法を用いた「深い」学習とはどういうものか—G・ボルトンの「理解のためのドラマ」論をもとに—」 日本教育方法学会編『アクティブ・ラーニングの教育方法学的検討(教育方法45)』2016年10月、99-112頁

——学校外での活動や教員養成との結び付き、身体の役割への原理的考察

「どもる子どもが安心して挑戦できる場 ——吃音親子サマーキャンプでの劇づくり」石黒広昭編『街に出る劇場 ——社会的包摂活動としての演劇と教育』新曜社、2018年7月、125-136頁

「演劇的手法と教師教育との結びつき——教師としてのあり方の探究という可能性」 川島裕子編『〈教師〉になる劇場 演劇的手法による学びとコミュニケーションのデザイン』フィルムアート社、2017年1月、113-129頁

「学習の身体性 ——精神と身体の二元論を超えて——」『戦後日本教育方法論史(上) カリキュラムと授業をめぐる理論的系譜』ミネルヴァ書房、2017年2月、227-246頁

おわりに

本書の刊行に向けて動き出したのは、2019年2月のことでした。研究指定を受けて取り組んだ2年間の終わりが見えてきて、次年度はどのような形で研究を継続していくかを相談していた頃です。美濃山小の取り組みは、授業だけ、校内研修だけといったように切り離されておらず、それらが連動しているところに特徴があります。一要素だけを紹介するのではなく、全体像を描き出したい。それが、本書の刊行を志した動機でした。

校内研究の取り組みをまとめた本は、これまでにもたくさん出ています。それらの一部は、研究主題の説明、学年ごとの実践事例の紹介、学習指導案の掲載、といった定番の構成を取っています。

それは、教師が互いの学校の取り組みから刺激を受けて学び合う上で効果的なフォーマットなのだろうか。そうした問題意識を背景に、本書では、研究主任の藤原さんと外部講師の私が交互に、時に対話的に話を進めていくスタイルを取り入れ、物語的な記述や「失敗」「戸惑い」事例の掲載なども行いました。美濃山小では、授業、校内研修、公開研にわたって、そのあり方の問い直しを行ってきたわけですが、本書の作成は、「本を通した発信」の形を問い直そうとする試みでもありました。

演劇的手法をテーマにした美濃山小の校内研究は、研究指定終了後の2019年度も続けられ、2020年1月には自主公開研が開かれました。その時の出来事で印象に残った場面があります。

この公開研に、演劇的手法をその年度の研究テーマに据えた公立小学校で研究主任を務める吉永かおり教諭が参加していました。全体会のアクティビティの中でマイクを向ける機会があり、吉永さんに、自校での取り組みについて簡単に紹介してもらいました。美濃山小の校内研究に触発されて取り組みを始めたこと、研究の進め方も美濃山小から多くを学んでいること、市の研究会で実践発表を行った時に美濃山小のように劇形式を取り入れて大きな反響を呼んだことなど語ってくださいました。

これを聞いた時、美濃山小の先生方から、「おぉーっ」とどよめきが起こりました。自分たちが行ってきた取り組みが他の学校の取り組みに影響を与えたのだという驚きと喜びだったと思います。

このことは、逆に、このように自分たちの校内研究が他校の実践にも影響を与えているという手応えを得られる機会をこれまで教師はどれだけ持ってきたのだろうか、本来学校を超えた実践の交流を目的としているはずの公開研や研究紀要はそれにかなうものになってきたのだろうか、といった問いを、改めて私に突き付けることになりました。

学校においては、本来の目的は何か、そのために役立っているのかといったことが顧みられないまま、「そういうもの」として続けられているようなものが多数あります。本書では、「なってみる」学びというコンセプトを軸に、従来の発想や慣行を問い直そうとする美濃山小の一連の取り組みを描いてきました。美濃山小の取り組みはあくまでも一つの試みにすぎません。これが読者の皆さんの刺激になって、それぞれのフィールドでの、それぞれの形での問い直しにつながればと願っています。

さて、本書作成のいよいよ最終段階になって、新型コロナウイルス感染症の問題が発生しました。

他者との接触に著しい制約が課せられる事態となっています。

声を出すこと、全身を使って感覚を働かせること、互いにかかわり合うこと。これらのことが、ただ制限されるということにとどまらず、忌避すべきものであるかのように扱われる。そのことに悲しみと危機感とを抱いています。

ただ、一方で、こうも思います。（家族以外の）他者と接することがない日々が続き、また、ビデオ通話での画面越しのやりとりを繰り返す中で、改めて、空間を共有して他者とかかわることの価値を認識した人も多かったのではないか。また、（マスクを着けながらではあれ）対面での他者とのやりとりが再開された時に、以前はとりたてて意識しなかった、実空間で私たちは全身の感覚を働かせて他者とかかわっているという事実に気付き、そのことに喜びを感じた人も多かったのではないか。

個々で端末に向かうオンライン学習が一挙に注目を集める中、対面で協同的に学ぶ場でこそ行えること・行うべきことは何かということが、今改めて問われています。美濃山小の取り組みは、空間を共有し、対面で人と接することの強みを最大限に生かすものでした。もちろん、当面は、全く同じような形での活動は困難かもしれません。けれども、そうした状況においても、全身の感覚を働かせて世界と関わることの意義や喜びを忘れず、その実現の仕方を考え続けること。それが、今後の学校教育のあり方を構想する上で不可欠になると思います。


本書の作成に当たっては、多数の方々にお世話になりました。

カメラマンの平井良信さんの写真なしには本書の魅力は半減したでしょう。「学びの空間研究会」のメンバーや東京学芸大学大学院生の吉田梨乃さんには、原稿を読んでもらったりデータを整理してもらったりと、本書の質を高めるためのサポートを頂きました。編集者の坂本建一郎さんには、いつも適切なアドバイスと励ましを頂く一方、原稿の遅延で多大なご迷惑をお掛けしてしまい、頭が上がりません。そして、校内研究の取り組みを一緒に進めてきた、美濃山小の先生方、子どもたち、それを側面から支えてくださった外部の先生方および演劇関係の皆さん。美濃山小での取り組みを通して、誰よりも私自身が、多くの刺激を受け、成長させていただきました。

最後に、個人的なことを。獲得型教育研究会の代表として、教育方法としてのドラマに関して日本での取り組みをリードされてきた、日本大学の渡部淳先生が、２０２０年１月に急逝されました。私自身、獲得研のメンバーの一人として、淳先生の取り組みから多くを学んできました。本書が刊行されたら真っ先に読んでもらって感想を伺いたいと思っていたのも、淳先生でした。これからまだまだ、学校教育における演劇的手法の可能性を切り拓いていかれる存在であったはずなのに、無念でなりません。ここに改めて哀悼の意を表します。

２０２０年７月　オンライン授業に追われる自宅書斎にて

渡辺　貴裕

◆

2017年より3年間にわたりつくり上げてきた演劇的手法を活用した授業づくりの文化と演劇を生かした校内研修。しかし現在、新型コロナウイルス感染症対策のため、これらは「避けるべきこと」となっています。身体を動かしたり、他者とやりとりをしたり、空間を自由に使ったりしながら学んでいくことへのストップ。教師主導の授業を、子どもたち主体の学びへと変えられるよう研究を続けてきたのに、また逆戻りするのか――。

折しも、コロナ禍の混乱は、本書の執筆の佳境と重なりました。少しずつでも演劇的手法を活用した学びが日本の学校の授業や校内研修の創造的な変化につながれば、と思い描きながら執筆してきた文章。しかしながら、この文章の先に、どんな未来があるのか、描くことが虚しく、難しくなることもありました。落胆、喪失感、さまざまな行き場のない感情、それでも何かをしなければならないという焦り。そんな中、研究で育った芽の存在に気付かせてくれたのは、子どもたちであり、同僚でした。

3月の卒業式。在校生の出席がなくなり「6年生を送る会」などの行事も中止になってがっかりする6年生らに対して、ある教師が、卒業式前日のリハーサルでのサプライズを発案しました。教員バンドによる生演奏に合わせて「時代」（中島みゆき）を合唱し、元担任からのメッセージを朗読するというものです。教職員からの思いがけないパフォーマンスに、感激して涙を流す児童もいました。

6月の入学式。卒業式と同じく、在校生からの歓迎の言葉もなく時間短縮のための儀式的な内容のみとなる中、内田校長からの「せめてもの楽しい時間を」という発案で教員劇を披露。入学の不安を抱える児童の前に、美濃山小の妖精が現れ、学校の素敵なところを伝えるストーリーです。学校生活が始まった後も、妖精として登場した教師の姿を見つけると、「あ！　妖精さんだ！」と喜ぶ1年生の姿があります。

ささやかではありますが、制限された日常の中、やったことのない試みに協働的に取り組む文化が根付いていることに希望の光を感じます。

今年度より、私は4年間務めた研究主任・国語加配の立場から学級担任となり、6年1組29名の担任をしています。算数の授業で指し棒を使う姿を子どもたちは「魔法学校の先生みたい」。そこから算数の授業は、魔法学校の授業という設定が導入されました。休み時間、折り紙で作ったパックンチョを積み上げて、「6の1名物パックンタワー！」と喜ぶ姿。教室の後ろに掲示したアマビエの絵に、「先生、アマビエが密です！」と笑う姿。さまざまな制限や暗いニュースが続く中にあっても、12歳の子どもたちはファンタジーの中に生き、想像力を介したやりとりが、ぎすぎすした現実をやわらかく包み込んでいます。

演劇的手法が残ることを目指すのではない、そう考えてきました。手法の継承を目指せば、いつしか形骸化した実践になりかねません。そうではなく、「やったことのないことを、やってみよう」という文化が残ればよいのだ、と。この数年、私たち教職員が研究の結果生み出した文化は、やったことのないことに対し立ち上がり、まずやってみることでした。そしてそれは、「やってみる」「なってみる」ことで分かることがあるという自らの学び手としての感覚に対する信頼に支えられてきました。

教師たちの試行錯誤は、これからも、ずっと、続いていくでしょう。そして、やったことのないことをやってみようとする教師の姿、協働的に創造することを楽しむ教師の姿こそ、成長し続ける子どもたちを励まし、勇気づけていくと信じています。

本書はたくさんの方々のご協力のおかげで作成することができました。子どもたち、教師たちが濃密に学ぶ、かけがえのない瞬間を撮影してくださったカメラマンの平井良信さん。研究を進める上でお力添えをいただいた京都府教育委員会・京都府山城教育局・八幡市教育委員会の事務局の皆さま。研究の途上で、試行錯誤を続ける教職員をあたたかくサポートしてくださり、見届けてくださったコラム執筆者の皆さま。校内研修や実践を面白がり、遅々として進まない原稿執筆を常に励ましてくださった時事通信出版局の坂本建一郎さん。児童が生き生きと学ぶ写真を掲載したいという著者の依頼を承諾してくださった保護者の皆さま。そして、演劇的手法を使った授業の可能性を共に追究した子どもたち、研究を通して学校が変わっていくことの面白さを分かち合った同僚への信頼と感謝を込めて、筆をおきます。

本書が世に出る頃に、少しでも希望の光が差し込んでいますように。

希望の光がなかったとしても、そこに光を見いだしていける私たちでありますように。

2020年7月　雨上がりの虹を見た日に

藤原　由香里

索　引

作品リスト（五十音順）

共に研究に取り組んだ美濃山小学校の仲間たち（平成29・30・令和元年度、五十音順）

青杉　真理	秋山　幸也	明尾　美和	安達　洋子	池田　幸夏	池野　理恵	石原　静穂
出江　英夫	伊藤　理美	井上　富子	今田美恵子	嵓　ひろみ	植木　優太	上田　光
内田　智子	岡本　和音	奥野　真梨	奥村さくみ	小野　雅也	鹿島　優子	加藤　賢
川岸　美香	北　一美	木下　滝雄	木村　貴裕	木村美佳子	黒田圭一郎	小林　眞弓
酒井　結花	坂部美千代	笹場美保子	島田　めぐ	正田加奈子	杉本　和也	杉山　尚
杉山ふみか	高橋　亮	田川　智子	竹田　友子	田中惠美子	谷口　純子	民岡　紗里
寺石　拓矢	寺川裕一郎	戸田　千晶	中江　玲子	中尾　民子	永木美千代	仲村　麻衣
西川恵美子	西村　久実	能勢　誠	橋本　彩花	橋本　政志	長谷川あゆみ	服部　元気
林　香	早田　妃里	姫路　桂子	二木　貴子	古海菜津子	細田　貴子	前田　健志
松葉　晴香	三田村愛可	水口　裕子	南出　純代	三村江利子	宗　直人	物延　麻由
山﨑　智子	山下　趣乃	山田　真也	山村　恵子	山本　峰雄	横田　幸希	吉川千賀子
吉本千奈津	若林　紀良					

平井良信氏写真

表紙写真
口絵グラビア：ⅰ1段目．ⅱ1段目・2段目．ⅲ3段目左．ⅳ3段目．ⅴ1段目・2段目．ⅵ全て．ⅶ1～3段目．ⅷ全て
本文：25．27．40．42④．44⑪⑫．46⑯．66．67．69．72．99．154．155．160．161．164．172．174．175．179．181．182．198．203．

編著者紹介

渡辺 貴裕（わたなべ・たかひろ）

東京学芸大学教職大学院准教授。専門は教育方法学、教師教育学。

京都大学大学院教育学研究科博士後期課程満期退学。演劇的手法を用いた学習の可能性を現場の教員と共に探究する「学びの空間研究会」を主宰。演劇教育・ドラマ教育関連の業績に関して、日本演劇教育連盟より演劇教育賞、全国大学国語教育学会より優秀論文賞、日本教育方法学会より研究奨励賞を受賞。授業や模擬授業の「対話型検討会」の取り組みなど教師教育分野でも活躍。著書として『小学校の模擬授業とリフレクションで学ぶ　授業づくりの考え方』（単著、くろしお出版）、『ドラマと学びの場』（共編著、晩成書房）、『戦後日本教育方法論史（上）』（共著、ミネルヴァ書房）、『〈教師〉になる劇場』（共著、フィルムアート社）など。

藤原 由香里（ふじわら・ゆかり）

京都府八幡市立美濃山小学校教諭。

兵庫教育大学大学院学校教育研究科教育コミュニケーションコース修了（学校教育学修士）。2016年度から2019年度の4年間、国語加配兼研究主任として「演劇的手法を生かした授業づくり」をテーマに校内研究を推進。初任時代より演劇やダンスのワークショップに参加。表現を通した学びについて関心を持ち研究を行うとともに、研究会の事務局や研修会のファシリテーションを務める。2011-12年度は、休職して大学院に進学。修士論文の題目は『学びの“新しいメタファー”としての即興演劇—相互行為の中で創造される意味とパフォーマンス—』。著書として、『ドラマと学びの場』（共著、晩成書房）、『言語活動が充実するおもしろ授業デザイン集』（共著、学事出版）。

なってみる学《まな》び　演劇的手法《えんげきてきしゅほう》で変《か》わる授業《じゅぎょう》と学校《がっこう》

2020年10月19日　初版発行

編著者：渡辺 貴裕　藤原 由香里
発行者：武部 隆
発行所：株式会社時事通信出版局
発　売：株式会社時事通信社
〒104-8178　東京都中央区銀座 5-15-8
電話03(5565)2155　https://bookpub.jiji.com/

装丁／本文デザイン・DTP　デックC.C.梅井裕子
編集担当　坂本建一郎
印刷／製本　中央精版印刷株式会社

ISBN978-4-7887-1705-3　C0037　Printed in Japan
落丁・乱丁はお取り替えいたします。定価はカバーに表示してあります。
★本書のご感想をお寄せください。宛先はmbook@book.jiji.com